KB253849

민관 협력의 거버넌스

'지방의제 21' 추진 과정의 경험

민관 협력의 거버넌스

'지방의제 21' 추진 과정의 경험

오수길 著

한국학술정보(주)

책머리에

이 책은 2002년 8월 성균관대학교 대학원 행정학과에 제출한 필자의 박사학위논문을 발전시킨 것이다. 새로운 거버넌스 양식으로 부각되고 있는 민-관 파트너십의 거버넌스를 이론적으로 정리하였고, '지방의제 21'(local agenda 21) 추진과정을 사례로 그 발전 가능성과 한계를 조명하고자 했다.

이 책의 초점인 '거버넌스'(governance) 개념이 지금은 보편화 되어 있지만 당시만 해도 또 다른 유행으로 치부되거나 왜곡되어 받아들여지기도 했었다. 또한 초기에는 정치권이나 시민사회에서 하나의 매력적인 수사(rhetoric)처럼 활용된 측면도 있었지만, 공공의 업무가 수행되는 현장이나 행정학을 비롯한 사회과학의 주요 연구대상이자 초점이 되었음을 부인할 수는 없을 것이다. 필자의 학위논문은 그 와중에서 탄생하였고, 거버넌스 논의가 좀 더 심화되고 있는 지금 다시 소개하고자 하는 것이다.

거버넌스 개념과 관련하여 국가와 시민사회의 사회적 조정원리를 어떻게 재편할 것인가 하는 논의를 바탕으로 하는 유럽 쪽의 경향, 그리고 소위 신공공관리론(NPM)으로 대표되는 민간 경영원리와 성과 위주의 논의를 바탕으로 하는 미국 쪽의 경향이 그간 혼재되어 우리나라에 수용되었음을 또한 지적해야 할 것이다. 이러한 혼란이 바로 거버넌스를 재조명하고자 했던 본질적인 의의보다도 그 개념 자체에 대한 논란을 불필요할 만큼 끌어왔던 이유 중의 하나였을 것이다. 이제 좀 더 실천적으로 발전할 논의에 이 책이 작은 보탬이 되었으면 한다.

그 연장선상에서 계층제식, 시장식, 네트워크식 거버넌스 등에 대한 경험적 분석 차원을 넘어 특정 거버넌스 양식이 도출되는 것은 결국 지배적인 담론에 따르는 것임을 인식하는 것이 중요할 것이다. 즉 '새로운', '협력적인',

‘미래지향적’ 등 거버넌스 개념을 수식하는 형용사를 만드는 것이 규범적인 차원에 속할 수 있다는 것이다. 경험적인 분석 사례들을 지속적으로 축적하면서 ‘협력의 시대’에 거버넌스의 바람직한 규범을 만들어야 할 과제가 남아 있다 할 것이다.

우리나라에서 거버넌스 논의의 촉발과 확산은 1998년 무렵의 국내외적인 전환기를 배경으로 하고 있다. 국내적으로는 무엇보다도 ‘IMF 구제 금융’을 받으며 온 나라가 경제·사회적으로 큰 어려움에 처하게 되었다. 이를 계기로 정치적으로는 해방 이후 처음으로 선거에 의한 정권교체가 이루어졌고, 경제·사회적으로는 대대적인 ‘구조조정’이 진행되었다. 또한 당시 전 세계적인 추세였던 ‘정부혁신’의 다양한 기법과 접근방법이 물밀듯 도입되었다. 우리 사회에서 거버넌스 개념이 재조명되기 시작한 것은 이러한 시대적 배경을 바탕으로 하고 있다고 본다.

당시는 개인적으로도 큰 전환기였다. 그해 1월 공군 중위로 전역한 필자는 청년들에게 유학도 취업도 어려운 시기를 맞게 되었다. 하지만 돌이켜보면 필자에게 이 위기는 기회였다. 이 시기 필자가 영향을 받았던 두 가지 흐름이 결국 이 책으로까지 이어지게 되었다. 하나는 1993년 이후 지속해왔던 생태사회연구소에서의 학습과 논의였고, 다른 하나는 1999년 2월 박사과정에 진학하기 전까지 한 학기 정도 보냈던 김근세 교수님의 연구실 생활이었다.

우리 사회에서 환경악화, 인간소외, 사회적 갈등과 같은 근원적인 문제들에 대한 ‘녹색’의 대안을 모색하고자 했던 생태사회연구소의 학습 모임에서는 사회적 조정원리로서의 ‘거버넌스’ 개념을 연구했다. 미지의 상태에서 개념을 잡아나가는 데 도움을 준 故 문순홍 박사님, 정규호 박사님, 김훈기 박사님, 진상현 동학 등에게 감사한다. 그리고 김근세 교수님의 연구실 생활을 통해서는 학문의 길, 연구하고 글을 쓰는 것이 무엇인가 하는 고민을 발전시킬 수 있었다. 학자의 길을 걷는 데 큰 전환점을 마련해주신 데 대해 이 자리를 빌어 깊이 감사드린다. 이때 함께 연구하고 논문을 작성했던 한국과학기술정보연구원의 정용일에게도 어려운 시기를 함께 해준 데 대해 감사하고 싶다.

이후 박사과정에서도 많은 분들의 도움을 받았다. 학문적으로나 인격적으로 많은 사람들의 귀감이신 박재완 교수님은 박사과정 내내 학문에 전념할 수 있도록 물심양면으로 도와주셨다. 권혁주 교수님의 유럽 경험은 필자의 학문적 지평을 확대하는 데 도움이 되었다. 충분히 공부한 뒤 졸업하라고 늘 조언해 주신 것도 필자에게는 큰 배려였음을 알고 있다. 허범 교수님과 유민봉 교수님은 석사학위논문에 이어 박사학위논문에 많은 가르침과 조언을 주셨다. 서울대 김준기 교수님과 이화여대 이근주 교수님은 박사학위논문의 심사를 기꺼이 맡아 귀중한 조언을 해주셨다. 지도교수이신 이명석 교수님은 새로운 학문적 경험을 전수해주셨을 뿐 아니라 연구자 자신의 틀로 논의를 정리하는 방법을 보여주셨다. 이 분들이 아니었다면 필자는 현재의 위치에 설 수 없었을 것이다. 자주 인사드리지 못하는 게으름을 변명드릴 여지가 없으나 여기에 감사의 마음을 남기고 싶다.

이 책의 출간을 제안 받고 망설인 데는 몇 가지 이유가 있었다. 우선 2002년까지의 사례가 너무 오래 전 이야기는 아닌가 하는 것이었다. 하지만 민관협력의 거버넌스에 관한 이론과 사례의 축적이 여전히 필요한 상황에서 이 책 출간의 의의를 찾았다. 더욱이 당시 제기되었던 한계나 과제들이 지금도 제기되는 것을 볼 때 학위논문의 고민은 여전히 유효하다고 보았다. 민관협력을 바라보는 틀과 이론, 그리고 문제제기의 방식 등은 현재의 민관협력 사례들에도 발전적으로 적용될 수 있을 것이다. 학위논문의 내용 면에서 어색한 부분을 수정하였고, 전체적으로 대폭 재구성하였다. 그리고 협력과 파트너십에 관한 내용이나 이 책의 분석대상이 된 '지방의제 21' 추진과정의 향후 전망을 추가하였다.

　다른 한 가지 이유는 한국디지털대학교 김중순 총장님의 연구생활에 대한 관점 때문이다. 김중순 총장님은 젊은 학자들이 교과서 수준의 책을 서둘러 내기보다는 자신의 연구 분야에 침잠하여 연구 성과를 하나 둘씩 발표해야 하며 이런 과정이 아주 오랫동안 축적된 후 책으로 엮어도 늦지 않다고 강조하신다. 그 분의 견해에 전적으로 동감하면서도 학위논문 준비과정의 아이디어와 그 성과들을 발전시기고자 하는 한국학술정보(주)의 편집의도에 동의한 것이었음을 밝히는 것으로 김중순 총장님에 대한 존경과 감사의 인사를 대신하고 싶다.

　감사의 마음을 전하고 싶은 사람들이 아직 많이 남아 있다. 학문의 길로 들어오는 데 용기를 주신 장시영 교수님, 박사과정 내내 단련의 기회를 주신 고숙희, 김미경 교수님, 박사과정을 먼저 시작하여 이런저런 조언을 해준 신열, 박영원 박사, 그리고 오랫동안 함께 아이디어를 주고받았던 고성철 박사, 곽병훈, 김태훈, 류영아, 박동진, 방준용, 정동재, 채종헌, 황선욱을 비롯하여 그간 진심으로 응원해준 여러 후배 동학들에게 감사한다. 오랜 유학생활을 마치고 귀국하여 학문의 길에 격려와 용기를 주시는 김대건 박사님께도 감사드린다. 그리고 이 책을 발굴해주신 한국학술정보(주)의 권현옥 출판기획팀장께 감사한다. 아주 새로 글을 쓸 것처럼 오랫동안 원고를 붙들고 있던 필자를 끝까지 기다려 주셨다.

　무엇보다도 결단의 순간마다 지혜와 용기를 주었던 아내 장문희, 복을 모아오는 네 살배기 딸아이 소은이, 그리고 어머니께 고마움을 전한다.

2006년 6월

오수길

목 차

〈세부 목차〉

〈표 목차〉

<그림 목차>

제1장 서 론

제1절 연구 의의

1. 문제 제기

우리나라에서 지방자치 실시 이후 중앙과 지방 간의 관계 재정립을 통해 국가의 수직적 재구조화 과정의 단초가 제공되었고, 국가-시장-시민사회 간의 관계 변화는 국가의 수평적 재구조화 과정으로 이어지고 있다(강명구, 1997: 123). 이러한 변화는 지방정부[1] 측면에서 보면 '기업가적 정부'의 출현 등으로, 시민사회 측면에서 보면 시민사회의 역량 강화로 나타난다고 할 수 있다.

---

[1] 우리나라 지방자치법에서는 '지방정부'라는 용어를 사용하고 있지 않다. 하지만 중앙정부와 지방정부 간의 관계나 지방정부 간의 관계를 다룰 때, 그리고 기능 배분에 대한 논의에 있어서는 '지방정부'라는 용어를 사용하고 있다. 정부라 함은 권력분립주의의 조직적·구조적 실현 형태를 말한다고 할 때, 정부는 입법부, 사법부, 행정부로 구성되어 있고 지방정부는 지방 입법부, 지방 사법부, 지방 행정부로 구성되어 있다. 또한 지방자치단체의 기관 구성도 같은 맥락에서 의결 기관과 집행 기관으로 나눌 수 있다. 우리나라 자치 현실에서 지방 사법은 존재하지 않으므로 지방 자치의 개념에는 지방 정치와 지방 행정이 포함되지만, 정부가 권력분립주의의 조직적·구조적 실현 형태를 의미하는 것이라면 지방자치단체도 정부의 조건을 갖추고 있는 것으로 보아야 한다. 국가 단위의 정부를 중앙정부라 한다면, 이에 대응하여 지방 자치를 하는 단체라는 용어인 '지방자치단체'보다는 지방정부라는 말이 더 적합하다고 볼 수 있다. 더욱이 중앙 집권 체제를 강화하던 시대적 상황에 의해 '지방공공단체'라는 용어를 사용한 일본을 답습하여 '지방자치단체'라는 용어를 사용하게 된 데 비춰보더라도 지방 자치의 정신이나 취지를 생각할 때는 지방정부라는 용어가 더 적합하다고 할 것이다(정일섭, 2000). 이 책에서는 행정 체계를 가리킬 때를 제외하고는 '지방정부'와 '지방자치단체'라는 용어를 혼용하기로 한다.

지방정부는 대민 행정 서비스의 질을 개선하려 하고 있을 뿐만 아니라 빈약한 재정, 다른 지방정부와의 경쟁 관계 등으로 인해 성장추구 정책을 수행할 수밖에 없게 되었다(Peterson, 1981). 또한 지방의 시민사회는 그 어느 때보다도 역량이 강화되고 있다. 기존의 대규모 민주화 운동 일색의 경향에서 탈피하여 환경, 교통, 주택, 보건 등 생활 정치 측면에서 많은 영향력을 행사하고 있으며, 조직화 역량도 커지고 있다.

세계적인 정부혁신 논의와 노력들이 진행되면서 전통적인 국가(정부), 시장(기업), 시민사회라는 3분법[2)의 경계가 점차 희석되는 것처럼 여겨지고, 각 부문의 독자적인 기능과 역할이 강조되기보다는 상호 간의 협력과 경쟁이 강조되면서 새로운 대안들을 모색하는 경향이 등장하고 있다. 이러한 공공관리에 대한 대안적인 논의 중의 하나가 '거버넌스'(governance) 개념인데, 지금까지의 정부 운영 방식과는 다른 차원임이 강조되면서 '뉴 거버넌스'(new governance) 등 관련 논의가 점차 활발해지고 있다.[3)

이에 따라 정부 위기 혹은 시장 위기에 대한 역사적 배경과 특징을 살펴보거나 위기 극복을 위한 새로운 논리와 구조의 한계를 지적하기보다는 보

---

2) 지방정부에 있어서 이러한 3분법을 사용할 경우 국가는 시장, 시의원, 관료, 시의회의 부처나 위원회 등을 포함하고, 시장은 사업가, 기업, 업종별 기업 조직, 상공회의소를 포함하며, 시민사회는 사회단체, 시민단체 및 근린 주민조직 등을 포함하게 된다. 유사한 분류로는 박종민 외(1999), 강명구(1997) 등을 참조할 것.

3) 1999년-2001년만 하더라도 학회에서는 '국정관리의 새로운 방향과 과제'(한국행정학회, 2000), 'Post-IMF Governance'(한국정치학회, 2000), '전환기 지역경제의 도전: 네트웍과 거버넌스'(한국공간환경학회, 2000) 등의 주제로 학술대회를 개최했고, 대학에서도 '21세기 국정관리와 지방자치의 방향'(한양대학교 행정문제연구소, 1999), 'New Governance and Cyber Governance'(이화여자대학교 뉴거버넌스 교육연구단, 2000) 등의 주제로 학술 대회를 개최한 바 있다. 2001년 들어서는 지방거버넌스(local governance)에 대한 관심으로 확대되어 '지방자치, 지방거버넌스, 지역발전'(한국행정학회, 2001), '서울시정의 로컬거버넌스 도입전략'(서울시정개발연구원, 2001) 등의 주제로 학술 대회 및 정책 토론회가 개최되었다. 최근에는 한국행정학회가 2005년 학술대회 기획시리즈로 국정 PICC(Performance, Innovation, Conflict, Cogoverning) 관리 이론 및 사례 연구를 다루기도 했다.

다 효율적이고 효과적이며 민주적인 거버넌스를 설계하는 데 실질적인 도움이 될 수 있는 논리와 구조, 실현 방안 등을 발전시키는 것이 요구되고 있다. 이러한 노력들이 '정부 혁신'(government reinvention)의 새로운 국면을 만들어낼 수 있을 것이다. 이는 민영화, 공공 부문과 민간 부문 간 파트너십 등으로 나타나고 있다.

지금까지의 민－관 파트너십은 주로 민간 부문이 갖고 있는 자본, 경영 능력, 전문 기술 등을 공공 부문에 도입하고자 하는 것으로서의 법·제도적 형태를 취한 것을 의미했다(권영모, 1996; 김영종·김상묵, 1997; 주재현, 2000). 미국에서도 도시 내부 인프라에 민간 투자를 자극하는 도구로 활성화되었던 역사를 가지고 있다(Linder, 2000: 19). 이러한 개념에서는 민간 부문이란 주로 경제 부문을 말하는 것이 된다. '민영화'(privatization; Savas, 1987, 2000)나 '공동 생산'(co-production; Osborne and Gaebler, 1992)이라는 용어로 설명되는 것이 이와 관련된다.

최근에는 이와 같은 경제 부문과의 파트너십뿐만 아니라 공공 부문과 NGO[4] 간의 파트너십에 관한 연구들도 시도되고 있다(이근주, 1999, 2000; 김수현·박은철, 2000a, 2000b; 조석주·김필두, 2000; 김태영, 2002; 권오상·이정훈·노인만, 2004; 장인봉·고종욱, 2004). 공공 부문과 NGO 간의 파트너십이 증가하게 된 배경으로는 '시장 실패'와 '정부 실패'의 극복 방안, 사회 복지 분야, 특히 자원 봉사 활동 분야의 활용을 통한 사회 안전망 구축, 일상적인 주변 문제와 관련하여 국가 및 지방정부의 정책에 대한 문제 제기 과정에서 NGO의 역할 증대 등을 들 수 있다(이근주, 1999: 15).

이렇듯 사회적 행위자들 간의 상호의존성이 증가함에 따라 이를 관리하는

---

4) NGO(Non Governmental Organizations)를 의미상으로만 볼 때, 정부가 아닌 모든 단체를 NGO로 볼 수 있어 기업 부문 등도 여기에 포함될 수 있겠지만, 이 책에서는 정부－경제－시민사회 식의 3분류에서 시민사회에 속하는 것을 NGO로 보는 좁은 의미로 해석한다. NGO, NPO 등 관련 개념의 분류에 대해서는 김준기(2000), 박상필(2001), 주성수(2001) 등을 참조.

것을 목표로 삼는 민 - 관 파트너십이 새로운 형태의 거버넌스로 부각되고 있다(Osborne, 2000; Teisman and Klijn, 2002). 환경, 교육, 사회적 배려 및 기타 정책 부문들에서도 발견되고 있는 이러한 다양한 파트너십에 관한 연구의 필요성이 제기되는 것이다(Lowndes and Skelcher, 1998: 313). 특히 정부 - 기업 - 시민사회(혹은 공공 부문 - 경제 부문 - 시민사회 부문) 3자 간 파트너십을 이해할 수 있는 경험적인 연구도 축적될 필요가 있을 것이다.[5]

2. 연구 목적

Waddock(1989: 78)은 사회의 복잡성과 혼란이 증가함에 따라 상당히 크고 강력한 '집합체들(collectivities)'(Astley and Fombrun, 1983)이 관련되는 상호작용이 불가피하게 확산되었다고 주장한다. 여기에는 네트워크 조직들, 공동합작회사(corporate joint ventures), 사회적 네트워크, 동업자단체(trade association)와 고위급 연합체(peak association), 공동위원회나 특별위원회 등이 포함되는데, 이들의 상호작용은 훨씬 더 복잡한 양상을 보인다고 한다. 그는 다양하고 복잡한 사회 문제들과 관련되어 파트너십이 범사회적인 관계를 나타낸다고 하여 '사회적 파트너십(social partnership)'이라는 표현을 쓰기도 한다.

---

5) 용어상으로 이를 반영하면 약간의 설명이 필요하게 된다. '공공 부문과 민간 부문 간의 파트너십'은 다소 장황하고 '공 - 사 부문 간의 파트너십'은 어색하다. 순서대로 하자면 '관 - 민'이라고 해야겠지만, 우리나라의 경우 '관'에 대한 부정적인 인식을 고려하여 이 책에서는 '민 - 관 파트너십'이라는 해석을 채택하기로 한다. 또한 'public'의 개념 정의와 관련하여 문순홍(2000)과 Weintraub and Kumar(1997)의 글이 유익하다. 우리나라의 경우 공공 부문이라고 할 때, 주로 정부가 하는 일로만 한정해서 생각하게 되는 경향이 있는 반면, 서구에서는 자발적 조직 부문(volunteer sector) 혹은 제3섹터 등의 개념뿐만 아니라 보편적인 공익을 위해 'public' 영역을 어떻게 확장할 것인가 하는 논의도 진행되고 있는 것이다.

이러한 관점에서 보면, 경제 개발, 도시 개발 분야에서 지방정부와 민간 기업이 서로 합의하여 공동의 목적을 설정하고 협력 관계를 유지하며 행동하는 일을 민－관 파트너십이라고 한 Woolman and Ledebur(1980)의 정의보다는 일정한 사회 문제를 해결하기 위해 정부·기업·비영리단체·시민이 자원을 분담하고 서로 협력하는 일이라고 한 Langton(1983)의 정의를 받아들여 보다 광의의 의미로 이해할 필요가 있다. 현대 사회가 직면하고 있는 실업, 주택, 빈곤, 범죄, 노인 문제, 청소년 문제, 장애인 문제, 폭력, 인종 갈등, 약물 남용, 환경 보호 등 복잡한 사회 문제들은 단일한 행위자나 기관이 해결하기에는 어려움이 있어 다수의 행위자들이 함께 문제를 풀어나가는 노력이 요구되기 때문이다(Trist, 1983; Huxham and Vangen, 1996).

환경문제 역시 경제적·정치적·제도적·과학기술적·사회적·윤리적·종교적 차원 등 '다차원성'(Hirshman, 1977; 김승현, 1994)을 가지고 있어 사회 어느 한 부문이 문제 해결의 권위를 독점하기는 어렵다. 더욱이 환경 정책은 다른 정책들과의 상호의존성이 아주 높아 산업 정책, 성장 정책, 분배 정책, 농업 정책, 도시 정책, 교통 정책, 에너지 정책, 원자력 정책, 복지 정책 등 거의 모든 분야의 정책과 연관되어 있다(김영평, 1995: 145-148).

서로가 처한 입장을 이해하고 문제의 본질에 대한 이해의 기반을 넓히는 것이 다차원적인 환경문제에 대해 다양한 결정 주체들 간의 동의를 성취할 수 있는 기초가 된다. 특히 경제적 가치와 환경적 가치가 갈등·공존할 수밖에 없는 상황에서 '지속가능한 발전(sustainable development)'[6]을 위해 부

---

6) '지속가능한 발전'에 대한 대표적인 설명은 유엔환경계획(UNEP: UN Environment Programme), 특히 환경과 개발에 관한 세계위원회(WCED: World Commission on Environment and Development)가 출간한 보고서 「우리 공동의 미래」(*Our Common Future*)(WCED, 1987)에 나온 '환경적으로 건전하고 지속가능한 발전(ESSD: Environmentally Sound and Sustainable Development)'이라는 개념이다. 이 보고서는 의장 이름을 따서 「브룬트란트 보고서」(*Brundtland Report*)로 알려져 있다. 현재 널리 인용되고 있는 브룬트란트 보고서의 '지속가능한 발전' 개념은 '미래 세대의 고유한 필요를 충족시킬 미래 세대의 능력을 손상시키지 않고 현 세대

문 간 연계의 중요성을 부각시키고, 결정의 연계성을 향상시키기 위해 새로운 제도적 틀인 공동체의 지지를 결정의 전제로 하여 대중의 참여를 확장하는 방안을 강구할 필요가 있다(김영평, 1995).[7]

개발은 영어 'development'란 단어에 준하는 우리말이다. 그런데 이 단어는 '개발'만이 아니라 '발전'이란 의미를 함께 가지고 있다. 국어사전에서 개발은 "토지·삼림·천연자원 등을 개척히여 유용히게 하기니 기술·경제·산업 등을 발전시키며, 주로 물질적인 것이나 사람의 일반적인 능력이 대상이 된다"라고 규정하고 있다. 반면 발전은 "세력이 크게 넓어지는 것, 한층 높게 성한 단계로 옮겨가는 것, 제도나 기구 등이 낮은 상태에서 높은 상태가 되는 것을 말한다"라고 규정하고 있다. 이렇게 볼 때 개발이 물리적 대상을 인간의 편리를 위해 변경하여 이용하는 행위적 의미를 강하게 띠고 있다면, 발전은 상태의 질적 성숙을 객관적으로 서술하는 의미를 띠고 있다(조명래, 2003: 33).

우리나라의 경우도 1980년대까지는 국민 복지와 경제 부흥을 동일시하였으나 1990년대에 들어서면서부터 환경 보호 없이는 경제 발전은 물론 쾌적한 삶과 국민 복지도 없다는 인식이 생겨나고 있다. 뿐만 아니라 환경문제는 국민 전체의 '삶의 질'을 좌우하는 중요한 문제이며 21세기에는 국가 통치의

의 필요를 충족시키는 발전'(WCED, 1987: 5)이다. 즉 환경 용량(environmental capacity) 혹은 자연의 수용 능력(carrying capacity)을 고려한 개발을 하자는 의미이다. 1990년대 초반 우리나라에서 본래는 '지탱가능한 발전'이라고 소개되었다가 '지속가능한 개발(발전)'이라는 말로 바뀌어 통용되었는데, '지속가능한'이라는 의미가 자연을 '지탱'하는 측면보다는 개발을 '지속'하는 측면을 강조하는 느낌을 준다 하여 '지탱가능한 발전'이라는 해석을 채택해온 경우도 있었다(예를 들어 Worldwatch Institute, 2001-2005). 이 책에서는 학계에 널리 통용된 대로 '지속가능한 발전'으로 사용하고자 한다.

7) 환경문제의 본질을 규정하고 그 해결 대안을 모색하는 입장에는 여러 가지 견해가 있을 수 있다. Dobson(1993), 문순홍(1992, 2006), 변동건(1994), Murphy(2000) 등을 참조할 것. 이 책에서는 1992년 지구환경회의 이후 주요하게 논의되어 왔던 '지속가능한 발전'을 중심으로 살펴볼 것이다.

중대한 과제가 될 것이라는 지적도 나오고 있다(김상종, 2000). 따라서 각 부문의 참여와 파트너십이 절실히 요구되는 문제 중의 하나라고 할 수 있을 것이다.

세계 차원에서 보더라도 이러한 관심은 1992년 세계 각국의 정부 대표들이 지구 환경 보전을 논의하기 위해 브라질의 리우데자네이루(Rio de Janeiro)에서 모인 '환경과 개발에 관한 유엔회의'(UNCED: UN Conference for Environment and Development: 지구정상회담, Earth Summit)로 나타났다. 당시 UNCED는 '리우 선언', '의제 21(Agenda 21)', '기후변화협약', '생물다양성협약', '산림원칙' 등을 채택하였고, 각국의 NGO들은 이와 별도로 '지구환경회의'(Global Forum 92)를 개최하고 '지구헌장'을 비롯하여 '세계민간단체 환경협약'을 채택하였다.

이 가운데 환경 보전과 지속가능한 발전을 위한 행동 계획을 담은 지침서의 성격을 가진 의제 21은 전문을 포함하여 40개의 장으로 구성되어 있는 것으로서 지속가능한 발전을 위한 세부 계획을 사회 경제 부문, 자원의 보존 및 관리 부문, 주요 그룹의 역할 강화 부문, 이행 수단 부문 등 네 개 부문으로 나눈 것이다. 법적인 구속력이 있는 것은 아니지만 세부 정책 지침의 성격을 가지고 있다.

각국은 '지속가능발전기구'(CSD: Committee of Sustainable Development)[8]를 설치하도록 권고 받았다. 우리나라에서도 정부 차원에서 1996년 8월 "UNCED '의제 21' 국가 실천계획"을 발표한 데 이어 2000년 9월에는 대통

---

8) 유엔지속가능발전위원회(UNCSD: UN Commission for Sustainable Development)는 1992년 리우 회의에서 채택된 '의제 21'의 이행 상황 평가 및 감시를 위해 1992년 12월 개최된 제47차 유엔총회 결의에 따라 유엔경제사회이사회(ECOSOC: UN Economic and Social Council) 산하에 설립되었다. 지속가능발전위원회는 유엔 차원의 환경 논의를 위한 주요 장으로서 구체적인 환경 규범을 제정하기보다는 지속가능한 발전이라는 목표를 달성하기 위해 다양한 대안을 모색하는 토론의 장이라 할 수 있다.

령 자문 기구로 '지속가능발전위원회'(PCSD: Presidential Commission on Sustainable Development)[9]를 대통령령[10]으로 설치하기에 이르렀다.

의제 21은 '지구 차원으로 생각하고, 지방 차원에서 행동하라(Think Globally, Act Locally)'라는 상징적인 말에서 볼 수 있듯이 지속가능한 발전의 실현을 위해 의제 21 제28장(〈부록〉 참조)에서 지방정부의 역할을 제시하고 있는데, 지역 사회와의 파트너십과 합의를 통해 지역의 실정에 맞는 의제를 작성하여 실천하도록 권고하고 있다. 이를 두고 '지방의제 21'이라고 한다.

지방의제 21은 첫째, 지구 차원과 연결하여 상위 계획이라 할 수 있는 의제 21과의 유기적 연계 속에 지역의 문제를 해결하고[11], 둘째, 거버넌스 차원에서 정부-기업-시민사회 세 부문 간 지방 정치(local politics)의 활성화와 시민들에 대한 권한 부여(empowerment)를 통해 파트너십을 형성하며, 셋째, 환경과 발전을 조화시키기 위한 새로운 제도를 만들어간다는 의의를 가지고 있다고 할 수 있다. ICLEI(International Council for Local Environmental Initiatives, 1996: 4)의 정의에 따르면, 지방의제 21은 '지방의 지속가능한 발전에 우선적인 관심을 두고 장기간의 전략적 행동 계획을 준비·집행하여 지방 수준에서 의제 21의 목표를 달성하기 위한 참여적이고 다부문적인 과정'이다.

---

9) 당시 PCSD는 개발 관련 부처 장관 등을 당연직으로 임명하고, 환경 관련 NGO와 전문가 및 기업 대표 등 33인으로 구성되었다. 2003년 11월에 개정된 지속가능발전위원회 규정에서는 PCSD의 목적을 '환경친화적이고 지속가능한 국가의 발전과 이와 관련된 사회적 갈등의 합리적 해결에 관하여 대통령의 자문에 응하기 위하여 대통령소속하에 지속가능발전위원회를 둔다'라고 밝히고 있다. 그리고 구성 면에서는 위원장 1인을 포함한 80인 이내의 위원으로 구성하도록 하고 있다(제3조 구성의 1항).

10) 2000년 8월 5일 대통령령 제16,946호로 지속가능발전위원회규정을 제정·공포하였다.

11) 이러한 노력 중의 하나로 국제환경자치체협의회(ICLEI)를 들 수 있다. ICLEI는 지방의 실천들을 모아 세계 환경 발전과 지속가능한 발전을 달성하기 위한 범세계 지방정부 운동의 확립을 목표로 1990년 세계 43개국 200여 지방정부들이 만든 조직으로 2005년 현재 470여 지방정부들이 가입되어 있다. 우리나라의 경우 경기, 광주, 부산, 서울, 순천, 안산, 양평, 제주, 충남 등의 지방정부가 가입하고 있다.

우리나라의 경우 지방의제 21에 대한 관심은 1994년 영국 맨체스터 시에서 개최되었던 지구환경회의의 결과를 서울시정개발연구원이 환경정책학회, 경실련 환경개발센터, 한국환경사회정책연구소와 공동으로 주최한 'Local Agenda 21과 지방정부의 대응에 관한 워크숍'을 통해 국내에 소개하면서부터 생겨나기 시작했다고 할 수 있다(문태훈, 1996: 47-48). 이후 1994년 말 안산시에서 환경운동연합을 중심으로 지방의제 21을 준비한 데 이어 1995년 본격적인 지방자치제의 실시와 함께 인천, 부산 등 각 지방정부에서 지방의제 21을 발표하고 추진하고 있다.[12]

그간 각 지방정부의 지방의제 21 추진 과정에 대한 (중간) 평가들(문태훈, 1996; 박진, 1997; 오영석, 1998; 이동근 외, 1999; 이동근·윤소원, 1999; 녹색연합, 1998, 1999; 조석주·김필두, 2000; 김재식, 2000; 김귀곤, 2000; 차명제, 2001; 윤경준, 2003; 윤경준·안형기, 2004; 오수길, 2005)도 꾸준히 진행되고 있다. 규범적인 평가에서부터 사례 분석 혹은 평가 지표를 통한 경험적인 연구에 이르기까지 꾸준한 평가 및 연구 작업이 수행되고 있는데, 추진 과정 단계별로 구분하여(수립 체계 확립 — 지역 현안 분석 — 실천 계획 수립 — 실천 사업 및 모니터링 — 평가 및 환류) 수행 여부를 파악하는 연구가 주종을 이루고 있다. 하지만 '참여와 파트너십'의 양상을 분석한 연구는 그리 축적되지 않은 편이다.[13]

지방의제 21의 추진 과정은 '지방의제 21 추진협의회' 구성, 환경 선언, 지방의제 21 수립, 환경기본조례 제정, 환경 보전 중장기 계획 수립, 지방의제

---

12) 2005년 5월 31일 현재 전국 250개 지방자치단체 중 85.2%인 213개 기초 및 광역 지방자치단체가 지방의제 21을 수립하였고, 16개(6.4%) 지방자치단체가 추진 중에 있다.

13) 오수길(2001)은 지방의제 21 추진 과정의 파트너십을 분석하기 위해서는 내용적 측면에서 '녹색'의 지표를 개발하고, 과정적 측면에서 참여의 문제인 '자치'의 지표를 개발하여 녹색 파트너십, 참여 파트너십, 관리 파트너십, 위계 파트너십 등으로 구분할 수 있음을 시론적으로 제기했다. 오수길(2005)에서는 경기도를 대상으로 거버넌스 평가 지표(GAC)가 적용되기도 했다.

21 실천 사업 집행, 평가와 모니터링 등 여러 가지 단계로 이뤄져 있을 수 있는데, 지방정부에 따라 그 양상은 달리 나타날 것으로 기대할 수 있다.

우리나라의 경우 지방자치제 실시 이후에도 여전히 중앙 집권적인 측면이 강하다는 지적이 많다. 그럼에도 불구하고, 구체적인 사업을 두고 정부와 민간 기업이 행정력과 자원을 교환하는 유형의 기존 민-관 파트너십과는 달리 정부(공공 부문)-기업(경제 부문)-시민사회(NGO) 등 다부문의 행위자들이 계획부터 평가에 이르는 전 과정에 참여하는 상호작용은 다른 형태로 나타날 수 있을 것이다.

의제 21의 네 부분 중에서 '주요 그룹들의 역할 강화 부문'이 크게 강조된다거나, 지방의제 21을 규정한 의제 21의 제28장이 서문 격의 제1장과 제23장을 제외하고는 가장 짧다는 점 역시 지방의제 21 추진 과정의 구체적인 형태는 각 지방의 각 부문들 간 '파트너십' 속에서 갖춰져야 함을 상징한다고도 할 수 있다(Lafferty and Eckerberg, 1998a). 여기에 더해 파트너십 참여자들 간의 네트워크 속에서 벌어지는 정치적 역학과 환경적 조건, 그리고 제도적 제약을 살필 수 있어야 할 것이다.

이러한 문제의식을 바탕으로 이 책은 우리나라 지방정부들이 추진하고 있는 지방의제 21 수립과 실천 사업의 사례 연구를 통해 민-관 파트너십의 체계와 구성, 참여자들 간의 상호작용을 분석하여 민-관 파트너십 거버넌스의 특징을 살펴보고, 지방의제 21 추진의 민-관 파트너십을 제약하거나 활성화하는 요인들을 분석하는 데 목적을 둔다. 연구의 목적을 구체적으로 서술하면 다음과 같다.

첫째, 사례 지역 지방의제 21 추진 기구들의 지방의제 21 수립 단계와 실천 단계에서 나타나는 체계와 구성을 분석하여 지방정부 민-관 파트너십 거버넌스의 특징들을 도출한다. 둘째, 지방의제 21 추진을 위한 민-관 파트너십에서 참여자들 간 상호작용의 특징과 참여자들 간의 영향력을 분석하여 지방정부 민-관 파트너십의 유형들을 파악한다. 셋째, 지방의제 21 추진을 위한 참여자들의 참여 과정과 민-관 파트너십의 맥락, 그리고 지방정부의 참여 전략을 분석하여 민-관 파트너십을 제약하는 요인들과 활성화시키는 요인들을 밝히고자 한다. 이런 분석을 통해 민-관 파트너십의 가능성과 한계를 지적하고, 지방의제 21 추진의 발전 방향을 모색하기로 한다.

우리나라 지방정부에서 지방의제 21의 추진이 처음 시작된 것은 1994년 말부터였지만, 대부분은 1999년 이후에야 지방의제 21을 수립하고 실천 사업 단계에 접어든 상태이다. 아직까지도 지방의제 21의 추진이 환경문제 해결과 지속가능한 발전에 어떠한 영향을 주었는지 판단하기는 이르다고 본다. 하지만 대부분의 지방정부에서 추진되고 있는 지방정부-기업-시민 3자 간 파트너십의 시도를 연구하고자 하는 이 책이 지방의제 21 추진 과정의 발전과 민-관 파트너십의 가능성에 대한 중요한 통찰력을 제공할 것으로 기대된다.

특히 환경문제 역시 다양한 가치관들이 존재하는 복잡한 문제이므로[14] 다수의 참여자들이 의사 결정에 참여할 수 있도록 보장할 필요가 있다는 지적(Spash, 2001: 475)에 비춰볼 때, 이 연구가 주는 함의가 적지 않다고 할 것이다. 즉 지방의제 21 추진 과정의 참여자, 참여 정도, 제도적 제약 및 활성화 요인 등에 따라 다양한 유형이 나타날 것이고, 이는 향후 지방 의제 21 추진 과정의 평가 및 발전 방향을 논의하는 데 시사점을 줄 수 있을 것으로 본다.

더욱이 지방의제 21은 반드시 환경문제에 국한되는 것이 아니라 사회와 경제 분야도 '지속가능성'의 정향에 맞추자는 것이므로, 지방의제 21의 거버넌스를 분석하는 것이 민관 협력의 거버넌스가 갖고 있는 가능성과 잠재력을 진단하고 이를 한 단계 전진시킬 수 있는 데 기여할 수 있을 것이다.

---

14) 예를 들어, 영월 다목적댐 건설 과정에서 나타난 이해당사자들의 환경재에 대한 가치는 '보전가치유형', '자원가치유형', '관광가치유형', '잠재가치유형' 등으로 나타났다(진상현, 2000).

제2절 연구 범위와 방법

1. 연구 범위

이 책은 민관 협력의 거버넌스에 대한 이해를 위해 우선 이론석 논의를 전개하고, 우리나라 지방정부의 지방의제 21 추진 과정에서 나타나는 민-관 파트너십의 체계와 구성, 참여자들 간의 상호작용, 그리고 제약 및 활성화 요인 등을 사례 연구를 통해 분석하고자 한다. 사례 연구의 시간적 범위는 1999년부터 2002년까지로 할 것이지만, 지방의제 21 추진 과정은 여전히 진행 중이라는 점에서 연구가 주는 함의는 유효할 것으로 본다.

사례 지역의 선정은 대표성을 확보하기 위해 환경부(2001b)가 개발하여 적용한 평가 지표를 활용했다.[15] 환경부의 평가 지표는 '추진 기반', '추진 과정', '추진 성과' 등 세 부문으로 구분된다. 평가 부문별 대지표 구성을 보면, 추진 기반은 조직화, 제도화, 동원화 등 3개 대지표로, 추진 과정은 조직화, 제도화, 절차성, 실천성, 평가 체계 등 5개 대지표로, 추진 성과는 인지도, 변화 정도, 변화 기여도 등 3개 대지표로 이루어져 있다. 추진 과정 지표와 추진 성과 지표는 주로 주관적 평가 항목과 설문 조사를 통해 구성될 항목이 많다.

---

15) 환경부(2001b)는 이 평가를 통해 그 때까지의 지방의제 21 추진 과정과 내용을 되돌아보고 미진한 점을 개선하는 동시에 추진 방향을 새롭게 정립한다는 목적을 두고 있다. 이 평가 지표는 16개 광역자치단체에 적용되었는데, 결과는 발표되지 않았다. 또한 평가 지표와 평가 결과를 환경부가 직접 활용하지 않고, 각 지방의제 21 추진 기구와 지방의제 21 전국협의회 등이 활용하여 향후 추진 방향을 논의할 수 있는 계기를 마련한다는 점에 의의를 두고 있기 때문에 여기에 사용된 지표는 계속 수정·보완될 것이다.

이 책의 사례 지역 선정은 이 가운데 추진 기반 지표를 활용하였다. 추진 기반의 평가 지표를 정리하면 〈표 1-1〉과 같다. 당시 지방의제 21을 수립 완료한 149개 지방정부 가운데 추진 기구가 구성되어 있고 추진 기구의 사무국과 사무실이 있는 55개 지방정부에 이 평가 지표를 적용하여 상위 그룹, 중위 그룹, 하위 그룹에서 각 중간 값을 추출하였다.[16]

그 결과 상위 그룹의 중간 값으로 제천시, 중위 그룹의 중간 값으로 인천광역시, 하위 그룹의 중간 값으로 전라북도가 선택되었다. 이 세 곳을 사례 지역으로 선정하였다.

조직화 지표에 해당하는 협의회 구성과 사무국 설치, 제도화 지표에 해당하는 법·제도적 근거, 동원화 지표에 해당하는 지방의제 21 추진 기구에 대한 예산 지원과 지방정부 쪽의 전담 공무원 배치 여부는 민-관 파트너십에 대한 법·제도적, 재정적, 행정적 지원을 의미한다. 즉 민-관 파트너십을 가능하게 하는 인적·물적·제도적 자원이 되는 것이다.

기초 여건이 되는 이러한 추진 기반의 상이함이 추진 과정과 성과가 달리 나타나도록 하여 연구의 함의를 풍부하게 할 수 있을 것으로 기대했다. 그리고 주로 주관적인 평가 항목으로 이루어져 있는 환경부의 추진 과정 지표와 추진 성과 지표 중에서 추진 과정 지표들은 대부분 이 책의 사례 연구에서 분석할 대상이고, 추진 성과 지표 역시 간접적인 분석 대상이 될 것이다.

---

16) 추진 기반의 평가 지표 중 추진 기구 구성 여부(협의회 구성), 사무국 설치 및 운영 등 조직화 지표의 배점이 40점이다. 추진 기구와 추진 기구의 사무실이 없는 94개 지방정부들에는 이 배점의 적용이 무의미하게 된다. 실제로 이들 지방정부는 주로 용역 형식으로 전문가들에게 의뢰해 형식적인 지방의제 21 보고서를 발간하는 데 그쳤다.

〈표 1-1〉 사례 지역의 선정 기준

대지표(배점)	중지표	소지표	지표 측정 방법	가중치	배점
조직화 (40점)	협의회 구성	협의회 조직의 구성	A=추진 조직 구성 완료 B=조직 구성원 선정 단계 C=1년 내 구체적 계획 있음 D=장기적으로 계획 있음 E=계획 없음	5	25
	사무국 설치 및 운영	사무국 인력	A=상근사무국장 1인+상근간사 2인 이상 B=상근사무국장 1인+상근간사 1인 C=상근사무국장 1인 or 상근간사 1인 D=비상근사무국장 1인 or 비상근간사 1인 E=없음	1	5
		사무국 운영예산	A=3천만 원 이상 B=3천만 원 미만 C=2천만 원 미만 D=1천만 원 미만 E=없음	1	5
		사무국 공간	A=별도 공간 확보 C=담당 부서 안에 공간확보 or 민간단체 가 사무국 역할 담당 E=없음	1	5
제도화 (20점)	지방의제 관련조례	지방의제 관련 조례화	A=C+(지방의제21 추진기구 설치 및 운영조례 or 지방의제21 지원조례) C=환경기본조례 E=없음	4	20
동원화 (40점)	지방의제 예산지원	지방의제 예산지원	●자치단체규모 대비 예산액 A=0.012% 이상 B=0.012% 미만 C=0.008% 미만 D=0.008% 미만 E=없음	4	20
	지방의제 인력지원	지방의제 인력지원	A=지방의제 21전담팀 구성 B=지방의제 21전담직원 C=담당자 지정(업무비중 30% 이상) D=담당자 지정(업무비중 30% 미만) E=없음	4	20

자료: 환경부(2001b: 188-194)에서 재구성.
주: 1) 가중치는 환경부가 지방의제 21 추진 과정에서 중요하다고 생각하는 값을 매긴 것임.
   2) A=5점, B=4점, C=3점, D=2점, E=1점임.
   3) 제도화 지표는 환경기본조례(C)가 갖춰진 이외에 별도의 설치・운영・지원조례를 만든 경우
      가 A에 해당함.

지방의제 21 추진의 민-관 파트너십이 여전히 진행형이라 추진 성과를 평가하기에는 무리가 있고, 정책 형성 과정에서부터 정책 효과까지의 일괄적인 평가보다는 그 과정에서 나타날 수 있는 다양한 파트너십 유형과 활성화·제약 요인들을 도출하는 것이 향후 발전을 위해 더 중요할 수 있다. 또한 추진 과정의 다양한 양상들에 대한 연구를 축적하는 데 기여한다는 이 책의 목적에 비춰 볼 때, 같은 수준의 지방정부들을 사례 지역으로 선택하여 비교 연구를 수행하는 것보다는 기초-광역 지방자치 단체를 모두 포함시켜 기초-광역 여부에 따른 지방의제 21 추진의 민-관 파트너십의 특성들을 함께 분석할 필요가 있다고 판단했다. 실제로 환경부 지표를 적용하여 도출된 상·중·하 그룹에서 나타난 각 중간 값의 동점 지역들 가운데 이러한 판단을 고려하여 세 지역을 선택하였다.

이 책에서 사례 연구의 범위는 제천시, 인천광역시, 전라북도 등 세 지방정부 지방의제 21 추진 기구들의 민-관 파트너십이다. 연구의 대상은 이들 지방의제 21 추진이 제기되고, 추진 기구가 민-관 파트너십을 형성하여 지방의제 21을 수립하고 이를 실천하기 위한 실천 사업을 전개했던 과정이다.

사례 연구에서 다루고자 하는 범위를 세부적으로 한정하면 다음과 같다.

첫째, 제천시, 인천광역시, 전라북도 등 세 지방정부 지방의제 21 추진 기구의 체계와 구성, 참여 정도와 상호작용, 제도적 영향만을 연구의 대상으로 한다. 지방의제 21 추진의 파급 효과는 분석 대상에서 제외한다. 1999년 이후에야 지방의제 21이 수립되기 시작하였고, 본격적인 실천 사업에 들어간 것은 2000년부터라고 할 수 있기 때문에 환경문제에 대한 영향과 같은 성과를 구체적으로 파악하기에는 현실적 제약이 따르고 시기상조였기 때문이다.

둘째, 민-관 파트너십의 상호작용은 내부적인 측면과 외부적인 측면을 포함한다. 내부적인 상호작용은 각 지방의제 21 추진 기구 구성원들 간의 상호작용이며, 외부적인 상호작용은 타 지방정부와의 관계, 실천 사업을 수행하는 과정에서 볼 수 있는 기업과 일반 시민들과의 관계를 말한다. 또한 추진 기구와 추진 기구 구성원들의 소속 단체와의 관계도 검토할 것이다.

셋째, 직접적인 시간적 범위는 직접적으로는 제천시와 인천광역시에서 지방의제 21 추진이 제기되기 시작한 1999년부터 전라북도가 지방의제 21을 수립한 2002년 1월까지로 한다.

2. 연구 방법

이 책은 지방의제 21 추진 과정을 중심으로 지방정부의 민-관 파트너십을 분석하기 위해 사례 연구 방법을 채택하기로 한다. 민-관 파트너십의 의의, 거버넌스로서의 민-관 파트너십, 제도로서의 민-관 파트너십의 성격 등을 이론적으로 검토한 다음, 각 사례 지역 지방의제 21 추진 기구의 체계와 구성, 참여자들 간의 상호작용, 실천 단계에서의 실천 사업을 분석하였다.

사례 분석을 위해 문헌 분석과 사례 지역 방문을 통한 지방의제 21 추진 기구 참여자들과의 면접 방법을 병행하였다.

첫째, 환경부, '지방의제 21 전국협의회', 제천시, 인천광역시, 전라북도 지방정부 및 지방의제 21 추진 기구, 각 사례 지역의 의회 및 NGO 등이 발간한 각종 문헌과 회의록, 공문서, 보고서 등을 통해 자료를 수집하여 분석하였다. 사례 지역의 각 지방의제 21 추진 기구가 운영하고 있는 홈페이지도 활용하였다.

둘째, 제천시, 인천광역시, 전라북도 지방의제 21 추진 기구에 참여하고 있는 참여자들과의 면접을 수행하였다. 구체적으로는 2002년 3월부터 5월까지 지방정부, 기업, NGO 세 부문의 실무 책임자들을 만났으며, 이 밖에 관련자들과의 포커스 면접(focused interview)도 실시하였다. 상호작용과 제도적 제약을 분석하고자 하는 것이기 때문에 심층 면접이 필요했기 때문이다.

제3절 연구 동향

우리나라에서 지방의제 21은 1994년 말부터 제기되기 시작하여 추진되고 있다. 본격적으로 수립되어 실천 단계에 접어든 1999년 이후 지방의제 21 추진 과정에 대한 직접적인 학술 연구가 점차 축적되고 있다. 여기에서는 민－관 파트너십을 통한 지방의제 21 추진 과정을 분석하기 위해 우선 민－관 파트너십에 관한 연구와 참여적 환경 의사 결정에 관한 연구들을 살펴보았다.

김정훈(1993)은 쓰레기 재활용을 위한 민－관의 협동 생산(co-production)에 있어서 주민 참여 유형을 개별적 참여, 그룹별 참여, 적극 참여, 소극 참여로 나누고 주민참여 유형을 구분했다. 협동 생산의 활성화를 위해서는 지역 단위로 그 지역의 사정에 맞게 정책이 마련되어야 하며, 지방정부는 지역 주민의 특성을 명확히 이해하고 그들이 원하는 것이 무엇이며 또한 그들이 할 수 있는 것은 무엇인가를 파악하는 것이 선결 조건이라고 제시했다.

김성준(1994)은 민－관 파트너십에 의한 지역 개발의 의의를 제고하고, 제주 지역 민－관 파트너십 사례들을 경영자적 리더십과 창의력의 소유자로서 협력 주체, 정책결정 과정의 공개 정도, 조직 문화 및 지원 정도 등으로서의 협력 구조 및 과정, 민－관 파트너십의 상호 신뢰와 협조적 풍토 등의 협력 환경 등 세 측면으로 재구성하여 기존 파트너십 체제의 문제점을 도출하고 행정 관리 전략을 모색하였다.

김렬(1997)은 ‘지역균형개발법’과 ‘민자유치촉진법’의 제정 이후 증가되고 있는 지방자치단체의 ‘민－관 협력 방식에 의한 지역 발전’ 노력의 실태와 개선 과제 등을 검토하였다. 제도·정책의 변화와 함께 행정 책임자·사업 담당자의 의지와 노력, 그리고 지역주민의 이해와 협조가 절실하다고 지적했다.

주재현(2000)은 환경 규제를 사례로 정부와 기업 간의 관계를 파트너십의 관점에서 파악하고, 그 필요조건, 그 조건이 실제 제도의 성립 및 운영에 미치는 영향 등을 살피고 있다. 성립 조건 면에서는 정부와 기업 간의 상호의존성 등 조건이 갖춰져 있었던 반면, 상호 신뢰와 이해 및 사회적 지지는 잘 갖춰지지 않은 것으로 지적하며 필요한 조건들을 갖춰나갈 것을 제언하고 있다.

DETR(2000)은 11개 지방정부들을 사례로 각 지방정부의 파트너십에 대한 총체적인 관점을 제공하려는 목적을 두고 분석하였다. 서베이와 면접을 통해 파트너십 모형의 유형들을 법령, 재정, 계약, 자원 부문 등으로 나누고 파트너십의 장애 요인과 성공 요인을 다루고 있다.

김수현·박은철(2000b)은 서울시와 NGO 간 파트너십의 현황 및 실태와 서울시 공무원과 NGO 관계자의 파트너십에 대한 인식을 파악하고, 상대방의 역할에 대한 이해와 존중 등 의식과 태도의 변화가 필요함을 지적했다.

남원석(2001)은 지방정부와 주민운동조직의 파트너십을 통해 발현되는 주민운동조직의 '권능강화(empowerment)' 내용을 분석하였다. 민간단체지원사업, 공공근로 민간위탁사업, 프로그램 사업 및 지역현안의 공동대응, 지방의제 21 등 네 가지 유형의 사례를 통해 공식적인 제도로 확립된 파트너십보다는 비공식적인 제도적 환경을 가지고 있는 파트너십이 자발성과 제도적 유연성을 확보할 수 있다고 결론지었다.

이러한 연구들을 통해 민-관 파트너십의 연구에 있어서 파트너십의 참여 유형, 구조와 과정, 상호작용, 파트너십의 성공 및 장애 요인 등을 분석할 필요가 있다는 것을 알 수 있었다.

다음으로 환경문제와 관련하여 참여와 의사 결정을 연계한 연구로 Rydin(1997)은 영국과 이탈리아의 두 도시를 사례로 선정하여 핵심 행위자들과의 면접을 수행하고, 질적 방법을 적용하여 면접 내용을 해석하였다. 지방정부와 기업, 환경단체들 내부와 상호 간에 언급된 수를 조사하여 교통 문제 등 각 이슈 네트워크의 형성을 발견하고, 도시 수준에서 지속가능한 발전은 그 도시의 경제적 이익들의 패턴을 인식할 필요가 있다고 주장했다. 즉 의사소통 패턴의 변화와 환경단체들의 네트워크 등 새로운 형태의 도시 거버넌스 창출이 필요하다는 것이다.

Marshall(1997)은 영국과 스페인의 두 도시를 사례로 선정하여 환경 정책 결정 과정의 유사점과 차이점을 비교하고 환경 정책의 발전을 위해 필요한 개입과 권력의 수준에 대해 논평한다. 그는 지속가능성의 '소프트(soft)' 차원과 '하드(hard)' 차원[17]을 구분하고, 소프트 차원에서는 몇 가지 개선된 측면이 유사하지만, 하드 차원으로의 이행은 두 도시 구성원의 관심 차이에도 불구하고 상당히 어렵다는 점을 밝혀 지속적인 논의가 필요함을 지적했다.

Coenen, Huitema, and O'Toole(1998)은 '참여'가 환경 정책 의사 결정의 질을 향상시킬 수 있는 것으로 파악하면서 의사 결정의 질을 측정할 수 있는 내용적인 기준과 절차상의 기준을 제시했다. 그들은 의도된 목적의 달성 여부, 공정성(의사 결정 과정상의 형평성)과 역량(합리성의 문제), 이와 관련된 지식과 정보 등을 고려할 것을 제안했다.

Bressers, Kuks, and Ligteringen(1998)은 거버넌스의 몇 가지 수준들(세계-국가-지방)을 구분하고 거버넌스의 다양한 기능들(의제 설정, 정책 형성, 정책 집행, 자치 활동)에 초점을 맞춰[18], 지방 당국과 기타 지방

---

17) 소프트 차원은 산업 폐기물의 국내외 유출 감소, 매립지와 소각장 처리의 전환, 시가 전차 등 일부 대중교통 분야의 투자, 일부 산업의 해외 이동과 일부 기술 향상에 의한 대기 오염의 일부 감소, 일정한 기준의 수질 오염 문제 감소, 도시 및 지역 계획에 의한 토지 이용률의 감소, 핵심 야생 동물 생태계에 대한 최악의 영향 감소 등이다. 하드 차원은 산업 폐기물 국내외 유출의 극적인 감소, 대규모 대중교통으로의 전환과 자동차 이용의 감소, 전체 물 사용량 감소, 토지의 도시화(혹은 탈전원화)율 0%에 가까운 감소, 생태계의 보호, 화물 운송으로부터 철도와 수상 운송으로의 전환(철도로부터 도로로의 전환율을 감소시킴), 채광과 채석의 감소, 승객 혹은 화물의 항공 교통 감소, 화학 산업 과정의 극적인 감소 등이다(Marshall, 1997: 177).
18) Bressers, Kuks, and Ligteringen(1998: 51)이 구분한 거버넌스의 영역과 초점은 다음과 같다.

조직들이 거의 모든 수준의 거버넌스에서 역할을 할 수 있다고 주장했다. 지방 수준에서는 환경 정책의 경우 사회 내 각기 다른 집단들을 참조하는 방식으로 국가 수준에서는 접근하기 어려운 개인과 집단들에 더 가까울 수 있고, 이를 통해 더 통합된 정책의 비전을 개발할 수 있다고 한다.

Oosterveld and Pullen(1998: 151-152)은 상호작용적인 정책 결정 과정에서 의사 결정의 질을 측정하기 위해서는 세 가지 측면을 고려해야 한다고 했다. 첫째, 그 과정에서 어떤 참여자들이 참여하는가? 둘째, 각 참여자들은 어떻게 혹은 얼마나 정보를 교환하는가? 셋째, 결정 과정에서 사용되는 의사 결정 규칙들은 무엇인가? 등이다.

Beierle and Konisky(1999, 2001)는 '개선활동계획'(RAP: Remedial Action Plan)이라고 불리는 미국과 캐나다 국경의 5대호 환경 계획 사례들을 연구하였다. 이들은 사례 서베이(case survey) 방법을 사용하여 더 많은 이해당사자 참여가 환경 의사 결정에 미치는 영향을 분석하였다. 환경의 질이 개선되는 데까지 나아가는가에 대해서는 분명한 연계를 밝힐 수 없었지만, 이해당사자들이 환경 의사 결정에 더 많이 참여할수록 의사 결정의 질, 의사 결정 과정에서 주요 참여자들 사이의 관계, 환경문제 관리 역량 등의 측면에서는 좋은 결과를 나타내는 것으로 결론지었다.

Teisman and Klijn(2002)은 '네트워크 사회'의 도래에 따라 파트너십이 새로운 형태의 거버넌스로 등장하고 있다면서 이에 따라 정책 결정 과정과 기존 제도적 구조를 재조직화하고 조정할 필요가 있음을 제기했다. 이들은

초 점 \ 영 역	지방 수준	국가 수준	국제 수준	세계 수준
의제 형성	○	○	○	○
정책 형성	○	○	○	
정책 집행	○	○		
자치 활동	○			

Rotterdam 항구의 확장을 둘러싼 정책 결정 과정을 분석하여 아직까지는 정부가 정보 공유와 같은 파트너십의 전제 조건을 갖추는 데 적극적이지 못하다고 분석했다.

이러한 연구들을 통해 환경 정책을 둘러싼 참여와 의사 결정 과정, 특히 지방 수준에서 볼 때 다양한 참여자들의 상호작용이 나타나고 있고, 구체적인 파트너십의 양상을 파악하기 위해서는 경험적인 연구가 축적될 필요가 있음을 알 수 있었다.

지방의제 21과 관련한 연구로는 ICLEI(1996), Lafferty and Eckerberg(1998b) 등을 들 수 있다. ICLEI(1996)는 ICLEI의 지방정부 데이터베이스 리스트에 포함된 세계 196개 지방정부에 지방의제 21 추진 과정을 조사하는 설문지를 배부하여 26개국과 관련된 내용을 담고 있다. 선진국보다는 개발도상국에서 상대적으로 환경, 경제, 사회적 관심을 동등하게 다루고 있고, 전체적으로 기업 부문, 지역 사회 조직, NGO, 교육 부문, 과학 기관, 정부 기관, 청년 조직, 여성 조직, 노동조합, 소수 인종, 원주민 등 다양한 참여자가 있는 것으로 분석했다. 행동 계획의 준비에 있어서 개발도상국들이 선진국에 비해 더 높은 준비의 비율을 나타내고 있지만, 개발도상국은 단기적 필요에, 선진국은 장기적 필요에 초점을 두고 행동 계획을 준비하는 것으로 보고했다.

영국을 사례로 연구한 Doak(1998), 핀란드, 스웨덴, 노르웨이, 독일, 오스트리아, 네덜란드, 영국, 아일랜드 등의 사례를 모은 Lafferty and Eckerberg(1998b)의 연구는 각국의 사례 연구를 통해 지방의제 21이 지방정부의 의사 결정에 통합된 프로그램으로 정착되고 있다면서 각기 다른 수준의 지방정부가 각기 다른 포럼에서 허약한 네트워크에 기반하고 있는 한계점을 지적한다.

우리나라의 경우 김병완(1997)은 지방의제 21의 의의와 성격에 대해 살펴보고, 사례 도시들의 추진 현황을 개괄적으로 분석하여 추진 절차, 추진 체계, 추진 재원, 의제 내용, 인식 확산 및 실천 가능성 측면에서의 보완 사항과 문제점들을 지적했다. 윤경준(2003)의 경우 주요 참여 집단별로 참여유형이 어떻게 다른지를 참여동기, 참여목적, 참여태도 등 세 가지 행태적 요소를 중심으로 분석하였다. 특히 환경단체들의 경우에도 참여의 이타성이나 적극성 측면에서 여타의 주요 집단에 비해 높지 않다는 분석은 흥미롭다.

사례 연구로서 박진(1997)은 시행 초기 단계에서 광주광역시를 사례로 지방정부의 역할과 수립 지침을 기술적으로 연구히였다. 지방정부는 적극적인 후원 세력으로서의 역할을, 그리고 시민단체는 적극적인 참여자 역할을 수행해야 할 것이라고 제시하고 있다. 김재식(2000)은 안산시와 과천시를 사례로 하여 지방의제 21의 수립 과정을 정책의제형성이론에 비추어 수립 과정의 문제점들에 주목하고, 그 과정에 영향을 미친 결정 요인들을 설문 조사를 통해 도출하고자 하였다. 김귀곤(2000)은 경기도 '경기의제 21'의 추진 사업, 특히 장단반도 습지 생태계 복원 계획에서의 참여 과정을 공무원, 민간 환경단체, 전문가 등을 대상으로 한 설문조사를 통해 연구하였다. 추진 체계, 참여와 파트너십 형성의 노력, 문제점 및 보완 필요 사항 등을 밝히고 있다.

김병완(2001a)은 거버넌스 이론의 관점에서 지방의제 21이 지방자치단체 간 환경 협력의 형성 방안으로서 유용하다고 보고, 지방의제 21을 중심으로 조직화, 제도화, 절차적 합리성을 통해 어떻게 지방자치단체 간의 환경 협력이 이루어질 수 있고, 실제로 어떻게 이루어지고 있는지 사례를 통해 밝히고 있다.

박영숙(1999)은 지방의제 21 수립 과정의 문제점으로 문서 활용, 균형 잡힌 참여 유인, 관계 정립, 시민 의식, 지방정부의 권한, 실행 수단, 홍보, 제도적 장치, 자치단체 간 협력, 통합 관리 기구 부재 등을 지적하였다. 환경부(1997)는 비전의 부재, 목표치와 목표 혹은 목적과의 혼란, 지역적 특성의 미약, 행동 계획과 실천 강령의 혼동, 지구 환경문제와 구체적인 지역 환경문제와의 연계 부재, 정부 간 추진 분담의 불명확성을 문제점으로 들고 있다.

정규호(2002)는 서울특별시의 지방의제 21을 추진하고 있는 '녹색서울시민위원회'를 사례로 도시 거버넌스 체제 실험의 의미와 합의 형성의 과제를 분석하였다. 이 연구는 녹색서울시민위원회 내에 상이한 담론 유형들이 공존하고 있어 문제 해결을 위한 합의 형성의 인식론적 토대가 취약하고, 이를 극복하기 위해서는 '자원' 공유 단계가 '권력'이나 '책임성'까지 공유할 수 있는 높은 수준의 협력 단계가 필요함을 주장했다. 이와 관련하여 이상적 심의 상황에 가까울수록 의사결정의 효과성도 높아졌다는 윤경준·안형기(2004)의 연구도 주목할 만하다.

지방의제 21 추진 과정 평가와 관련한 지표를 개발하여 직접적으로 평가한 연구들도 존재한다. 이동근 외(1999)와 이동근·윤소원(1999) 등은 4개 시·구를 사례로 공무원, 전문가, 시민단체에 대한 설문조사를 통해 지방의제 21 추진 과정을 평가하였다. 이들은 수립 체계 확립, 지역 사회 문제 분석, 실천 계획 수립, 실천 계획 집행 및 감시, 평가 및 환류 등 추진 과정 단계별 지표를 만들어 평가를 수행했다.

김귀곤(2000)은 지방의제 21의 실천 사업을 평가할 준거틀을 개발하고, 경기도의 지방의제 21인 '푸른경기 21'의 1999년 사업을 개략적으로 평가했다. 평가의 준거틀은 지역 사회 참여 방법에 의한 평가, 실천 사업의 접근 방법에 의한 평가, 실천 사업의 실행 과정에 의한 평가 등으로 구분하고 있다.

김병완(2001b)은 '제3차 지방의제 21 전국대회'에서 지방의제 21의 성공적 추진요건으로 실시 동기, 조직 체계, 제도 체계, 재정 체계, 시민 참여, 의제 실천, 효과성, 평가 체계 등 8가지 요소들을 설정하여 이를 중심으로 전국 지방정부의 지방의제 21 추진 현황을 구체적으로 분석한 글을 발표하였다.

차명제(2001)는 같은 대회에서 '지방의제 21 평가지표(안)'를 제시했다. 추진 기반, 추진 과정, 추진 성과 등 세 가지 항목으로 분류하고, 대지표로는 첫째, 추진 기반을 위한 조직화, 제도화, 동원화, 둘째, 추진 과정을 위한 조직화, 제도화, 절차성, 실천성, 평가체계, 셋째, 추진 성과를 위한 인지도, 변화 정도, 변화 기여도 등으로 나눠 구체적인 지표들을 제시했다.

지방의제 21 추진 과정을 연구한 사례 연구들은 많은 지방정부들이 비교적 높은 수준의 추진율을 보이고 있지만, 주로 환경 담당 부서에서 업무를 총괄하기 때문에 추진력이 약하고 예산 확보에도 어려움을 겪고 있다고 평가하고 있다. 또한 다른 분야와의 협력 부족, 인력 및 재원 부족, 참여자들 간의 연대 및 협력 부족, 제도적 장치 및 추진 조직 미비, 사회적 관심 및 시민의 자발적 참여 부족, 중앙정부와 상위 정부의 지원 및 협력 부족, 자치 단체장의 의지와 철학 부재 등을 문제점으로 지적하고 있다.

지금까지 살펴 본 것처럼, 민-관 파트너십에 관한 문헌들과 지방의제 21 추진 과정을 연구한 문헌들은 사례 연구나 설문 조사 등에 의존하여 경험적인 연구를 추구하고 있지만, 기술적이고 규범적인 틀을 중심으로 논의하는 데 초점을 두고 있는 연구도 많다. 구체적인 지표를 적용하고자 하는 연구들도 축적되고 있지만, 추진 과정 전반에 있어서 각 단계별로 충족시켜야 할 항목들을 거치고 있는가에 초점을 맞춰 논의하고 있다.

민-관 파트너십에 의한 종합적인 환경 계획의 수립과 실천이라는 지방의제 21의 의의에 비춰볼 때, 가장 중요한 것 중의 하나는 추진 과정에서 참여자들이 어떤 체계와 방식으로 결합하고 있고, 어떤 역할을 담당하고 있으며, 이런 파트너십을 활성화하거나 제약하는 요인들은 무엇인지를 밝혀내는 것이라고 본다. 물론 참여자들에 대한 설문 조사를 통해 이런 요인들을 파악하려는 시도들도 있었지만, 파트너십과 파트너십 참여자들의 상호작용 속에서 극복 및 발전 대안을 찾으려는 논의가 더 축적될 필요가 있다고 할 수 있다. 특히 실험적인 민-관 파트너십의 단계를 밟아가고 있다는 지방의제 21 추진 과정의 의의를 생각해볼 때 파트너십의 다양한 양상과 잠재력을 발견하는 연구가 지속적으로 수행될 필요가 있을 것이다.

이 책은 민-관 파트너십의 참여자들이 어떤 체계와 구성으로 참여하고

있고, 서로 어떠한 상호작용을 보이고 있는지, 그리고 파트너십을 제약하거
나 활성화하는 요인들은 무엇인지를 경험적으로 밝힘으로써 민-관 파트너
의 발전 가능성을 모색하는 데 기여할 것이라는 점에서 그 의의를 찾아볼
수 있다.

제2장 협력의 거버넌스, 민 – 관 파트너십

제1절 협력과 파트너십

1. 협력과 파트너십의 개념

협력(collaboration)이 반드시 만병통치약은 아니겠지만, '계층제식 해법'(hierarchy fix)과 '시장식 해법'(market fix)의 대안으로서 구체적인 적용이나 일반적인 정신에서 모두 여러 가지 이유로 좋은 것이라 할 수 있다(Mintzberg et al., 1996: 60). Mary Parker Follett의 '건설적 갈등'(constructive conflict) 개념은 한 쪽이 다른 한 쪽을 지배하거나 양쪽이 타협하는 것으로는 갈등이 잘 해결된 것으로 볼 수 없으며, 양쪽의 요구를 창조적으로 통합(creative integration)함으로써 가장 잘 해결할 수 있음을 지적한다(Mintzberg et al., 1996: 61).[1]

Jonathan(2001)은 협력(cooperation), 조정(coordination), 공조(collaboration) 등 세 가지 용어를 연속선상에서 구분하여 정리하는데, 연속선상의 가장

---

[1] Mary Parker Follett에 따르면, 지배(domination)에 의한 갈등 해결은 다른 쪽에 대한 한 쪽의 승리를 의미하는 것으로서 진 쪽이 다시 지배할 기회를 기다릴 것이기 때문에 결국은 승리가 아니고, 타협(compromise)은 평화를 위해 양쪽이 어느 정도씩을 포기하는 것이기 때문에 해결책으로서는 미흡하다. 통합(integration)은 마치 도서관에 앉아 있는 두 사람이 조금 떨어져 있는 쪽의 창문을 개방함으로써 창문을 열었으면 하는 사람과 창문을 열지 않았으면 하는 사람 모두를 만족시키는 경우처럼, 상호 배타적인 두 가지 대안의 경계 내에 머물러 대안을 굳히고 상황을 고착시키는 것이 아니라 양쪽 모두 아무 것도 희생할 필요가 없는 제3의 길을 창조하는 것을 말한다(Mintzberg et al., 1996: 62).

말단에 있는 협력은 어떤 구조나 기획의 노력도 없는 비공식적인 관계를 의미한다. 조정은 연속선상의 가운데 있는 것으로서 약간의 공동 기획은 있지만, 개별 조직 내에 여전히 권한이 있는 공식적인 관계를 의미한다. 공조는 연속선상의 상단에 있는 공식적 관계로서 새로운 조직 구조가 존재하고 미션과 권한이 공조에 의해 결정된다고 한다.

또한 Frances et al.(1991: 1), Sullivan and Skelcher(2002: 4-5)에 따르면, 사회생활의 조정 원리를 시장, 계층제, 네트워크 등의 모형으로 설명할 수도 있고,[2] 모든 협력 관계를 계약 관계, 네트워크, 그리고 가장 일반적이라 할 수 있는 파트너십 등 세 가지 거버넌스 형태로 정리할 수도 있다.[3]

이렇게 보면, 일반적인 의미에서의 협력은 공식화의 정도에 따라 협력, 조정, 공조로 분류할 수도 있고, 유동성의 측면에서 네트워크, 계약, 파트너십 등으로 구분할 수도 있을 것이다. 하지만 협력의 종류를 구분하고자 하기보다는 경계 구분이 흐려지는 정부-기업-시민사회 간의 협력을 분석하는 이 책의 목적에 따라 '협력의 거버넌스'를 지칭하는 민-관 파트너십에 초점을 두기로 한다.

민-관 파트너십(public-private partnership)과 관련하여 여러 가지 유사한 개념들을 찾아볼 수 있다. 민관협력(권영모, 1996), 협력체제(김광웅, 2000), 관민파트너쉽(안태환, 1993; 신경훈·문경원, 1994), 공조(collaboration)(Gray, 1985, 1989), 수평적 통치체제에서의 협력(정병순, 1996), 사회적 파

---

2) 뒤에서 기술하는 '거버넌스' 논의를 참조할 것.
3) 계약 관계는 대부분 조직 간의 공식적이고 구체적이며 법적인 구속력이 있는 관계이다. 네트워크는 신뢰와 호혜성에 바탕을 둔 비공식 관계에 따라 구성되는데, 조직 경계도 초월한 유동적인 관계이다. 파트너십은 짧지 않은 기간 동안 공동의 의사결정을 필요로 한다는 점에서 계약과는 구분되고, 파트너들을 서로 엮는 공식적인 목적과 계획을 필요로 한다는 점에서 네트워크와 구분된다(Sullivan and Skelcher, 2002: 4-6).

트너십(Waddock, 1989, 1991) 등이 그것이다.4) 이 책에서는 '협력'이라고 할 때, cooperation이나 collaboration을 구분하여 사용하지는 않을 것이고, 비록 공조 개념에 가깝긴 하지만 협력 관계가 중심적인 운영 원리라 할 수 있는 민-관 파트너십을 말하는 것으로 사용할 것이다. 이 때문에 '협력'의 개념과 연계하여 민-관 파트너십을 다시 한 번 정리할 필요가 있을 것이다.

Gray(1985)는 공조(collaboration)라는 개념을 통해 둘 이상의 이해당사자들이 개별적으로는 어느 쪽도 해결할 수 없는 일련의 문제들을 해결하기 위한 유형 자원의 충당(appreciations)이나 공동 관리(pooling)라고 정의한다. Waddock(1989)은 '사회적 파트너십(social partnership)'(혹은 공공 부문과 민간 부문의 파트너십)이라는 개념을 통해 '다수 부문의 조직들이 공동의 목적을 달성하기 위해 상호작용하는 협력적 행동'5)을 말하는 것으로 정의한다. 이러한 정의들은 문제의 복잡성, 참여자들의 다양성, 해결 목표의 공익성 등을 반영하는 것으로 볼 수 있다.

민-관 파트너십이라는 용어에 대해 정확한 정의를 내리기 어려울 수도 있다. 왜냐하면, 전통적인 정부의 구매 활동에서부터 자발적 조직들의 공공 업무 참여에 이르기까지 맥락에 따라 다양한 의미를 지니고 있기 때문이다(Ghere, 2001).

OECD(1990: 18)는 '파트너십'에 대해 '합법적으로 연결된 장치들 혹은 비공식적 협약, 협력적 업무 관계, 다수의 제도들 사이에서 채택된 계획에 바탕을 둔 공식화된 협력 체계'라고 정의한다. 이는 특정 기간 동안 정책과 프로그램의 목적에 대한 합의, 책임, 자원, 위험, 편익의 공유를 포함하게 된다.

공공 부문의 입장에서 민-관 협력을 논의한 김렬(1997: 146)은 공공 부

---

4) 이 책에서는 민-관 파트너십이라고 하기로 했음을 밝힌 바 있다.
5) Gray(1985)는 영역(domains) 수준의 해결책을 모색하기 위한 행동이라고 표현한다.

문이 공공의 목적을 위하여 민간 부문의 자본, 인력, 기술 등을 도입·활용하는 제반 활동을 포괄적으로 지칭한다. 미국과 영국의 경우 주로 공공 서비스 공급의 민영화 형태로 민-관 파트너십을 진행시켜왔는데, 영국의 경우는 특히 준정부 조직의 형태로 민간 부문의 자원을 활용하고 있다. 일본의 경우도 '민활법'의 제정을 통해 소위 '제3섹터'의 설립을 중심으로 광범위한 민간 자원의 활용을 적극 추진하고 있다고 한다(김렬, 1997: 147).

김정훈(1993: 131-132)은 '협동생산(coproduction)'이라는 표현을 통해 정부 및 공공 기관과 주민이 함께 공공 서비스를 생산하는 부문으로서 주민이 생산자로서 활동하는 역할을 강조하는 영역이라고 말한다. 이는 주민에 의해 공공 서비스가 생산되는 부문이므로 일반 민간(기업) 부문과 구별되며 공익성과 형평성이 더욱 강조되는 부문이라고 한다.

2. 민-관 파트너십의 등장과 이론

민-관 파트너십의 이론적 배경은 시장 실패와 정부 실패에서 찾을 수 있다(Wolf, 1988; 전상경, 1991: 11). 민간 부문인 시장은 개별 경제주체의 '분권화'된 의사 결정을 토대로 하고 가격이라는 메커니즘으로 작동되며, 공공 부문인 정부는 대부분의 경우 '집권화'된 의사 결정을 중심으로 각종 규제나 정책을 통해 자원을 배분하여 작동된다. 그러나 중요한 선택이라는 것은 항상 완전한 시장과 불완전한 정부, 혹은 완전한 정부와 불완전한 시장 사이에서 이루어지는 것이 아니라 불완전한 시장과 불완전한 정부 사이에서 이루어지기 때문에 시장과 정부 어느 쪽도 완전한 대안은 되지 못한다는 것이다.

이로 인해 (지방)정부는 지역 사회에서 보다 나은 결과를 얻기 위해 지역 사회의 파트너들과 함께 일하는 과정으로 나아가게 된다. 이 과정을 '민-관 파트너십'이라고 한다. 이는 지방 이해당사자들의 요구에 의해 판단되는 것으로서 파트너들을 불러 모으거나 더 나은 자원 활용을 의미한다 (DETR, 2000).

민-관 파트너십이 등장하게 되는 이유를 다음과 같이 정리할 수 있다 (Gray, 1985; Beauregard, 1998; Lowndes and Skelcher, 1998; Linder, 2000).

첫째, 혼란스러운 환경에 대한 대응의 적용력이 떨어질 때 등장한다. '뒤죽박죽 상태(messes)'(Ackoff, 1975), '불가분한 문제'(Aldrich, 1977), '까다로운 이슈(wicked issues)'(Stewart, 1996) 등으로 표현되는 사회 문제들에 대한 관료제 조직들의 무능함이 지적되어왔고 그 해결책으로서 파트너십이 필요하다는 것이다.

둘째, 당사자주의의 문제 해결 방법의 한계 때문이다. 특히 미국에서 선호되어왔던 조직 간 분쟁을 다루는 당사자주의 방법이 극단적인 비용의 문제 이외에도 각 당사자들이 받아들일 만한 결과를 생산하는 데 실패해왔다는 것이다.[6]

셋째, 상호의존성이다. 협력적 노력은 개별 조직들이 자신들의 활동이 진실로 상호의존적인 많은 이해당사자들 중의 하나라고 가정한다. 파트너십의 주창자들은 어쩔 수 없는 상황에 대한 대응과 도시 문제들에 대한 새롭고 존립가능한 해결책으로 파트너십을 제시해왔다.

넷째, 기관 간 파트너십이 정책 목표를 달성하는 협력 수단으로서 제공할 수 있는 편익이 강조된다. '협력의 이익'(Huxham, 1996)에 대한 생각은 지난 10여 년간 세계적인 공공관리 개혁 운동을 지배해온 시장, 준시장, 계약 관계에 대한 매력적인 대안을 제공한다는 것이다.

본래 미국의 경우 민-관 파트너십은 주로 1980년대 소위 '민영화 운동'의 파생물이었다(Linder, 2000). Linder(2000)는 신자유주의(neo-liberalism)와

---

6) 이러한 관점에서 '대안적인 분쟁 해결 방법들(ADR: Alternative Dispute Resolutions)'에 대한 논의와 실제가 존재한다(예를 들어 Manring, 1994 참조).

신보수주의(neo-conservatism)의 이데올로기가 어떤 식으로 접목되는지를 설명하고 있다.[7]

당시 서구 보수적인 지도자들의 마음을 사로잡은 것은 경쟁보다는 협력이었다. 공동 사업 장치들이 불안정한 시장을 안정화시키고 경쟁 압력을 완화하는 데 활용되었다는 것이다. 파트너십의 토대는 자유주의 국가와 자유 시장 주창자들 사이에 일종의 친교 관계(rapprochement)가 회복된 것으로 그는 보고 있다. 국가(정부)와 시장 중 어느 한 부문의 축소와 다른 부문의 확대보다는 민간 자본을 지렛대로 사용하는 민 - 관 파트너십이 공공관리자들의 새로운 도구가 되는 것이다.

이러한 아이디어는 가장 추상적인 수준에서 보면, 전통적인 이원적 부문 구분의 경제적 토대를 공공과 민간 부문으로 정교화하며 확장시키는 것이었다. 약간 낮은 추상 수준에서 보면, 신자유주의와 신보수주의 모두에게 전후 복지 국가에 대한 그럴 듯한 대안이 된다. 마지막으로 실용적인 수준에서 보면, 1990년대 초반까지의 관리 개혁의 경향이 리더십과 행태적 원리로부터 더욱 구조적인 탄력성과 혁신을 강조하는 것으로 바뀌어 민 - 관 파트너십의 이상을 강화해왔다고 한다.

아무튼 현실적으로는 1970년대 후반 이후 미국에서 도시 계획에 따른 연방 보조금의 대폭적 삭감으로 '도시의 쇠퇴'가 나타났고, 이러한 도시의 쇠퇴가 대도시를 중심으로 심각한 사회적·정치적 문제를 야기하면서 민 - 관 파

---

7) 신자유주의는 Locke식의 개인주의와 시장 인센티브에 의한 자발적인 사회적 조정을 주장하는 Hayek와 맞닿아 있다. 산업적 기획가보다는 시장 기업가가 선호될 것이고, 정부는 후원자나 심판으로 남게 된다. 신보수주의는 Burk의 보수주의와 뿌리를 공유하지만, 자존과 Locke식 자유에 대한 신념을 혼합하였다. 전통적인 가치나 그것이 재생산하는 사회적 질서를 침식하는 (경제적 혹은 정치적) 권력의 집중에 반대하면서, 전통적인 가치를 가르치는 지방의 문화적 제도들 - 가족, 지역 사회 교회, 시민 결사체 - 을 강화하려고 노력한다. 신자유주의자들은 국가가 본질적으로 비효율적이기 때문에, 그리고 신보수주의자들은 국가가 '받을 가치가 없는 경품을 통제할 수도 더 많은 세금에 대한 욕구도 통제할 수도 없을 만큼' 지나치게 과도하기 때문에 민영화를 추구한다(Linder, 2000).

트너십이 가시화 되었다(김성준, 1994: 10-11). 위기의식을 느낀 지방정부·기업·시민단체가 투자를 기피하는 기업과 주민에 대해 그 장래를 담보할 수 있는 다양한 형태의 도시 계획을 진행시켰다는 것이다. 그 형태는 지역 경제의 활성화, 빈곤층 원조 등으로 나타났으며 도시 개발의 원동력이 되었던 것이다.

오늘날 새로운 문제들이 발생하는 속도가 빨라 개별 조직들은 효과적이고 적절한 대응책을 마련하는 데 힘겨워 하고 있다. 그 결과 종종 어제의 문제들이 해결되지 않은 채 문제가 쌓이고 새로운 문제들은 매일 생겨나고 있다(Gray, 1989: 1). 이러한 혼란스런 상황 하에서 조직들은 간접적이지만 중요한 방식으로 다른 조직들과 고도로 상호 의존하게 되는 것이다(Trist, 1989).

환경이 많은 '제약과 불확실성'(Aldrich and Pfeffer, 1976: 89)을 제공한다는 것을 인식하면서 조직들이 '전략적 선택'(Child, 1972)을 한다고 가정하는 자원 의존 이론에서 보면, 조직들은 조직의 자원 의존성을 관리하기 위한 다양한 전략을 채택할 것이다. 조직들은 통합, 다양화, 의존성을 분산시키고 권력을 획득하기 위해 고안된 전략들을 배열하는 데 적극적으로 나서게 되는 것이다(Pfeffer and Salancik, 1978). 그 가운데 하나가 파트너십으로 나타날 수 있을 것이다.

조직 간 관계(IOR: Inter-Organizational Relations) 모형에서도 여러 부문 간의 협력을 이해하는 개념적 틀을 발견할 수 있는데, Gricar(1981), Cummings(1984), Trist(1985), Gray(1989), Oliver(1990) 등이 대표적이다. 조직 간 접근 방법들은 정책 결정을 독자적인 것으로 보지 않고, 교환 관계에 참여하는 독립적인 행위자들에 의한 의사 결정의 한 예로 본다(Thatcher, 1998: 398).

자원이 부족한 환경에서 조직들이 모든 사회 문제들을 해결하기 위한 자원을 할당하기란 어려운 일이다. 그러므로 어떤 문제들이 그들의 근본적인 이익에 가장 중요한지에 대한 결정을 내리게 된다(Logsdon, 1991: 25).

Oliver(1990)는 조직 간 자발적 연계의 동기로 효율성, 안정성, 정당성, 호혜성, 비대칭성 등을 들고 있다.

예컨대 기업 관리자들은 기업의 이윤을 위해 자원을 가장 효율적으로 사용하려고 노력하지만, 기업의 이익이란 것은 더 광범위한 개념이기 때문에 환경적 안정성을 고려한 대안적인 결정들을 고려하게 되고, 사회 규범이나 이해당사자들의 기대에 일치하여 행동함으로써 조직의 정당성을 향상시킨다는 것이다. 그런데 다른 행위자들을 강압하거나 통제하려는 비대칭성 동기가 존재하긴 하지만, 상호 편익이 조정과 협력을 통해 달성될 수 있음이 인식될 때, 다른 집단들과 결합하려는 공동의 동기가 발생한다는 것이다.

경쟁과 갈등 상황에서도 협력이 장기적으로는 더 유리한 결과를 낳을 수도 있다는 '맞불 전략(tit-for-tat)'(Axelrod, 1984), 그리고 더 복잡한 지역 사회 기반 서비스를 제공하는 데 있어서 의식적으로 공동으로 일하고 서로 협력하는 둘 이상의 상호 의존적 조직들이 더 효과적이라는 관점도 존재한다(Alter and Hage, 1993). 협력은 한 문제의 다른 측면들을 보는 행위자들이 자신들 고유의 제한된 시야를 넘어 무엇이 가능한지 그 차이를 건설적으로 탐색하고 해결책을 모색할 수 있는 과정이라고 할 것이다(Gray, 1989: 5).

협력은 특히 이윤 동기가 약할 때 더 호소력이 있는 것으로 보인다. 왜냐하면, 자율성의 감소, 자원의 공유, 의존성의 증가와 같은 협력으로 인해 발생할 수 있는 잠재적인 하강 부분이 생존에 대한 위협으로 느껴지는 측면이 적을 것이기 때문이다(Provan and Milward, 2001: 415). 그러므로 우선 민-관 파트너십 참여자들의 상호작용을 세심하게 관찰할 필요가 있다. 참여자들은 어떤 동기와 방식으로 파트너십에 참여하게 되었으며, 참여자들 간 상호작용은 어떤 양태를 보이는가 하는 데 대한 논의가 필요할 것이다.[8]

그런데 민-관 파트너십이 대칭적인 자원 교환 관계(symmetrical resource

exchange relationship)에 발생한다고 가정할 때, 서로 간에 제공할 수 있는 긍정적인 자원과 부정적인 자원이 있을 수 있다(김준기, 2000: 10-14). 이를테면, 정부는 NGO에게 직접 지원, 세제 감면과 같은 긍정적 자원이나 재정적 압력과 같은 부정적 자원을 제공할 수 있고, NGO는 정부에게 정부 정책에 대한 적극적인 지원과 참여 또는 순응, 정보와 전문 인력과 같은 긍정적 자원이나 정부 정책에 대한 비판, 퇴출 위협을 통한 압박과 같은 부정적 자원을 제공할 수도 있다.

Linder and Rosenau(2000)는 특히 재원을 기준으로 공공 부문, 기업 부문, 자발적 부문 3자의 파트너십 관계를 정리하였는데, 이를 도식화하면 〈그림 2-1〉과 같이 나타낼 수 있다. 지방정부는 기업, NGO와의 계약을 통해, 기업은 지방정부의 인프라 프로젝트에 참여하거나 NGO에 대한 후원을 통해, NGO는 기부금 모금 활동이나 지방정부의 정책 과정 참여를 통해 파트너십 관계를 형성할 수 있다.

결국 조직 간의 자원 의존 이론을 다른 각도로 해석하면, 초기에 파트너들을 전략적인 차원에서 서로 어떠한 관계로 설정하는가에 따라 그 관계가 결정될 수 있다(김준기, 2000: 17-19). 즉 정부는 파트너들을 전략적 동반자로 활용하려는 '제도적 다원주의'와 참여적 의사 결정에 대한 인식, 각종 제도나 지원 체제의 설정 등에 유의할 필요가 있고, NGO는 독립성을 상실하거나 '창도 역할(advocacy role)'(이근주, 1999)을 잃지 않도록 해야 할 것이다.

---

8) 참여의 뿌리에 대한 논의는 다음과 같이 정리될 수 있다(Coenen, 1998: 134). 첫째, 쉽게 밝혀낼 수 있는 보편적인 공익이란 존재하지 않는다. 둘째, 집권적인 조정과 계층제적인 의사 결정의 가능성은 매우 제한적이다. 셋째, 각기 다른 범사회적 행위자들로부터의 투입은 합리적인 의사 결정에 필수 불가결하다. 넷째, 참여는 그러므로 합리적인 의사 결정에 기여할 수 있다. 참여는 의사소통을 보장하는 것이고 이러한 의사소통은 합의와 목표 공유로 나아갈 수 있을 것이다.

<그림 2-1> 재원을 기준으로 한 지방정부-기업-NGO 3자 관계

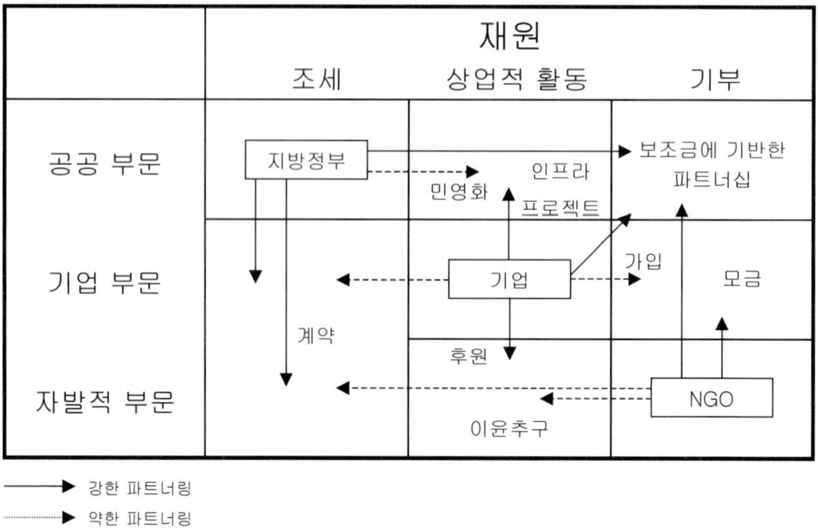

	재원		
	조세	상업적 활동	기부
공공 부문	지방정부	인프라 프로젝트 (민영화)	보조금에 기반한 파트너십
기업 부문		기업	가입 · 모금
자발적 부문	계약	후원 · 이윤추구	NGO

자료: Linder and Rosenau(2000: 12, 14)를 응용.

3. 민-관 파트너십의 특징과 의의

파트너십의 특징은 다음 몇 가지로 요약된다. 첫째, 둘 이상의 행위자들을 포함하고 있다. 둘째, 각 참여자가 주체이다. 셋째, 약간의 지속적인 상호작용과 행위자들 사이의 지속적인 관계가 존재한다. 넷째, 참여자들은 각각 무언가를 기여한다. 다섯째, 각 행동의 결과에 대한 책임을 일정 정도 공유해야 한다(Gray, 1985; Peters, 1998).[9]

---

9) Arnstein(1969)의 '시민 참여 사다리'에 따르면, 파트너십은 '시민 권력' 차원에 해당한다. 그의 8단계 사다리는 비참여 단계로 조작(manipulation), 처방(therapy), 명목 단계로 정보획득(informing), 조언(consultation), 회유(placation), 시민 권력의 단계로 파트너십(partnership), 권한 위임(delegated power), 시민 통제(citizen control) 등으로 구성된다.

이상의 논의를 통해 민-관 파트너십의 의의를 도출해보면, 첫째, 민-관 파트너십은 공공관리 개혁의 성격을 갖는다(Linder, 2000; Peters, 1998; Lowndes and Skelcher, 1998; 권영모 1996; Jonathan, 2001). 공공관리 개혁의 핵심적인 가정은 새로운 시장을 발견하고 생산성을 향상시키며 경쟁력을 개선하는 데 필요한 기술을 습득하여 정부가 작동하는 방식을 개선할 수 있다는 것이다. 기업과 시민사회 부문의 참여를 보장하면서 공공관리자들은 자신들의 파트너를 모방하여 배울 수도 있다는 측면에서 이러한 의의를 둘 수 있다. 모든 이해당사자들이 정책 과정에서 함께 모여 더 효과적이고 조정된 정책을 창출하여 다차원적인 문제들에 대한 다수 행위자 접근 방법을 적용함에 따라 문제 해결을 위해 더 나은 방법을 찾아나갈 수 있다.

둘째, 민-관 파트너십은 위험분담(risk sharing)의 성격을 갖는다(Linder, 2000; 신경훈·문경원, 1994). 여기에서의 용법으로는 파트너십이 주로 정부의 재정적 절박함에 대한 대응 수단으로 묘사된다. 예컨대 정부가 자본 집약적인 프로젝트를 위한 공공 자본을 형성하고자 할 때, 기업은 정부를 대체하는 것으로서가 아니라 정부 자원에 지렛대 형태로 협력 사업을 통해 결합하도록 권고된다. 자원이 결국 혼합될지라도 목적은 공공으로 남는 것이다.

셋째, 민-관 파트너십은 권력 공유(power sharing)로서의 성격을 갖는다(Linder, 2000; Waddock, 1991; Ghere, 1996; 김광웅, 2000; Lowndes and Skelcher, 1998; Kernaghan, 1993; Jonathan, 2001). 파트너십은 통제가 정부에 집중되어온 규제 문제를 수평적으로 확산하는 것이다. 권력 공유로서의 파트너십에서 협력과 신뢰의 정신은 명령과 통제, 규제에 내재하는 적대 관계를 대체하여 파트너들 사이의 어떤 관계도 책임과 지식들을 상호 이익이 되도록 공유하게 할 것이다. 파트너들 간에 맞불 전략식의 기대를 가능하게 하여 규제를 덜 엄격하고 덜 가혹하고 덜 독단적인 것으로 만들 수도 있다. 또한 간접 민주주의가 직접 민주주의로 가는 그 전 단계에서 가능한 하나의 형태로서 대리인 체제의 일부를 유지하면서 준 직접 민주주의

(semi-direct democracy)를 거쳐 직접 민주주의로 가는 전이 단계에 있는 국정 운영의 한 형태가 될 것이다(김광웅, 2000: 14).

결국 지방정부 내부 차원에서는 공무원들에게 책임성과 더불어 실제적인 의사 결정력을 부여하는 한편, 고객과의 밀접한 접촉을 유지하고 혁신적인 정책 개발과 서비스 전달을 할 수 있을 것이다. 외부 차원에서는 외부의 개인, 집단, 조직들이 자신들에게 영향을 미치는 결정에 진정한 기여를 하도록 하여 그들 사이에 효능감을 촉진시키려는 노력을 포함한다. 이러한 과정을 통해 상호작용하는 잠재적인 파트너들의 큰 자원(pool)이 형성될 것이다. 따로 행동하기보다는 함께 행동하여 더 많은 것을 획득하고 배울 수 있는 능력을 부여하고 경험을 공유하여 파트너들끼리 서로 다른 과정과 절차들을 얻을 수 있는 상승작용도 가능할 것이다(Jonathan, 2001).

특히 권력 공유는 지방의 의사 결정 과정을 개방하는 역할을 할 것이다. 공식적인 정치 과정의 미혹에서 깨어나며 지역 사회가 자신들의 삶에 영향을 미치는 결정에서 더 많은 목소리를 낼 수 있게 될 것이다. 지방정부는 지방의 이해당사자들을 포함하여 파트너들을 잘 결집시키고 이들 간의 상호작용을 용이하게 하는 '지역 사회 기반 파트너십(community-based partnership)'(Young, 1997b)을 통해 지역 사회 거버넌스(local governance, community governance)의 비전을 형성해 나갈 수도 있을 것이다. 더욱이 지방 수준의 민주주의를 향상시켜 전통적으로 배제되거나 주변화 된 집단들을 공식적인 민주적 과정 속에 포함시킬 수 있다(Jonathan, 2001).

물론 비판도 존재한다(Jonathan, 2001: 753-755). 오히려 환경의 복잡성을 증가시키고 파편화될 것이라는 우려이다. 이로 인해 민주적 책무의 체계를 무너뜨릴 수도 있다는 것이다. 또한 광범위한 지역 사회의 참여를 유도하는 데 필요한 시간, 지역 사회의 역량 형성을 위한 자원의 부재로 인해 '그 얼굴이 그 얼굴(same old people)'(Langton, 1983)이 될 가능성도 있다.[10] 더욱이 파트너십 참여자들이 서로 불평을 털어 놓을 '공식적인 싸움터'(Trist, 1983)가 되거나 '명예만 좇는 참여자들(glory seekers)'(Huxham and Vangen, 1996)이 나올 수도 있다.

더욱이 정부와 밀접한 관련을 맺고 활동하는 NGO들이 독립성을 상실하여 NGO들의 창도적 역할이 약화될 수도 있다(이근주, 2000: 295-296). 사회적·정치적 변화를 유도한다는 NGO의 역할이 정부나 집권 세력의 입장과 역할을 대변하는 방식으로 나타나 정부의 정당성을 확보하는 것으로 전락한다면, 정치적으로 이용되거나 지역 사회에 대한 봉사 기능까지 약화될 수 있다는 것이다. 또한 정부가 중요시하는 분야와 NGO들이 중요하다고 판단하는 분야가 일치하지 않을 때, NGO가 정부의 지원을 받기 위해 자신들이 중요하다고 생각하는 영역에 대한 활동을 줄이거나 포기해야 할 수도 있을 것이다.

그럼에도 불구하고, 파트너십이라는 아이디어는 공공 부문 거버넌스(public governance)의 실험이다. 정부, 기업, 시민사회 각 부문은 근본적인 발상의 전환을 해야 할 것이고, 각자의 일부를 포기하고 새로운 몇 가지 일을 해야만 할 것이다(Langton, 1983: 260). 이는 또한 경험적인 연구의 축적을 필요로 할 것이고, 각 부문이 경험 속에서 느끼는 신뢰의 축적을 필요로 할 것이다.

이를 위해 파트너십의 유형을 구분해볼 수도 있는데, 여러 가지 유형으로 구분될 수 있지만, 그 가운데 Waddock(1991)과 Kernaghan(1993)의 분류가 특히 유용하다. Waddock(1991)은 문제 구조의 정도와 그 범위(상호의존성)를 한 편에, 그리고 참여하는 파트너들 내에서 문제의 상대적인 부각 정도(문제의 해결 지점과 수준)를 다른 한 편에 둔 두 가지 기준을 통해 세 가지 파트너십의 유형을 도출했다. 높은 수준의 상호의존성과 상호작용을 요구하는 상대적으로 불가분한 문제에 있어서의 체계적 파트너십(systemic

---

10) Huxham and Vangen(1996)은 산출물이 늦게 나타날 수 있는 가능성을 '협력의 타성(collaborative inertia)'이라고 표현한다.

partnership), 소수 핵심 조직들의 상호작용을 필요로 하고 문제들을 특정 초점에 맞출 수 있는 연맹 파트너십(federational partnership), 아주 소수의 조직들이 상호작용하는 기술·운영 수준의 프로그램 파트너십(programmatic partnership)이 그것이다.

권한부여의 과정에 초점을 맞추고 권력의 본질과 정도에 따라 Kernaghan (1993)은 네 가지 파트너십 유형을 구분한다. 첫째, 각 파트너들이 의사 결정 과정에서 권력을 발휘할 수 있으며 상호의존성이 높은 공조 파트너십 (collaborative partnerships)이다. 둘째, 의사 결정력이 아닌 업무를 공유하고 비공식적인 방식으로 영향력을 발휘하는 운영 파트너십(operational partnerships)이다. 셋째, 운영에 거의 참여하지 않으면서 기금 형태로 후원을 제공하는 기부 파트너십(contributory partnerships)이다. 이는 진정한 파트너십으로 고려되지는 않지만, 후원 조직이 파트너십의 목적을 제안하거나 동의할 수 있다는 점에서 협력의 요소가 있을 수 있다. 넷째, 공공 조직이 정부 외부의 개인과 집단에게 자문을 구하는 자문 파트너십(consultative partnerships)이다. 이것 역시 진정한 파트너십으로 고려되지는 않는 자문위원회나 협의회 형태이지만, 공식화·공론화·공익성·신뢰성 등의 여부에 따라 그 영향력이 달리 나타난다. 한 가지 추가할 수 있는 유형은 '가짜 파트너십(phony partnership)'인데, 보통 다양한 이해당사자들을 포섭하거나 조작하려는 목적으로 공공조직에 의해 만들어진 파트너십이라고 한다(Kernaghan, 1993: 65).

제2절 민-관 파트너십과 거버넌스

1. 거버넌스로서의 민-관 파트너십

Lowndes and Skelcher(1998)는 민-관 파트너십이 발전 단계가 진행되는 동안 계층제, 시장, 네트워크 등 다양한 형태의 거버넌스를 겪게 된다고 주장한다. '파트너십의 다양한 상호작용에 대한 사회적 조정이 달성되는 수단인 거버넌스의 양식들'이 각기 다르게 나타날 수 있다는 것이다.

거버넌스에 대한 전통적인 용법과 사전적 정의는 '거버넌스'를 '정부'와 동의어로 규정하고 있었다.[11] 그런데 '정부 활동을 발생시키고, 규정하고, 가능하게 하는 법률, 행정 규칙, 사법적 판정, 실천의 레짐'을 거버넌스라고 한 Lynn et al.(2000: 3)의 정의에 따르면 논의의 여지가 있음을 알 수 있다. 최근의 논의에서 거버넌스는 보통 공공 부문의 수단에 의한 전통적인 정부 이미지와 비교되는 새로운 방식의 통치에 대한 다목적용 용어가 되고 있다(Moon, 1999: 112).[12] 그만큼 거버넌스에 대한 관심이 새

---

11) Oxford Advanced Learner's Dictionary(1995)는 거버넌스를 '통치 활동 혹은 방식: 정부'라고 정의한다.
12) 뉴 거버넌스 개념의 여러 가지 용법은 분석의 수준과 단위, 대상, 이슈, 주체 및 내용 등의 유형에 따라서도 다양하게 사용되고 있다(김석준, 2000: 3: 문병기, 2000: 22). 우선 분석의 수준과 차원에 따라 국가 간 협력·문제 해결과 관련된 global governance, 인접 국가 간 지역 공동체를 중심으로 한 regional governance, 개별 국가 내부의 국정 운영과 관련된 national governance, 지역 공동체에서의 시민 참여·지역 발전과 관련된 local governance로, 둘째, 대상과 이슈에 따라 green governance, techno governance, internet governance, digital governance, cyber governance, NGO governance 등으로, 셋째, 주체에 따라 국가 중심 거버넌스, 시장 중심 거버넌스, 시민사회 중심 거버넌스, 등으로, 넷째, 내용에 따라 corporate governance, good governance, network governance 등으로 구분해 볼 수 있다.

롭게 증가하고 있기 때문이라 할 수 있을 것이다.[13]

Rhodes(1997)의 경우 거버넌스란 '정부'가 의미하는 바가 변화하고 있음을 암시하는 새로운 통치 과정(process of governing)이라고 지적한다. 그는 최소한 여섯 가지의 구분되는 거버넌스 용법이 존재한다고 정리하는 데,[14] 최소 국가로서의 거버넌스, 기업식 거버넌스, 신공공관리로서의 거버넌스, '좋은 거버넌스', 사회적 cybernetic 체계로서의 거비넌스, 자기 조직화 네트워크로서의 거버넌스 등이 그것이다.[15] Kooiman(1993a: 2)은 '거버넌스'란 사회적·정치적·행정적 행위자들의 통치 활동에서 도출되는 패턴을 의미한다고 말한다. Jessop(1998: 351)에게 있어서 거버넌스는 교환 관계의 무정부 상태(anarchy)(예를 들어, 시장의 힘), 명령의 계서제(階序制; hierarchy)(예를 들어, 국가에 의한 강제적인 조정), 그리고 자치 조직의 이서제(異序制; heterarchy)(예를 들어, 네트워크)와 같은 독립적인 사회적 관계들의 형태를 말한다. Pierre and Peters(2000: 75-93)는 정부 권력이 치환되는 유형을 기준으로 첫째, 국제 조직들의 역할 증가(moving up), 둘째, 지역, 지방, 지역 사회로의 이동(moving down), 셋째, NGO, 기업, 민영화로의 이동(moving out) 등 세 가지 수준의 거버넌스

---

13) 유럽과 미국 간에도 거버넌스에 대한 의미 차이가 존재한다. 상대적으로 개념화에 적극적인 유럽에서는 뉴 거버넌스라는 명칭 하에 통치 과정에 있어서 사회와의 연계 및 관련성에 초점을 맞추는 데 비해, 미국에서는 '조정'의 일반적 의미에 충실한 편이라고 할 수 있다(Pierre and Peters, 2000).

14) 유사하게 Hirst(2000)는 첫째, 경제 개발 분야에서 효과적인 경제적 근대화를 위해 필요한 구성 요소로서의 '좋은 거버넌스', 둘째, 국제기구와 레짐 분야에서의 '정부 없는 거버넌스', 셋째, 관리 활동의 책무성과 투명성을 개선하는 '기업식 거버넌스', 넷째, 1980년대 초반 이래의 신공공관리 전략으로서의 거버넌스, 다섯째, 네트워크, 파트너십, 숙의 포럼(deliberative forums) 등을 통한 새로운 조정 메커니즘으로서의 거버넌스 등으로 구분한다.

15) 예를 들어 Rhodes(1997: 52-53)는 영국 정부의 변화를 분석하기 위해 이 가운데 자기 조직화, 조직 간 네트워크라는 의미를 선택했다. 그리고 거버넌스가 공유하는 특징으로 조직들 간의 상호의존성, 네트워크 구성원들 간의 지속적인 상호작용, 게임식의 상호작용, 국가로부터의 상당한 자율성 등을 들고 있다.

를 설명한다.

결국 거버넌스란 사회적·정치적·행정적 행위자들의 통치와 관련된 활동에서 도출되는 패턴으로서 '시장, 계층제, 네트워크'(Williamson, 1996) 등의 형태로 나타나는 사회적 관계를 말하는 것으로 이해할 수 있다. 이러한 다양한 정의들은 거버넌스론이 경험적인 관찰을 필요로 함을 말해준다(이명석, 2001).

이처럼 거버넌스의 용법과 중요성이 '새롭게' 조명되는 경향을 다음 세 가지로 정리할 수 있다. 첫째, 복지 국가의 비효율성으로 인한 정부 재정 적자의 증가에 따른 경향, 둘째, 개발도상국과 구사회주의권 국가들을 지원해온 국제기구들의 정부 운영 지침 성격, 셋째, 보다 역동적이고 복잡하고 다양해지는 사회 문제들을 해결하는 데 한계를 지니고 있다는 의미에서 통치 불능(ungovernability) 문제를 극복하기 위한 대안 등이다.

첫 번째의 경우 경제 분야에서의 심각한 변동에 정부가 대응할 수밖에 없었다는 설명이다(Peters, 1996; 정용덕 외, 1998: 44-46). 경제 성장이 저조하거나 불확실성이 증가하고 있기 때문에 정부는 증가하는 비용을 충당할 수 있는 성장의 재정 분담금에 현실적으로 더 이상 의존할 수 없게 되었고, 이에 따라 조세 감면, 규제 완화, 공공 부문의 비효율성을 줄이는 것이 환영받았다는 것이다. 공공관리의 개혁으로 인해 적어도 정부의 총비용을 어느 정도 감소시키고 장래 정부 지출 능력을 더욱 향상시킬 수 있었다. 더 나아가 정부가 효율적으로 운영되는 것처럼 보이는 것은 국민들에게 증세를 요구할 때 상징적으로 중요한 효과를 가지는 것으로 지적된다. 또한 정부란 '어떤 것도 잘 할 수 없기 때문에' 가능한 한 작은 역할을 담당해야 한다는 정치적 우파들의 관점이기도 하다.

두 번째의 경우는 유엔개발프로그램(UNDP: United Nations Development Programme), 세계은행(World Bank) 등과 같은 국제적 차원의 개발 원조 기구들이 제시하는 '좋은 거버넌스(good governance)' 개념에 해당한다고 할 수 있다. UNDP(1997)는 '건전한 거버넌스(sound governance)'라는 정의를 통해 각기 다른 형태의 정치적 권한이 각기 다른 방식으로 효율성 및 책무(accountability)와 결합될 수 있음을 인정하고 각기 다른 일련의 가치들에 참여, 개성, 질서, 권한과 같은 생각들을 연결할 수 있음을 제시하고 있다. 세계은행(World Bank, 1994)은 '좋은 거버넌스' 개념을 통해 개방되고 예측 가능한 정책 결정, 전문적 정책 및 관리 역량, 효과적 자원 이용으로 사회적·경제적 발전 수준을 개선시킬 수 있음을 강조한다. 여기에는 시민사회의 참여도 포함된다.

세 번째의 경우는 인구학적 측면에서 사회적·정치적 이질성의 증가, 적절한 타협점을 찾기 어려워지는 사회 문제, 안정된 조직의 쇠퇴 등 그간 정부가 통제와 규제를 해온 경제와 사회가 점점 더 관리하기 어렵게 되고 있다는 점을 지적한다. 따라서 문제에 관련된 행위자들 간의 상호작용에 주목하고 의사소통, 파트너십, 네트워크 등을 강조하게 되었다는 것이다. 또한 이러한 시각에 따르면, 공공 부문의 일이 민간 부문으로 이전된다는 차원이라기보다는 공공 영역과 민간 영역의 명확한 구분이 무너지고 참여민주주의의 확대와 세련화를 통해 공공 영역 개념 자체가 확장됨을 의미한다고 볼 수 있다.

이명석(2002)의 기준에 따르면, '뉴 거버넌스(New Governance)'에 해당하는 것은 세 번째의 경우이다. 또한 거버넌스에 새롭게 주목한다는 의의에도 뉴 거버넌스라는 개념이 더욱 적절할 것이며, '협치(協治)' 등 정부(국가)와 시민사회의 협력이나 참여민주주의를 강조하면서 거버넌스 개념을 사용하는 경우 뉴 거버넌스를 말하는 것으로 볼 수 있다. 심지어 '거버넌스 조직', '거버넌스 체계', '거버넌스를 구현하자', '새로운 거버넌스를 실현하기 위해'라는 식의 약간은 어색한 표현들도 모두 '뉴 거버넌스'를 지칭하는 것이라 할 수 있다.

뉴 거버넌스 접근 방법은 일방향적 조종과 통제(one-way steering and

control)('국가' 혹은 '시장' 혼자서 일하기)에서 양 방향적 혹은 다중적 설계 (two or multilateral designs)(함께 일하기)로 전환하고자 하는 것이라 할 수 있다. 사회-정치 체계들과 그 거버넌스의 특성(quality)은 상호 요구와 수행 능력을 인정하는 정도에 달려 있다(Kooiman, 1993a, 1993b).[16]

Stoker(1998)는 거버넌스란 궁극적으로 잘 정돈된 규칙과 집합 행동을 위한 조건을 창출하는 것과 관련되기 때문에 거버넌스의 산출물이 정부의 산출물과 다르지 않다고 지적한다. 중요한 것은 그 과정에서의 차이라는 것이다. 그는 거버넌스의 여러 가지 측면들에 대해 다섯 가지의 이론적 명제를 제시한다. 이 명제들은 위에서 언급한 뉴 거버넌스에 대한 설명에 충실한 것이라 할 수 있다.

첫째, 거버넌스는 정부의 제도와 행위자들뿐만 아니라 정부 이외의 복잡한 일련의 제도와 행위자들을 포함한다. 이는 정부 체계에 대한 헌법적/공식적 이해에 이의를 제기하는 것이다. 이에 따라 서비스 전달과 전략적 의사 결정에 민간 부문과 자발적 조직 부문의 참여가 증가한다는 것이다. 둘째, 거버넌스는 사회적·경제적 이슈를 다루는 데 있어서 경계와 책임 소재가 무너짐을 인정하는 것이다. 정부의 책임이 민간 부문과 자발적 조직 부문, 더 넓게는 시민에 확대된다는 것이다. 셋째, 거버넌스는 집합 행동과 관련된 제도

---

16) 정부 입장에서 보면, 뉴 거버넌스에 대한 관심이 통치 요구(governing needs)와 통치 역량(governing capabilities) 간의 불일치를 해소할 필요성 때문에 생겨난 것으로 보인다. Kooiman(1993a)은 문제 상황 혹은 기회의 포착과 같은 통치 요구를 한 편에, 해결책 유형들을 창조하거나 전략을 개발하는 등의 통치 역량을 다른 한 편에 둔 긴장을 파악하게 되는 지속적인 과정이 사회-정치 체계의 통치 능력(governability)이라고 본다. '정부혁신(reinventing government)'(Osborne and Gaebler, 1992)으로 상징되는 신공공관리론 관점에서 뉴 거버넌스는 시장에서 기업이 하는 식으로 경쟁과 빠른 대응력을 정부 운영에 도입하여 관리 체계를 개선하는 데 주안점을 둔다. 나아가 이러한 시장 지향적 기업식 거버넌스(market-driven corporate governance)는 민영화와 성과 기반 관리가 정부의 비효율성 문제를 해결할 것으로 기대하고 있다. 정부의 일부 기능을 민간 영역으로 이전하여 공공 서비스의 질을 개선하고 정부 비용을 줄임으로써 경제적 효율성을 극대화할 수 있다는 생각이다.

들 사이의 관계에 포함된 권력 의존성을 확인하는 것이다. 집합 행동에 관여하는 조직들은 다른 조직들에 의존하고, 목표를 달성하기 위해 조직들은 자원을 교환하고 공동의 목적을 협상하며, 교환의 결과물은 참여자들의 자원뿐만 아니라 게임의 법칙과 교환의 맥락에 의해서도 결정된다. 넷째, 거버넌스는 행위자들의 자율적인 자치 네트워크에 관한 것이다. 따라서 거버넌스 하에서 궁극적인 파트너십 활동은 지치 네트워크가 형성되는 것이다. 다섯째, 거버넌스는 정부의 권위를 요구하거나 정부의 권력에 의존하지 않고 일을 할 수 있는 역량을 인정하는 것이다.

더 나아가 Jessop(1998)이 지적한대로, 이러한 뉴 거버넌스 양식은 상황의 변화에 대한 반복적인 대응의 결과로 나타난 것이 아니라 관련 행위자들의 의도적이고 능동적인 노력의 산물이라 할 수 있다. 따라서 특정한 강조점과 주요 행위자, 운용 방식 등에 따라 거버넌스 양식은 여러 가지 형태로 나타날 수 있다는 것이다.

이처럼 뉴 거버넌스 논의는 공공 부문과 민간 부문의 다양한 구성원들이 상호독립성, 자율성, 자원 교환, 게임식 상호작용 등의 특징을 갖고 참여하고, 과업과 책임을 공유하며, 공동 생산을 지향하는 정부와 사회 간의 상호작용 형태를 의미한다. 이러한 의미에서 거버넌스로서의 파트너십은 정부-시민사회 간 관계, 정부-기업 간 관계, 정부 간 관계 등을 포괄하는 협력 관계로 이해할 수 있게 된다(김병완, 2001a: 638-639).

따라서 뉴 거버넌스에 대한 논의는 거버넌스의 주체가 누구인가?; 누구를 위한 거버넌스인가?; 무엇을 위한 거버넌스인가?; 거버넌스는 어떻게 운영되어야 하는가? 하는 질문들에 포괄적으로 답변할 수 있는 것이어야 할 것이다. 이러한 의미에서 보면, 정부의 일을 논의함에 있어 거버넌스론을 이야기하는 것은 민간 영역 가운데 기업의 논리만을 수용하거나 기업 부문만을 파트너로 삼는 데 국한되는 것이 아님을 알 수 있다. 따라서 '정부의 일=공공 영역'이라는 등식이나 '민-관 파트너십=정부와 기업 관계'라는 등식은 깨지거나 더 확대될 수 있는 것이다. 마찬가지로 그 결과가 반드시 '정부와 NGO 간의 파트너십'으로 국한되는 것은 아닐 것이다. 제기되는 이슈에 따라 거버넌스의 양식도 '민－관 파트너십'의 범위도 다양해지게 될 것이다. 즉 사회－정치적 문제 해결뿐만 아니라 공익 혹은 공공선에 대한 공통의 이해와 합의 형성을 위해 '공공 영역'이 확장될 수 있는 것이다.

이처럼 공공 부문의 새로운 범주는 주어져 있는 것이 아니고, 공공 부문이 뒤로 물러나더라도 이것이 반드시 정부 목적 범주의 축소를 의미하는 것이 아니라 수단에서의 변화를 반영하는 것이라고 할 수 있다(Moon, 1999: 113). 더욱이 '정부는 우리가 아니다(government isn't us)'(Hummel and Stivers, 1998)라는 공공 부문에 대한 시민들의 반감이 큰 '반정부시대(anti-government era)'(King and Stivers, 1998)에 시민 참여의 민주주의와 대중의 아이디어에 대한 개방을 포함하여 보통 사람들의 지식과 생각을 공공 영역에 가져오는 일도 필요하다(Hummel & Stivers, 1998: 41). 거버넌스는 단순한 관리의 문제를 떠나 정치적 개념으로 볼 수 있기 때문이다(이명석, 2001).

이상의 논의를 정리해보면, 거버넌스는 단순히 공공 업무의 효율성과 효과성을 개선하기 위해 정부의 비효율성을 제거하고 성과를 높이는 데만 한정되는 것이 아니라 민주성과 대표성을 확보하는 등 정치 과정을 개방·확대하려는 노력이라는 것으로 해석할 수 있다. 그러한 노력들이 어떤 형태로 진행되고 어떤 메커니즘을 갖고 있는지 경험적인 연구들이 축적될 필요가 있을 것이다.

2. 네트워크로서의 민-관 파트너십

네트워크[17)]는 지역 사회와 관련하여 중요한 제도적 특징이다. 네트워크는 또한 정치의 정보 센터와 협상 구조로 기능한다. 네트워크를 통해 지방의 정치적 행위자들은 의사 결정 과정에서 자산이 되는 명성을 구축할 수 있다(Knoke, 1990: 133).

급변하는 환경 속에서 발생하는 사회 문제의 해결 메커니즘으로써 '정부'라는 단어가 비판을 받고 있는 현실에서 새로운 통치 방식 또는 국정 관리 모형으로 정부와 기업 부문 외에 NGO를 포함시켜 행정을 수행하려는 시도가 나타나고 있는데, 이러한 거버넌스 관점에 속하는 이론 모형 중의 하나가 정책 네트워크(policy network) 모형이다(배응환, 2001: 259).

지방 정치에 대한 연구의 하나의 접근 방법으로써 정책 네트워크는 이익 집단 정치의 초기 전통에 그 이론적 근거를 두고 다원주의, 하위 정부, 조합주의 등과 관련된 문헌들에서 발전되었다(Jordan, 1990; Marsh and Rhodes, 1992).

조직 간 관계에 대한 접근 방법들도 단지 개별 행위자들의 속성을 바라보기만 하는 것을 거부하고, 그들 사이의 관계 패턴을 연구한다(Thatcher, 1998: 399). 조직 간 접근 방법들은 정책 네트워크의 개념을 통해 상호관계

---

17) 기계론적 세계관과 유기체적 세계관은 사회적 통제와 체계성을 개별 행위자들 위에 있는 것으로 인식한다. 이는 유기체 내부에 존재하는 구성 요소들은 구체적으로 분석하지 않았다는 것을 의미하므로 유기체를 블랙박스로 보는 것이다. 이러한 관점은 유기체(시스템) 구조를 해부해 보려는 네트워크 시각에서 수정된다. (사회) 시스템이란 여러 구성 요소들로 구성되어 있고, 이들 간에는 상호 연결 관계가 존재하므로 통치 장치들은 분산되어 있고, 지식은 다양한 행위자들 사이에 분포되어 있어 행위자들 간에 정보와 자원을 교환하는 상호작용을 통해 결과물이 산출된다. 그러므로 네트워크 시각은 유기체적인 시스템(국가나 정치 체제)의 구체적인 모습을 해부하여 시스템 행위자들 간의 관계가 어떤 모습을 하고 있는가를 설명한다(배응환, 2001: 261-262).

로 관심을 돌려 조정과 협력의 패턴과 구조적·제도적 장치들을 기술한다(Kenis and Scchneider, 1991: 33; Hanf, 1978: 12-13). 그리고 정책 과정에서 공식적인 제도적 장치와 고도로 복잡한 비공식적 관계들을 이해하고(Kenis and Schneider, 1991: 27), 행위자들 간의 연계를 드러내기 위해 네트워크 구조의 지도를 그리고자 한다(Schneider, 1992: 109, 117).

지방의제 21 추진 과정과 같은 민-관 파트너십을 분석하는 데 있어서 지방 정치의 권력 구조와 영향력뿐만 아니라 그 구조 내에서 영향력을 주고받는 참여자들의 상호작용을 이해하기 위해서도 네트워크 관점은 중요한 이론적 자원이 될 수 있다.

김정렬(2000)은 광의의 거버넌스를 체계, 관리, 정책의 차원을 포괄하는 대안적 국정 관리 패턴으로 정의하고, 최협의의 거버넌스를 정책 대상 집단(경제 부문과 시민사회 부문)에 대한 조정(steering) 메커니즘으로서 정책 네트워크의 구현 사례라고 보았다.[18]

정책 네트워크는 상대적으로 자율적인 행동 단위들로 구성된 정치적 거버넌스의 통합된 혼성 구조로 보일 수 있는 구조 혹은 일정한 구조적 배열을 의미한다(Schneider, 1992: 111). 또한 상호 의존하는 행위자들 사이의 직접적인 혹은 간접적인 다소 안정적인 패턴의 연계 혹은 일련의 상호관계(Klijn et al, 1995: 439; Hanf, 1978: 11; Scharpf, 1978: 362)라고 할 수 있다.

정책 네트워크 접근 방법은 지위법, 평판법, 의사 결정법 등 몇 가지 방법들을 사용하여 특정 체계 내 핵심 행위자들을 확인하고 행위자들의 네트워크상의 지위와 그들 사이의 관계를 이해하고자 한다(Knoke, 1994: 280-283). 각기 다른 체계 내에서 각기 다른 맥락을 가지고 있는 정책 네트

---

18) 김정렬(2001)은 영국 블레어 정부의 거버넌스를 체계 수준, 관리 수준, 정책 수준으로 구분하여 체계 수준에서는 탈이념화를 통한 개혁 기반 구축, 관리 수준에서는 경쟁적 시장 기제의 활용, 정책 수준에서는 협력적 네트워크의 구현이라고 설명하였다.

워크를 파악함으로써 현대 정부의 의사 결정의 특징과 역동성을 이해할 수 있을 것이다(Campbell et al., 1989: 94).

Rhodes(1997: 10)에 따르면, 네트워크에서 지배적인 이익에 대한 논쟁은 '누가 지배하는가?', '어떻게 지배하는가?', '누구의 이익을 지배하는가?' 등과 관련된 것이다. 정책 네트워크는 권력이 어떻게 발휘되는지를 탐색할 도구인 것이다. 정책 네트워크 모형은 히나의 네트워크 내에서 왜 이떤 집단들이 다른 집단들보다 더 강력한지, 그리고 어떤 네트워크들은 왜 다른 네트워크들보다 강력한지를 설명하고자 하는 것이다.[19] 그는 고도로 안정되고 제한적인 멤버십을 가진 정책 공동체(policy communities)를 한 편에, 그리고 불안정하고 개방적인 형태의 이슈 네트워크(issue network)를 다른 한 편에 두고 전문가 네트워크, 정부 간 네트워크, 생산자 네트워크 등을 연속선상에서 분류할 수 있다고 한다(〈표 2-1〉 참조). 정책 네트워크의 접근 방법은 정책 분석을 구성 요소들로 분해할 필요성을 역설하고, 집단과 정부 사이의 관계는 정책 영역에 따라 다양함을 강조한다는 것이다(Rhodes, 1997: 32; Rhodes and Marsh, 1992).

이익집단과 정부 간 관계 등 조직 간 이론을 활용한 Rhodes(1997) 등 영국의 연구 경향과는 달리 미국의 경우 하위 정부 모형을 비판하며 등장한 Heclo(1978)의 '이슈 네트워크' 개념이 중요하다. 이는 1950-1960년대에 지배적이었던 다원주의 모형을 비판하며 등장한 하위 정부 모형이 폐쇄적 네트워크 성격을 가진다는 비판이었다. 개방적 네트워크로서의 이슈 네트워크는 어떤 정책 영역에 관심을 가지는 정부, 의회, 기업, 이익집단, 학계, 언론 등 다양한 행위자들의 네트워크를 의미한다.

---

19) Rhodes(1997)에 있어서 정책 네트워크는 중범위 수준(meso-level)의 개념이다. 이는 특정 정책 결정에서 이익집단들과 정부의 역할을 다루는 미시 수준(micro-level)의 분석과 현대 사회 내 권력의 배분에 대한 보다 광범위한 질문들에 초점을 맞추는 거시 수준(macro-level)의 분석을 연계하는 개념이라고 한다.

〈표 2-1〉 Rhodes의 정책 공동체와 정책 네트워크 분류

네트워크의 유형	네트워크의 특징
정책 공동체/지역 공동체	안정성, 고도로 제한된 멤버십, 수직적 상호의존성, 제한된 수평적 분화
전문가 네트워크	안정성, 고도로 제한된 멤버십, 수직적 상호의존성, 제한된 수평적 분화, 전문가의 이익에 복무
정부 간 네트워크	제한된 멤버십, 제한된 수직적 상호의존성, 광범위한 수평적 분화
생산자 네트워크	변동하는 멤버십, 제한된 수직적 상호의존성, 생산자의 이익에 복무
이슈 네트워크	불안정성, 많은 수의 구성원, 제한된 수직적 상호의존성

자료: Rhodes(1997: 38).

실제적인 정책네트워크에는 정치·행정 영역마다 상이한 참여자가 있을 수 있고, 그들의 능력이 균등하지 않다(배응환, 2001: 269). 따라서 특정 정책 영역에서 안정적이고 폐쇄적인 정책 공동체를 발견할 수 있을지 불안정하고 개방적인 이슈 네트워크를 발견할 수 있을지는 전적으로 경험적·실증적 연구를 필요로 한다 할 것이다. 정책 공동체와 이슈 네트워크의 특징을 구체적으로 정리한 것이 〈표 2-2〉이다.

정책 네트워크 분석의 근간이 되는 중심 개념은 정치를 현대 사회의 복잡하고 어려운 과정으로 본다는 것이다. 정치 체계는 점차 하위 체계들로 분화되고, 정책의 형성과 집행은 각기 다른 제도와 조직들을 포함하게 된다. 따라서 상호의존성이 나타나고 책임은 확산되므로 상호의존적인 조직들의 네트워크를 통해 정책 행동을 조정하려는 것이다 (Blom-Hansen, 1997: 670).

<표 2-2> 정책 공동체와 이슈 네트워크의 비교

	정책 공동체	이슈 네트워크
구성원: 참여자의 수	아주 제한된 수이고, 일부 집단들은 의식적으로 배제됨	대규모
이익의 유형	경제적 이익 혹은 전문가의 이익이 지배적	영향 받는 광범위한 이해관계들을 포괄함
통합성: 상호작용의 빈도	정책 이슈에 관련된 모든 문제들에 대한 모든 집단들의 빈번하고 질 높은 상호작용	계약이 빈번하고 변동이 심함
연속성	멤버십, 가치, 성과가 장기적으로 지속	접근이 상당히 변동함
합 의	모든 참여자들이 기본적인 가치를 공유하고, 그 성과의 정당성을 받아들임	합의 기준이 존재하지만, 갈등이 상존
자원: (네트워크 내) 자원의 분포	모든 참여자들이 자원을 가지고 있고, 기본적인 관계는 교환 관계임	일부 참여자들이 자원을 가지고 있을 수도 있지만 제한적이고, 기본적인 관계는 협의하는 것임
(참여조직 내) 자원의 분포	계층적이고, 지도자들이 구성원들을 방출할 수 있음	구성원들을 규제할 다양하고 가변적인 상황과 역량
권 력	구성원들 사이에 권력의 균형이 존재함. 한 집단이 지배적일 수도 있지만, 만약 공동체가 지속되려면 포지티브섬게임이어야 함	불균등한 자원과 불균등한 접근을 반영하는 불균등한 권력임. 제로섬 게임임

자료: Marsh and Rhodes(1992: 251).

확실히 정책 공동체와 이슈 네트워크 개념은 유익하다. 정책 공동체는 갈등과 공유된 규범, 틀의 공존, 정책 결정자들의 폐쇄성, 정책 내부자와 외부자 사이의 구분, 정책에 영향력을 주려고 시도하는 새로운 행위자들이 직면하는 어려움들을 포착하면서 풍부한 은유가 되었다. 이슈 네트워크는 정책 형성에 있어서 파편화와 전문화 증가를 결합시켰다. 두 가지 개념들은 행위자들의 상호작용을 상세히 조사할 것을 주장했고, 국가-이익집단 관계의 범주들을 제공했다(Thatcher, 1998: 392).

그럼에도 불구하고 정책 공동체와 이슈 네트워크 접근 방법들의 설명력은 제한적일 수밖에 없다는 지적이 있다(Thatcher, 1998: 393-394; Dowding, 1995: 137). 가장 중요한 이유는 왜 특정한 정책 공동체나 이슈 네트워크가 등장했는지를 설명하는 데 인용된 요인들이 일반적 수준에 그친다는 것이다. 또한 기술적·경제적 요인과 같은 것들이 포함되지 않았고, 정책 변화는 왜 생기는지와 관련된 논의가 부족하다는 것이다.

이에 대한 대안으로는 Thatcher(1998: 406-409)가 지적한 것처럼, 다른 분석적 접근 방법들과 연계시키는 것이다. 정책 과정에서 행위자들의 상호작용을 위한 사회관계의 규칙과 오래 지속되는 패턴을 확립할 수 있는 네트워크들의 역량이라는 측면에서 신제도주의[20]의 도움을 받을 수 있다

---

20) 신제도주의는 정치학, 경제학, 사회학, 조직 이론의 분야들을 포괄하는 다학문적 기획이다. 따라서 일관된 분석의 틀이 아니라 일련의 관련된 분석적 아이디어들이다. 신제도주의는 1950년대와 1960년대에 부각된 행태주의 전통에 대한 반발로 볼 수도 있다. 행태주의는 본래 공식적인 제도에 초점을 둔 제2차세계대전 이전의 '구'제도주의 전통에 대한 반발이었다. 행태주의에서는 개인들의 속성과 행태가 주요한 설명 변수들이다. 개인들이 기본 원칙들을 구성하고, 정치적 결과는 개인행동의 단순한 총합으로 보였다. 반면 신제도주의는 인간 행태와 제도 간의 관계에 주목하는 것으로서 Hall and Taylor(1996)는 신제도주의의 문제 제기에 대한 두 가지 답변 방식에 따라 '산술적(calculus) 접근 방법'과 '문화적(cultural) 접근 방법'으로 구분한다. 여기에는 산술적 방법의 합리선택론적 제도주의, 문화적 방법의 사회학적 제도주의, 그리고 이 두 가지를 결합시킨 역사적 제도주의 등 세 가지 신제도주의가 포함된다. Hall and Talyor의 두 가지 구분은 인간 행태의 모형과 관련된다. 사회학적 신제도주의는 미시적 토대로서 사회인(homo sociologicus)과 함께 작동한다. 여기에서 인간 행태의 모형은 개인의 행동 논리가 적절성의 논리인 역할로 사회화되는 것으로 본다. 즉 행동의 지침은 도덕적 의무, 규범적 기대, 그리고 인지적 요소들이 섞여 있는 것이다. 이러한 관점에서 제도는 사회적 삶에서 처방적이고, 평가적이고, 의무적인 차원들이 된다. 제도는 의미가 만들어지는 틀이고, 개인들의 정체성이 형성되는 수단이다. 경제학적 신제도주의는 미시적 토대로서 경제인(homo economicus)과 함께 작동한다. 여기에서 인간 행태의 모형은 개인은 결과성 논리의 수단에 의한 사익 추구적인 합리적 존재로 본다. 즉 행동의 지침은 목표-수단에 대한 고려이다. 이러한 관점에서 제도는 개인의 행동에 대한 제약이 된다. 신제도주의의 이들 두 가지 변이들이 근본적으로는 양립할 수 없다. 사

는 것이다. 더 나아가 시간 지평을 넓히고 참여자들과의 면접 등을 통해 행위자들의 상호작용을 더 깊이 파악할 수도 있을 것이다.

제3절 제도로서의 파트너십과 진화

1. 제도로서의 파트너십

제도 이론가들(예를 들어, DiMaggio and Powell, 1983)은 조직 환경에 확산된 신념이나 규칙들이 조직의 구조와 행태에 영향을 미친다고 주장한다. 민-관 파트너십 역시 중요한 제도적·구조적 속성을 가지고 있다. 실제로 집합 행동을 생성하기 위한 하나 혹은 일련의 협상에서 개인적인 협상에 의존하기보다는 참여하는 행위자들이 일종의 제도(혹은 조직)[21]를 창출하고자 한다.[22] 따라서 민-관 파트너십에는 규칙뿐만 아니라 참여자들

회학자들은 인지적 개념, 문화의 전달자, 거시 수준의 힘 등을 강조하는 반면, 경제학자들은 규제 개념, 구조의 전달자, 미시적 초점을 강조하기 때문이다. 그러나 가장 극단적인 가정들이 완화된다면, 하나의 접근 방법이 다른 접근 방법을 대체하거나 강화하는 데 사용될 수도 있다. 일반적으로 '산술적 접근 방법'은 제도의 생성과 진화를 밝히는 데 유용하고, '문화적 접근 방법'은 제도를 설명하는 데 유용한 것으로 지적된다(Scott, 1995; Thelen and Steinmo, 1992; Knight, 1992; Moe, 1990a, 1990b; North, 1990; Ostrom, 1986, 1991, 1995; Shepsle, 1989).

21) 여기에서의 제도란 세 가지 접근 방법으로 이해할 수 있다. 첫째, March and Olsen(1984, 1989)에 의해 주창된 사회적 신제도주의 버전이다. 이는 사회과학에서 상당부분 제도 분석 부활의 토대로 작용하고 있다. 둘째, 합리적 선택 버전이다. 이 접근 방법에서 제도는 행태를 형성하는 규칙들의 집합이라고 본다. 바람직한 정책 결과를 창출하는 제도를 설계할 능력을 갖추는 데 목적을 둔다. 셋째, 현재의 제도와 그 존재의 상당부분에 대해 지속적으로 영향을 미치는 초기 결정 경향의 역사적 측면에 집중하는 역사적 제도주의 등이다(Peters, 1998).

사이의 일정하게 공유된 가치들이 존재하게 된다(Peters, 1998). 이러한 가치와 참여 경험을 통해 참여자들은 민-관 파트너십의 체계, 규칙 등을 진화시켜나갈 것이다.

사회학적 신제도주의 입장에서 보면, 제도 내에서 형성된 이들 가치는 제도에 '배태되어 있는'(Granovetter, 1985) 개인들의 행태에 지침을 주는 '적절성의 논리'를 창출하는데, 공공과 민간 부문 행위자들의 몰입을 유도하기 위해 긍정적인 상징을 조작하려는 파트너십의 역량에 상당히 중요할 수 있다. 합리선택론적 신제도주의에서는 공동의 합의에 의한 것이라면 규칙이 더 큰 통제력을 제공하는 것으로 본다. 이러한 사전 협정은 협상의 산물이기 때문에 순응의 문제를 줄이도록 해야 한다. 또한 '거래비용'을 감소시킬 메커니즘으로 작동할 수 있어야 한다. 역사적 신제도주의에서는 제도의 설립에 있어서 중심적인 조건과 아이디어가 이후의 행태를 이해하는 데 중요하고, 제도가 만드는 정책 유형에 계속 영향을 미칠 것이라는 '경로의존성'을 강조한다. 또한 정책 결정 과정에서 어떤 행동을 취하기 전에 협정이 필요한 결절점(veto points)이라는 아이디어가 중요하다.

Ostrom(1986, 1990)은 의사 결정자들에 의한 선택이 다양한 수준의 제도들, 그 과정의 물리적 환경, 그리고 문화에 의해 영향을 받는다고 주장

---

22) Shepsle(1989)에 따르면, 제도는 협력으로부터의 편익에 관심을 둔 아주 합리적인 행위자들에 의해 만들어진 의식적인 선택의 결과이다. 제도의 등장은 게임의 규칙을 선택하는 행위자들로부터 기인한다. 협력을 강화하고 합의를 이행하기 위해 선택되지만, 그렇지 않다면 그 게임이 해체되거나 행위자들이 그 게임을 떠나게 될 것이다. North(1990)의 경우 경제적·정치적 교환에서 거래비용을 낮추기 위해 협력이 발생한다. 안정적이고 예측 가능한 인간의 상호작용을 위해 제도가 존재하는 것이다. 하지만 제도는 고도로 경로의존적이기 때문에 점진적인 진화를 겪는다. Knight(1992)의 관점에서는 덜 강력한 행위자들이 제도를 존중하지 않는 것보다는 제도를 존중하는 것이 낫기 때문에 더 강력한 행위자가 창출한 제도에 따르게 된다. 중요한 것은 제도 등장의 원인으로서 조정으로부터의 편익에 대한 초점이 갈등을 수반하는 상황에서조차 현실적인 장점을 가질 수도 있다는 것이다(Blom-Hansen, 1997: 682).

했다. 문화는 자연, 그리고 자연 환경의 악화로 규정되는 것 등에 대한 관점들에 영향을 준다고 할 것이다.[23] 지방 정치의 문화 역시 이러한 광범위한 사회 문화의 일부이며 제도적 맥락을 필요로 하게 된다. 예컨대 Vogel(1986)이 설명한 것처럼, 미국의 환경 통제 체제는 본질적으로 기업과 정부가 논의를 할 수 있는 포럼이 부족하다. 그러한 포럼은 기업들이 경쟁자나 다른 단체들을 고려하지 않고 민감한 정보를 교환힐 수 있는 환경인 것이다. 그리고 마지막으로 환경문제는 장소에 따라 다를 뿐 아니라 모든 곳에서 동등한 압력으로 작용하는 것은 아니라는 물리적 환경의 속성들이 존재한다(Coenen, Huitema, and O'Toole, 1998: 14-15).

정책 네트워크 논의에서 보았듯이 환경 혹은 맥락의 역할은 상당히 두드러진다. 중범위 수준의 한계를 설정하고 선택을 구조화하는 데 있어서도 중범위 수준뿐만 아니라 국가 수준에서의 정치적·행정적·사회적 제도 틀의 역할이 강조되어왔다(Coleman and Skogstad, 1990: 17, 19). 공식적인 제도 틀은 정책 영역에서 행위자들을 정당화하고, 그들 사이의 교환에 영향을 미침으로써 정책 네트워크들의 본질과 영향에 영향을 미칠 수 있을 것이다(Knoke et al., 1996: 9-10). 그러므로 기존 정치 제도에서의 변화와 새로운 제도의 등장은 정책 네트워크의 수정을 초래할 수 있게 된다(Klijn et al., 1995).

정책의 경제적·기술적 특징들이 변화를 위한 압력의 원천을 대표할 수 있는 또 다른 영향력 있는 일련의 환경 요인들을 제공한다(Marsh and Rhodes, 1992: 257). 또한 아이디어, 가치, 지식은 네트워크 분석에 첨가되어온 제3의 환경 요인들을 구성해왔다(Coleman and Skogstad, 1990; Klijn et al., 1995). 환경과 발전을 조화시켜야 할 지방의제 21 추진 과정은 두 가지 상충될 수도 있는 가치들을 담아내는 것이기 때문에 더욱 복잡할 수도

---

23) 환경 위험과 문화의 관계를 살펴본 것으로는 Douglas and Wildavsky(1982)의 글이 대표적이라고 할 수 있다. 사회학적 신제도주의에서는 문화 역시 제도로 이해된다.

있다. 반면 단순하게 나타난다면 그 요인은 무엇인지, 그리고 그 상황을 극복하기 위해서는 어떤 제도적 요인들이 필요할 것인지에 대한 논의를 필요로 할 수도 있다.

따라서 이러한 문제를 둘러싸고 다부문의 파트너십이 형성되는 데 대한 정책 네트워크 분석은 그 개념이 만약 단순한 묘사를 넘어서 더 흥미로운 정책 설명 분야로 나아가기 위해서는 명시적으로 행위자 모형을 결합시켜야 한다(Blom-Hansen, 1997: 669, 676-677). 즉 제도 이론을 형성하는 데 있어서 행위자들의 전략을 그 기저가 되는 규칙의 분석과 분리시키는 것이 필수 조건이다(North, 1990: 4-5). 민-관 파트너십을 하나의 '제도'로 파악한다고 할 때, 제도 차원의 요인들을 고려해야만 하는 세 가지 중요한 근본적인 질문, 즉 왜 네트워크가 등장하는가? 왜 네트워크는 변화하는가? 왜 네트워크는 그토록 영속적인가? 등의 질문에 답할 수 있을 것이다(Blom-Hansen, 1997).

Blom-Hansen(1997: 676)은 정책 네트워크의 비공식적 규칙들의 집합을 이해하기 위해 Ostrom(1986)의 틀을 응용한다. 이 틀은 단일 개인 이상의 더 많은 행위에 그 결과를 의존하게 되는 공식적인 결정 모형의 구성을 위해 필수적인 변수들의 보편적인 집합이라고 한다(Ostrom, 1986: 17).

Ostrom(1986)은 참여자, 지위, 행동, 그리고 결과 사이의 관계를 언급하는 일곱 가지 규칙의 층을 제시했다. 첫째, 지위 규칙(position rules)으로서, 일련의 지위들을 구체화하고, 얼마나 많은 참여자들이 각 지위를 맡을지를 구체화한다. 둘째, 경계 규칙(boundary rules)으로서, 이들 지위를 맡기 위해 얼마나 많은 참여자들이 선택되고 얼마나 많은 참여자들이 이들 지위에서 떠날 것인지를 구체화한다. 셋째, 범위 규칙(scope rules)으로서, 영향 받을 수도 있는 결과들의 집합을 구체화하고, 이들 결과 각각에 할당되는 외부 유인들과 비용들을 구체화한다. 넷째, 권한 규칙(authority rules)으로서, 특정 결절점에 있는 위치에 있는 행위자 집합을 구체화한다. 다섯째, 집합 규칙(aggregation rules)으로서, 중간 혹은 최종 결과로 행동의 지도를 만들기 위해 특정 결절점에서 사용될 결정 함수를 구체화한다. 여섯째, 정보 규칙(information rules)으로서, 지위를 가진 참여자들 사이의 의사소통 경로에 권위를 부여하고 의사소통을 가능하게 할 언어와 형태를 구체화한다. 일곱째, 보수 규칙(pay-off rules)으로서, 지위를 가진 참여자들에게 얼마만큼의 편익과 비용이 배분될 것인지를 규정하는 것이다.

지방의제 21 추진 과정을 포함하여 대부분의 사례에서 지위의 세분화나 구체적인 편익과 비용의 가시화가 어려워 Ostrom의 규칙을 적용하는 데는 어려움이 있는 것으로 보인다. 반면 참여적 환경 관리 체계의 변수들을 적용한 Beierle and Konisky(1999)의 '맥락' 변수들과 '과정' 변수들은 민-관 파트너십을 제약하거나 활성화하는 요인들을 설명하는 데 도움이 될 것으로 판단된다. 이는 뒤에서 다시 논의한다.

2. 민-관 파트너십의 진화

참여 프로그램들에 나타날 주된 문제들 중의 하나는 장기간의 접근 방법이 필요하다. 대부분의 참여 프로그램들이 특정 발전이나 계획에 관련하여 일회적으로 끝난 경우가 많았다는 것이다(Young, 2000: 194).[24] 지역 사회에 기반한 파트너십의 성장은 관료제 모형, 가부장적 복지 제공이 아닌 대안모델을 제공한다는 점에서 지방 거버넌스(local governance)의 보다 광범위한 변화에 적합하다고 할 수 있다(Young, 2000: 195). 이를

---

[24] 예컨대, 미국 플로리다 주 오렌지카운티(Orange County) 사우스 아폽카(South Apopka) 지역에서 진행되었던 지역 사회 개발 프로젝트(TCI: Targeted Community Initiative)가 카운티 의장의 헌신적인 노력에도 불구하고, 초기에는 일회성으로 끝나고 말았다고 한다(Gray and Chapin, 1998: 오수길 외, 2001: 218-239).

위해서는 지방정부가 기술과 자원을 더 효과적으로 활용할 역량 형성 프로그램들을 개발할 필요가 있다(Skinner, 1997).

Lélé(1991: 616)은 참여란 강한 형태의 지속가능한 발전에 배태된 형평성과 사회 정의 요청을 달성하기 위한 필요조건이지 충분조건은 아니라고 본다. 즉 일정한 집단들이 참여할 수 있게 되는 교섭과 협상의 틀이라는 점에서 의의를 갖고 있지만, 그것 자체가 반드시 '지속가능성'을 강화하는 것은 아니라는 것이다. 이를 위해 지속적으로 새로운 제도를 구축해야 한다고 지적한다.

지방의제 21 추진과 같은 민-관 파트너십 역시 지속적인 진화 과정을 겪을 것으로 예측해 볼 수 있다. 이와 관련하여 파트너십의 전개 과정을 살펴볼 필요가 있다(Gray, 1985; Waddock, 1989; Kernaghan, 1993; Lowndes and Skecher, 1998).

우선 배경이 되는 환경적 힘 혹은 압력을 생각할 수 있다. 이는 잠재적 파트너들의 상호작용을 초래하는 근거가 된다. 여기에는 명령이나 법체계, 기존 네트워크, 제3의 조직 혹은 브로커들, 공동의 비전이나 이해, 특정 문제에 주목시킬 만한 위기, 비전을 제시할 리더십 등이 포함된다. 지방의제 21의 경우 법적 강제력은 없지만 국제사회가 권고하는 정책 지침으로서의 성격을 가지고 있어 전국 지방정부들이 대부분 참여하도록 할 수 있었다. 또한 지방정부, 기업, 시민사회 지도자들의 리더십과 지역 차원의 큰 환경 사건과 같은 경험들이 영향을 미칠 수 있을 것으로 보인다.

이러한 배경 속에서 문제 설정(problem-setting) 단계 혹은 이슈 구체화 단계가 진행된다. 각 영역 내의 이해당사자들을 확인하고 이들을 서로 결합할 수 있는 이슈를 상호 승인하는 단계라 할 수 있다. 문제 설정 단계의 동력은 상호의존성에 있다(Pfeffer and Salancik, 1978). 상호의존성은 또한 편익이 참여에 수반되는 비용을 능가한다는 인식을 필요로 한다. 그러나 상호의존성이 높고 함께 일하는 것에 약간의 편익이 존재할지라도 그 이슈가 파트너들에게 아주 중요하거나 부각되는 이슈일 때 파트너십이 형성될 가능성이 높다(Pfeffer and Salancik, 1978; Waddock, 1989).[25] 우리나라의 경우 환경문제가 점차 상호의존성이 크고 부각되는 이슈라서 파트너들 사이에 갈등이 유발될 수도 있지만, 여전히 '발전'에 우선순위가 부여되는 경우가 많다. 그럼에도 불구하고, 지역 실정에 맞는 중요한 이슈를 의제화 하는 참여와 합의 과정 속에서 신뢰를 쌓아가는 깃이 필요하다 할 것이다.

다음 단계는 방향설정(direction-setting) 혹은 목표 공식화 단계이다. 이 해당사자들이 공동의 목적이 갖는 의미를 확인하고 인정하는 시기라 할 수 있다. 파트너십이 진행되는 동안 목적 자체가 주목을 끌며 끊임없이 의제가 확대되고 진화함을 의미하는 것이다. 제기된 이슈가 해결됨에 따라 다른 목적으로 대치되어 승계되거나 파트너십이 종결될 수도 있다. 지방의제 21 추진 과정에서도 본질적인 성격에 대한 이해가 부족하여 단순히 보고서 한 편 작성하는 데 그치는 경우와 지역 실정에 맞는 의제를 지속적으로 발굴하여 재작성하거나 실천 사업에 돌입한 경우를 비춰볼 수 있을 것이다.

마지막으로 구조화(structuring) 단계이다. 파트너들의 상호작용이 점차 체계적인 방식으로 관리될 필요성이 제기될 경우 파트너십은 제도화 될 수 있다. 현재 국제 사회에서는 UNCSD가 의제 21의 실천 과정을 모니터링 할 수 있는 국가 지속가능발전위원회(CSD: Committee of Sustainable Development) 설치를 권고 중에 있고, 지방 단위에서는 시민·환경단체와

---

25) 일부 참여자들에게 익숙하지 않은 이슈라면 교육 과정을 통해 이러한 상황을 진척시킬 필요가 있다. 이는 또한 새로운 구성원들이 파트너십에 참여할 때 반복됨으로써 연속성을 견지해야 할 것이다(Waddock, 1989: 84). 지방의제 21의 경우도 지방정부와 기업에게는 익숙하지 않은 이슈일 수도 있다. 지방정부가 환경부 지침이나 다른 지방정부의 의제를 여과 없이 수용하거나 기업은 단순히 협찬하는 것으로 이해하는 경우가 존재할 수 있을 것이다.

'지방의제 21 추진위원회'를 중심으로 지방정부의 구체적인 환경 정책을 심의·의결할 수 있는 지방 CSD 설치를 요구하고 있는 실정이다.[26] 뿐만 아니라 지방의제 21 작성 단계에서 실천 사업 단계로 진화하면서 실천 사업에 적합한 조직 체계로 정비하는 경우도 존재할 수 있다.

Waddock(1989)의 경우 이러한 파트너십의 전개 과정을 하나의 진화 과정으로 보고 〈그림 2-2〉와 같은 체계적인 틀을 만들었다. 파트너십의 개념들이 발전되기 시작하는 '배경(context)', 파트너십의 포럼이 어느 정도 비공식적인 단계로 남아 있는 '창시(initiation)', 초기 목적이 구체화되고 프로그램이 추진되기 시작하는 '확립(establishment)', 목적을 재평가하고 승계·종결 여부를 결정할 '성숙(maturation)' 단계 등으로 체계화하고 있다.

명령, 네트워크, 위기, 리더의 비전 등이 잠재적 파트너들의 상호작용을 초래하는 요인이 되어 파트너십이 형성되는데, 파트너십은 하나의 포럼이 되어서 이슈를 구체화하고, 연합을 형성하며, 목적을 공식화하는 단계로 발전한다. 이러한 과정을 통해 목적을 달성할 프로그램들이 시작되고 그 결과가 피드백 되거나 프로그램들이 확장되기도 한다는 것이다.

---

26) CSD 설치 논의는 '환경문제의 도넛화를 지양'하자는 의미를 가지고 있다(이창우, 2001). 즉 파트너십을 체계화하는 노력, 최적 환경 관리 체계의 확립, 에너지 저소비형 사회 구축, 수자원 관리 시스템의 재정비, 도시 하부 기반시설의 전면 개편, 기업과 환경 간의 관계에 대한 규명 등이 환경문제 도넛의 중심부라면, 쓰레기 줄이기, 녹색 소비, 생태계 보전 등은 도넛의 주변부라는 것이다. 현재 지방의제 21 실천 사업의 대부분은 이러한 도넛의 주변부 중심으로 이뤄지고 있다는 평가가 많다. 우리나라에서는 서울특별시가 2000년 1월 15일 '서울특별시녹색서울시민위원회설치및운영조례'를 개정하여 '녹색서울시민위원회'에 CSD 기능을 부여하였지만, 실질적인 권한 면에서는 상당히 부족한 것으로 알려졌다.

<그림 2-2> 파트너십의 진화 모형

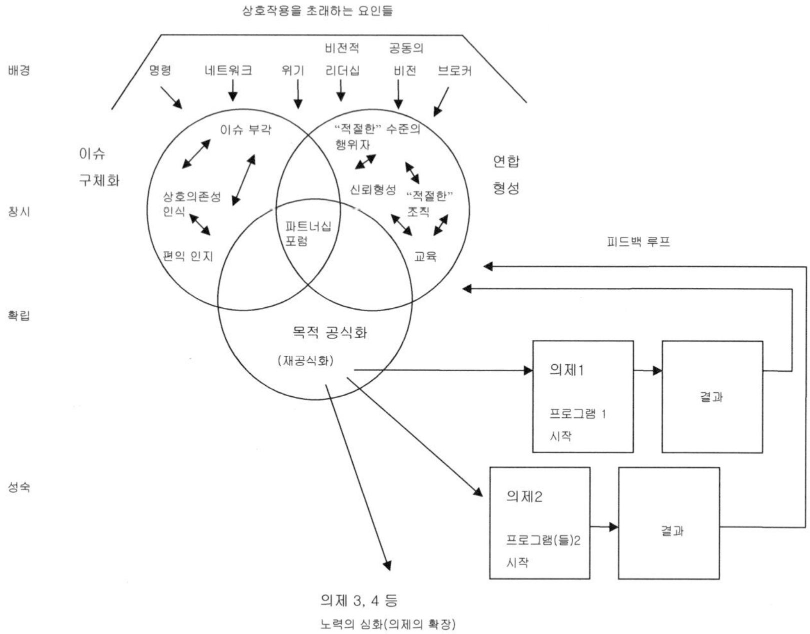

상호작용을 초래하는 요인들

배경

명령 네트워크 위기 비전적 리더십 공동의 비전 브로커

이슈 구체화

연합 형성

이슈 부각 "적절한" 수준의 행위자
상호의존성 인식 신뢰형성 "적절한" 조직
편익 인지 파트너십 포럼 교육

창시

피드백 루프

확립

목적 공식화 (재공식화)

의제1 프로그램 1 시작 결과

의제2 프로그램(들)2 시작 결과

성숙

의제 3, 4 등
노력의 심화(의제의 확장)

자료: Waddock(1989: 87)

파트너십 발전 단계에서 다양한 형태의 거버넌스가 나타날 수 있다는 Lowndes and Skelcher(1998)의 주장처럼, 효과적인 파트너십을 발전시키려는 전략은 파트너십 전개의 각기 다른 지점에서 특정 파트너십의 과업과 관련하여 파트너들 사이의 권력 관계와 그 환경의 조합을 적절히 파악하는 것이어야 한다.

또한 파트너십이 구조화 단계에 이르지 못하고 있다면, '제도는 왜 지속되는가' 하는 논의와 연관 지어 검토해 볼 필요가 있다. 행위자들에게 인센티브를 제공하는 데 있어서 불안정한 환경에서도 제도가 오랫동안 지속된다는 것이 쉽게 관찰된다는 것이다(Blom-Hansen, 1997: 687-688). 제도 이론은 제도의 안정성에 대한 두 가지 유형의 설명을 하고 있는데, 제도를 변화시키는 데 포함되는 거래비용일 수 있고, 제도에 대한 순응이 미래를 전망하는 장기적인 합리적 전략일 수도 있는 것이다.

따라서 현재의 민-관 파트너십의 현황에 대한 참여자들의 성급한 판단은 새로운 형태의 민-관 파트너십을 정착시키는 데 걸림돌이 될 수도 있다. 상호 간의 신뢰를 구축하는 것과 같은 전략이 필요할 수도 있을 것이다. 파트너십이 정책 개발과 프로그램 전달을 향상시키는 효과적인 수단일지라도 협력적인 파트너십이 되려면 강하고 지속적인 상호작용과 모든 파트너들의 신뢰와 개방성이 점진적으로 발전되어야 하기 때문이다(Kernaghan, 1993).

성공적인 파트너십은 몇 가지 조건들을 갖춰야 하는 것으로 지적되고 있다(Gray, 1985: Kernaghan, 1993). 첫째, 목표 달성을 위해 필요한 기여를 할 모든 이해당사자들을 포함한다. 부분적으로는 충돌할 수 있지만 필요한 자원을 공급할 수 있는 파트너들을 포함하는 것이 중요하다. 둘째, 파트너들 간의 상호의존성의 정도가 클수록 효과적이고 지속적일 수 있다. 환경과 발전 가치 사이에서 파트너들이 상호의존성을 학습할 수 있는 계기를 만들 필요가 있다. 셋째, 파트너들이 권한 부여를 받는 정도가 크면 효과적이고 지속적일 가능성이 커진다. 넷째, 자원의 공동 출자(pooling)를 통해 상승효과를 낼 수 있다. 지방정부, 기업, 시민사회 부문이 각각 행정력, 기금, 지역 사회 이해 등으로 기여하면서 의사 결정의 질을 높여 나갈 수 있을 것이다(Linder, 2000). 다섯째, 한정된 목적을 가진 파트너십이 광범위한 목적을 가진 파트너십보다 더 발전시키고 유지하기가 쉽다. 지방의제 21 추진 과정에서도 실천 사업 추진에 있어서 우선순위를 분명히 해야 할 필요가 있다. 여섯째, 파트너십이 공식화될수록 더 잘 유지될 것이다.

3. 소 결

  이상의 이론적 논의를 바탕으로 하면, 일정한 형태로 추진 기구가 마련되어 있고 정부-기업-시민사회 세 부문의 행위자들이 모여 지방의제 21을 수립하여 실천 사업을 벌여 나가는 지방의제 21의 파트너십은 일반적인 협력 개념으로 공조에 해당된다고 할 수 있다. 또한 지방의제 21의 민-관 파트너십은 세 부문의 개인 혹은 단체들이 지역 실정에 맞는 지속가능한 발전을 위해 지방의제 21 추진 기구를 만들어 지방의제 21을 수립하고 실천 사업을 전개하는 공식적인 협력 체계라고 할 수 있다. 하나의 실험으로서 지방의제 21은 '협력' 개념의 긍정성을 구현해 나갈 것으로 기대할 수 있다.

  그리고 환경문제에 있어서 갈등 양상은 다른 정책 분야보다 더 첨예한 경우가 많은데, 정부 및 비정부 부문이 다자간 관계 형성을 통해 다양한 상호관계를 파악하고 합의와 협력을 중시하는 공존 또는 공생 중심의 네트워크가 '환경 거버넌스'이다(배태영·이재호, 2001: 256-257). 지방의제 21 추진 과정의 민-관 파트너십 역시 지방정부-기업-NGO 3자가 네트워크 방식으로 연계되는 환경 거버넌스의 성격을 가지고 있다.

  한편 지방의제 21 추진 과정에서 잠재적 파트너들의 참여와 운영 방식, 지방의제 21의 내용 등은 모두 각 지역의 고유한 제도적 제약을 받을 것이다. 이를 이해해야만 각 지역의 조건과 특성에 맞는 의제들을 형성할 수 있고, 추진 과정의 특징과 장애 요인들을 확인할 수 있을 것이다.

  이제 이러한 이론적 논의들이 구체적으로 환경 문제, 지속가능한 발전, 그리고 지방의제 21에 어떻게 연계될 수 있을지를 살펴볼 차례이다.

제3장 지방의제 21과 민 - 관 파트너십

제1절 환경문제와 지속가능한 발전

1. 환경과 발전, 그리고 지속가능한 발전 개념의 등장

환경과 발전(혹은 개발)의 딜레마는 지역 사회의 발전 방향을 가늠함에 있어서 앞으로 대단히 중요한 위치를 점할 수밖에 없을 것이다. 그런데 환경문제의 중요성을 누구나 인식하고 있음에도 불구하고, 그것이 구체적인 지역 발전의 문제와 연결될 경우 해결의 실마리는 쉽사리 발견되지 않는다. 환경과 발전은 대개의 경우 상호보완적 호순환 게임의 측면보다는 상호배타적 악순환 게임의 가능성이 매우 높기 때문이다. 따라서 환경문제와 지역 발전의 문제를 호순환 게임의 맥락 속에서 함께 결합시키는 지역 사회의 역할이 점차 중요해지고 있다(박준식, 1997: 91).

환경문제의 원인으로는 인구 증가, 경제 개발, 도시화, 과학적 불확실성 등을 들 수 있다(정준금 외, 1999). 범세계적 내지는 보편적으로 나타나는 환경문제들은 아주 다양한 방법으로 다뤄질 수 있다. 안네 에얼리히와 파울 에얼리히의 '세계환경공식'은 범세계적 환경문제들(U)이 세계 인구(B)의 성장과 점증하는 상품 및 서비스의 소비(V), 그리고 이미 적용되고 있는 비환경 친화적인 기술(T) 등에 의해 규정되는 함수라고 표현한다(Breul, 1999: 윤선구, 2000: 112).

$$U = f(B, V, T)$$

Dryzek(1987; 최승 외 1995: 56-65)은 환경(생태) 문제를 '문제'라고 하는 것이 없앨 수는 없다 하더라도 개선하고 싶은 현실적(또는 주어진) 조건과 이상 사이의 모순이라고 정의하고, 인간 체계와 자연 체계 간의 상호작용에서 비롯되는 실질적 조건과 이상적 조건 간의 모순에 관한 것이라고 지적한다.

이러한 개념에 따라 환경문제의 성격을 파악해 보면, 첫째, 생태계는 특정 생태계의 뚜렷한 경계를 설정하기 이려울 만큼 고도의 내적 연관성을 보인다. 둘째, 생태계의 내적 연관성과 상호 연관성으로 인해 그 체계의 구성 요소들에 대한 지식만으로는 예측할 수 없는 체계의 전체적 특성인 불가환원성을 갖는다. 셋째, 생태계는 자기 조절 능력을 가지고 있어 외부로부터 충격을 받을 경우 자신의 중요한 구조와 기능을 그대로 유지할 수 있다.

이러한 특성을 살펴보면, 생태계에 있어서 인간의 행위는 불가환원성을 보이는 동적인 체계(생태계) 속으로 내적 연관성을 통해 영향을 미치게 된다. 이러한 역동성은 항상성과 적응성, 그리고 천이를 통해 나타나며, 환경문제는 전형적으로 자연 체계에 대한 인간 상호작용의 결과로 발생하는 것이 된다. 가장 친숙한 예로 '공유재의 비극'(Hardin, 1968)을 들 수 있을 것이다.

환경문제는 과학기술적 차원을 넘어서 정치·경제적 차원에서 인간 사회에 대한 물음에 관심을 기울일 때 개선 내지 해결의 실마리를 찾을 것으로 기대된다. 따라서 사회 현상으로서의 환경문제를 보는 것은 정치적 합리성의 문제, 정책의 우선성과 정당성의 문제, 능률성과 민주성의 조화 문제라는 균형 잡힌 시각을 가질 필요가 있다(김병완, 2001c).

1960년대와 1970년대는 오염에 대한 관심의 심화로 주목된 시기였다. 또한 인류, 지구 자원 기반, 그리고 사회적·물리적 환경 간의 복잡한 상호관계의 맥락 내에서 환경문제가 등장한다는 인식이 생겼다(Turner, 1988). 그 결과 전통적인 성장 목적, 전략, 그리고 정책들의 수용성에 대한 질문들이 대중 논쟁의 전면에 제기되었다(Baker et al., 1997: 2). 이러한 논의에 있어서 중요한 영감을 준 것은 1972년 '로마 클럽 보고서'인 「성장의 한계」

(*The Limits to Growth*)(Meadows, Randers, and Behrens, 1972)의 출간이었다.[1]

이러한 '성장의 한계' 논쟁은 이후 널리 비판받게 되었는데, 환경 보호와 지속적인 경제 성장은 상호 양립할 수 있는 것으로 보일 수 있으며 반드시 상충하는 목적은 아닐 수도 있다는 주장 때문이었다. '지속가능한 발전'은 이러한 새로운 관점을 말하는 것으로 언급되기 시작했다.

1980년에 국제자연보호연맹(IUCN: International Union for the Conservation of Nature and Natural Resources)[2]이 천연 자원의 보호를 통해 지속가능한 발전을 달성한다는 총체적인 목적을 가지고 '세계자연보호전략 (World Conservation Strategy)'을 제시하면서 공적인 논쟁을 불러일으켰다 (IUCN, 1980). 그러나 세계자연보호전략은 주요 초점이 생태적 지속가능성이었다는 점에서 사회적 · 경제적 이슈들에 지속가능성을 연결한다는 측면에서 제한적인 것이었다.

지속가능한 발전에 대한 보다 광범위한 이해는 유엔환경계획(UNEP: UN Environment Programme)[3], 특히 환경과 개발에 관한 세계위원회

---

1) 로마 클럽은 1968년 4월 이탈리아 실업가 아루렐리오 페체익이 제창하고 로마에서 결성된 재계, 경제학자, 과학자로 이루어진 국제적인 연구 및 제언 그룹이다. 1972년에 출간된 이 보고서는 앞으로도 인구 폭발과 경제 성장이 이제까지와 똑같은 양상으로 계속된다면, 100년 안에 지구의 자원, 식량, 환경 면에서 파괴적인 사태가 발생할 것이라고 경고하였다. 이는 오일 쇼크와 그에 의한 세계적 불황, 지구 환경문제를 예언한 것으로 평가되었다(환경운동연합, 1997: 72).
2) 자연 보호 및 천연 자원 보전을 목적으로 1948년에 설립되어 조사 연구, 개발 활동, 계획 책정, 정책 제언을 하는 국제기구로서 약칭은 ICUN이며 본부는 스위스 그란에 있다. 53개국, 93개 정부 조직, 55개 NGO로 구성되어 있으며, 6개 위원회와 네트워크에는 생태학, 법률, 교육, 회계학 전문가 3천명 이상이 참가하고 있다(환경운동연합, 1997: 31).
3) 1972년 6월 스톡홀름에서 열린 유엔인간환경회의의 결의에 의한 권고를 바탕으로 같은 해 12월에 제27회 유엔총회가 결의하여 설립한 유엔 기구이다. 본부는 케냐의 나이로비에 있다. UNEP의 목적은 환경 분야에서 국제적 협력 추진, 여러 유엔 기관의 환경 관련 활동 정책 작성, 세계 환경 감시, 환경과 관련된 과학 지식의 입수 등이다. UNEP 기구는 유엔총회에서 선출된 58개국으로 구성된 UNEP 관리이사회,

(WCED; World Commission on Environment and Development)[4])에 의해 출간된 보고서 「우리 공동의 미래」(*Our Common Future*)(WCED, 1987)를 통해 이루어졌다. 이 보고서는 위원회의 의장 이름을 따라 「브룬트란트 보고서」(*Brundtland Report*)로 알려져 있다. 브룬트란트 보고서는 환경 정책과 개발 전략의 통합을 위한 틀을 제공했는데, 환경 보호는 경제 개발을 희생히고서만 달성될 수 있다는 인식을 깨는 것이리고 주장하였다. 지속가능한 발전에 대한 브룬트란트 보고서가 지속가능한 발전 개념을 보급함에 따라 환경의 질과 경제 발전은 상호의존적이고 서로 강화하는 개념으로 여겨지게 되었다. 이렇게 주류 논쟁은 환경과 발전이 양립할 수 있는 목적인지에 대한 초기의 관심에서 어떻게 환경적으로 지속가능한 형태의 발전을 달성할 수 있는지에 대한 관심으로 변화했다(Baker et al., 1997: 2-3).

브룬트란트 보고서의 지속가능한 발전에 대한 이해는 두 가지 핵심적인 개념 속에 포함된다. 첫째, 압도적인 우선권이 주어져야 하는 필요(needs)의 개념, 특히 세계 빈민들의 필수적인 필요에 대한 개념이다. 빈곤은 사회적·문화적으로 결정되는 것으로 볼 수 있기 때문에 지속가능한 발전은 생태적으로 가능한 것의 범주 내에 있어야 하고, 모두가 합당하게 열망할 수 있는 소비 패턴으로 가치를 정향시키는 것이 필요하다는 것이다. 소비에서의 변화는 북반구 선진국들에게 특히 중요하다. 둘째, 현재와 미래의 필요를 충족시키기 위한 환경 용량에 대한 한계의 개념, 즉 기술과 사회 조직의 상태로 인해 부과되는 한계가 존재한다는 것이다(Baker et al., 1997: 3).

동 사무국 및 UNEP의 활동 자금을 대는 유엔환경기금(각국의 임의 갹출)으로 이루어져 있다. UNEP의 기본 방침은 관리이사회에서 결정되며, 결정 사항은 UNEP 본부 등 전문 직원에 의해 시행된다(환경운동연합, 1997: 193-194).

4) WCED는 1982년 UNEP 나이로비 회의에서 일본의 제안으로 유엔총회 승인을 거쳐 1984년 노르웨이의 그로 브룬트란트를 위원장으로 각국 대표 22명에 의해 구성되었다(환경운동연합, 1997: 295).

브룬트란트 보고서는 지구 수준에서 지속가능한 발전의 성취를 많은 주요 정치적·사회적 변화와 연계시켰다. 빈곤과 착취의 제거, 지구 자원의 공평한 배분, 현 패턴의 군비 지출 종식, 새로운 방식의 적정한 인구 통제, 생활양식의 변화, 적절한 기술, 그리고 민주화를 포함한 제도 변화 등이다. 이러한 것들은 의사 결정에서 효과적인 시민 참여를 통해 달성될 수 있다고 한다(WCED, 1987: 8-9).

브룬트란트 보고서는 지속가능한 발전을 위해 자원 이용에 있어서 세대 간 형평성과 세대 내 형평성 모두에 관심을 기울일 것을 촉구했다. 세대 간 형평성은 현재의 정책 설계와 집행에 미래 세대의 필요를 포함하는 것이고, 세대 내 형평성은 빈곤이 지속가능할 수 없는 행태의 원인이자 결과임을 인식하면서 현 세대들의 기본적인 필요를 충족시킬 것을 강조한다(Baker et al., 1997: 3-4).

UNEP의 설립 이후부터 1992년의 리우 회의 10주년을 맞이하여 개최된 2002년 '리우 + 10 회의'까지의 주요 국제회의와 내용을 살펴보면, 지속가능한 발전 개념의 전개 과정을 이해하는 데 도움이 된다(〈표 3-1〉 참조).

<표 3-1> 환경 관련 주요 국제회의와 내용

연 도	국제회의	주요 내용
1972	유엔인간환경회의(UNCHE)에서 UNEP 설립	인간환경선언, 유엔환경계획(UNEP) 창설결의
1980	국제자연보호연맹(ICUN), 유엔환경계획(UNEP), 세계자연보호기금(WWWP)의 세계환경보전전략(WCS)의 발표	최초로 '지속가능한 발전' 용어 사용
1982	나이로비선언	환경과 개발에 관한 세계위원회(WCED) 설치 결의
1987	WCED최종회합, WCED의 Brundtland보고서 발간	동경선언 채택, 지속가능한 발전의 정착
1992	환경과 개발에 관한 유엔회의(UNCED)	리우선언, 의제 21, 기후온난화방지조약, 생물다양성보호조약 서명, 산림선언채택
1994	세계인간정주회의(Habitat) II	지구행동계획(GPA)
1995	리우 + 5회의	지구헌장위원회 (The Earth Charter Commission) 구성, 지구헌장 초안 (Benchmark Draft I) 발표
2000	지구헌장위원회	지구헌장 최종 문서 발표
2002	리우 + 10회의	지속가능발전에 관한 세계 총회 (WSSD)에서 지구헌장이 채택되도록 세계적인 캠페인 진행

자료: (http://la.miryang.ac.kr/student/magazine/1998m12/지역개발.htm, 2002. 2).

2. 지속가능성 논쟁

1980년대 후반과 1990년대 초반까지 '브룬트란트 공식'은 지속가능한 발전에 대한 아이디어의 주류를 대표하게 되었다. 유럽연합(EU), UNEP, 세계은행 등 이들 목적에 일부라도 동의하는 조직과 기관도 증가하고 있다. 그러나 지속가능한 발전 개념의 확장과 더불어 그 용어의 사용에 있어서도 애매함과 일관성의 부재도 지적되어왔다.

지속가능한 발전의 개념 정의만 하더라도 구체적인 부분에서는 합의된 것이 그리 많지 않다. 예를 들어, Pezzey(1989)는 1980년대 사용된 가장 공통적인 개념 정의 리스트를 10페이지에 걸쳐 정리하고 있을 정도이다. Pearce et al.(1989)에서도 보고서의 부록에 실린 유사한 개념 정의들을 볼 수 있다.

개념 정의에 대한 명확한 합의가 없다는 것이 이롭지 않은 것은 아니다(Jacobs, 1991: 59-60). 상이하고 상충하기도 하는 이익들을 가진 집단들의 논의 속에서 '환경'과 '발전'을 조화시켜 나갈 여지가 있다는 것이다. 하지만 일부에서는 개념이 불명확해 그 유용성이 적다고 주장했다. 나아가 구체적인 개발 프로그램에서 다양한 가치, 정치적 선호 혹은 인간에 대한 가정들을 가진 개인과 집단들이 일정한 기준에 합의할 수 있도록 하기 위해 지속가능한 발전은 정확히 정의되어 일련의 측정 가능한 기준들이 있어야 한다는 지적도 제기된다(Beckerman, 1994: 192-193).

지속가능성의 구성 요소들은 대부분 미래 세대에 이르기까지 구체적인 복지 수준에서 인간의 생활을 지탱하는 데 필요한 생태적 조건들을 유지하는 것으로 받아들여진다. 그 과업은 광범위하고 돌이킬 수 없는 피해로 나아가지 않는 발전 형태를 확립하는 것이다. 예컨대 어장은 유지될 필요가 있지만, 재생 가능한 에너지 자원들은 개발될 수 있는 것이다(Baker et al., 1997: 6).

이후 논쟁에서의 주요한 발전은 생태적 조건을 유지할 필요성 외에도 인간과 자연 간 상호작용이 생태적 지속가능성에 영향을 주는 사회적 조건들이 존재한다는 인식이었다. '발전'과 '지속가능성'을 합한 지속가능한 발전은 전통적인 개발 목적 외에도 생태적 지속가능성을 유지하는 목적 혹은 제약을 가진 범사회적 변화 형태를 띠게 된다(Lélé, 1991: 609-610). 이는 지속가능한 발전의 촉진은 정책의 영향까지 고려하게 된다는 인식이 증가하고 있음을 의미한다(Baker et al., 1997: 6).

O'Riordan(1991)은 환경문제에 대한 접근 방법을 녹색의 정도로 표현하여 dry green(중립적 녹색), shallow green(피상적 녹색), deep green(심층 녹색) 등 세 가지 시각으로 나누고 있다. dry green 시각은 환경 정책에 있어

92

서 건전한 과학적 판단을 강조한다. 과학적 판단을 근거로 가장 적합한 환경 정책을 만들어낸다는 입장으로서 기술중심주의적 환경보존관과 유사성을 갖는다. shallow green 시각은 시장 경제 원칙에 입각한 환경 정책이나 독립적인 규제 정책만으로는 충분하지 않다는 인식에서 출발하여 지속가능한 발전의 개념을 모든 정책의 기본 원칙으로 삼는다. 중·단기적으로 사회·경제 구조를 개선해 나가야 한다는 것이다. deep green 시각은 더 근본적인 입장을 제기하는 것으로서 전 지구적 협력 차원에서 철저한 자급자족을 바탕으로 하는 공동체를 형성하자는 입장이다.5)

O'Riordan(1995)은 지속가능한 발전을 그 자체 목표로 보는 대신에 진정으로 창조적인 사고와 실천의 촉매로 보는 것이 좋다고 지적한다. 따라서 지속가능한 발전에 사회적·정치적 의의를 부여한다면, 그 용어의 정확한 의미에 대한 무모한 논쟁에서 벗어나 현재의 과정과 현실에서 지속가능한 발전이 어떻게 해석되어야 하는가 하는 논의로 이어질 수 있을 것이다.

지속가능한 발전의 의미 및 관련 정책 옵션의 다양성을 단계별로 이해하려는 시도 역시 마찬가지이다. Baker et al.(1997)은 지속가능한 발전을 현실화할 대안 틀로 지속가능한 발전의 상이한 측면을 '지속가능한 발전의 사다리'(〈표 3-2〉 참조)라는 개념으로 정리한다.6) 이를 통해 각 단계와 관련된 정치 시나리오와 정책적 함의를 검토해 볼 수 있다는 것이다.

---

5) Naess(1973)는 이와 유사하게 shallow ecology(피상적 생태론)와 deep ecology(근본생태론)로 구분했다. 환경문제가 인간 생활에 미칠지도 모를 유해한 영향에 대한 피상적인 관심과 복잡성, 다양성, 공생과 같은 생태학적 원리들에 대한 근본적인 관심으로 구분된다(Dobson, 1990; 정용화, 1993: 63). 문순홍(1992)은 생태 사상의 유파들을 근본생태론, 사회생태론, 생태사회주의, 생태맑스주의 등으로 범주화하고 있다.
6) 유사한 분류로는 Atkinson(2000: 33-36)의 약한 지속가능성(WS: weak sustainability)과 강한 지속가능성(SS: strong sustainability)의 구분을 들 수 있다. 다른 형태의 자산들에 재투자되는 수익에 따라 하나의 자산 형태가 운영될 수 있다는 것이 약한 지속가능성이고, 장기간에 걸친 자산의 포트폴리오를 신중히 관리한다는 보다 광범위한 목표 속에서 자연 자산의 보존을 강조하는 것이 강한 지속가능성이다.

〈표 3-2〉 지속가능한 발전의 사다리

지속가능발전의 접근방법	경제의 역할과 성장의 성격	지리적 초점	자 연	정책과 부문의 통합	기 술	제 도	정책수단과 도구	재분배	시민사회	철 학
지속가능발전의 '이상적인 모형'	올바른 살림: 욕심 없는 만남: 생산과 소비의 패턴과 수준에서의 변화	생물지역주의: 광범위한 지방의 자급자족	생물종 다양성 장려와 보호	전체적인 부문 간 통합	노동집약적 적정기술	정치, 법, 사회, 경제 제도의 분권화	풍부한 정책도구: 사회적 차원으로 확대되는 복잡한 지표의 활용	세대 간, 세대 내 형평성	상향식 공동체 구조와 통제, 노동가치평가에 대한 새로운 접근방법	생태중심: 생물중심
강한 지속가능발전	환경규제를 받는 시장: 생산과 소비 패턴에서의 변화	세계 시장의 맥락에서 촉진되는 지방 경제의 자급자족 강화	환경관리와 보호	부문 간 환경정책의 통합	청정기술: 생애주기 생산품 관리: 노동-자본 혼합 집약 기술	일부 제도의 재구조화	지속가능성 지표 사용의 개선: 광범위한 정책도구	재분배 정책의 강화	개방형 대화와 계획	↑
약한 지속가능발전	시장의존적 환경정책: 소비 패턴의 변화	초보적인 지방 경제의 자급자족: 세계 시장력을 완화하려는 부차적인 이니셔티브	유한 자원을 자본으로 대체: 재생가능 자원의 개발	부문에 기반한 접근방법	end-of-pipe 기술적 해결책: 노동-자본 혼합 집약 기술	최소한의 제도 개선	환경지표의 상징적 활용: 제한된 범위의 시장주도 정책도구	부차적 이슈에서의 형평성	하향식 이니셔티브: 국가-환경운동 간 제한된 대화	
단순모형 (treadmill approach)	지수적인 성장	세계시장과 세계경제	자원개발	무변화	자본집약적 생산기술: 점진적 자동화	무변화	전통적인 회계	비형평성	국가-환경운동 간 극히 제한된 대화	인간중심

자료: Baker et al.(1997: 9).

생태중심적 관점은 자연이 조화, 상호의존성, 그리고 새로운 도덕적 질서를 위한 은유로 사용되는 관점이다(O'Riordan, 1981). 이 관점에서는 인간중심적 세계관이 환경문제의 원인이기 때문에 모든 생물의 이익과 가치를 고려하는 새로운 도덕적·윤리적 관점의 구축이 지속가능한 발전된다(Taylor, 1996). 이러한 맥락에서 인간과 자연 사이의 호혜성을 바탕으로 하는 파트너십의 창출을 목표로 하고 '외부적으로 유도되는' 정책 옵션인 것이다(Baker et al., 1997: 10). 반면 인간중심적 관점은 자연에 대해 더 개입주의적인 접근 방법이다. 자연의 부는 인류에게 복무할 수 있는 것과 관련해서만 보이기 때문이다(O'Riordan, 1981). 18세기와 19세기 산업 혁명과 자연에 대한 기술중심적 접근 방법 발전의 연장선상에서 볼 수 있으며 극단적인 형태로는 인간의 우월성을 향상시키는 것이 지속가능한 발전인 것이다.

지속가능한 발전을 발전의 특정 경로라기보다는 권능을 부여하는 개념으로 보는 시각도 존재한다(Atkinson, 2000: 30). Barry(1999)는 지속가능성이란 복지라기보다는 미래 세대들에게 가용한 발전 기회가 쇠퇴하지 않도록 한다는 관점에서 보아야 한다고 주장한다. Howarth(1997)는 미래 세대들이 보호되어야 할 권리를 가진 것으로 본다. 더 나아가 의사 결정에서 더 많은 대중 참여를 요구하는 것과 같은 절차적 관심에 초점을 두는 정의들이다(Toman, 1998).

최근에는 '사회적 지속가능성'의 논의가 진행되었다. 세계 빈민들의 필수적인 필요(needs)를 강조한 브룬트란트 위원회의 문제 제기는 정책 결정자들이 미래를 희생시키는 현재의 발전뿐만 아니라 빈민들을 희생시키는 복지 증진을 금지하기 위한 필요조건들을 주장하는 것이다(Atkinson, 2000: 31-32).

경제발전, 더 나은 환경, 빈민에 대한 특별한 관심, 의사 결정에서 지역 사회의 참여라는 필요조건 등 많은 목표들에 봉사하는 것이 지속가능한 발전이라고 지적된다(Toman, 1998). 물론 지속가능한 발전이 현재의 모든 바람직한 정책 목표들을 전달할 수는 없다. 오히려 실제에서는 성장과 더 나은 환경을 촉진할 건전한 경제 정책과 같은 경쟁 목표들 사이의 교환이 존재한다고 보아야 할 것이다.

한편 Putnam(1993)은 사회 조직들의 일정한 특징을 구성하는 것으로 '사회적 자본'을 거론한다. 행태의 규범, 사람들 간, 제도 간 상호작용의 네트워크, 그리고 사람들 간의 신뢰를 말한다. 이러한 개념은 몇 가지 방식에서 지속가능성에 중요한 함의를 줄 수 있다. 첫째, 사회적 자본으로부터의 '경제적 보수(pay-off)'가 존재한다. 경제 성장에 유리한 조건들이 행위자들 사이의 신뢰 분위기에 의해 촉진될 수 있다는 것이다(Knack and Keefer, 1997). 둘째, 강력한 지역 사회 유대가 소유권 레짐과 공동 재산을 위한 관리 체제를 강화하는 '환경적 보수(pay-off)'가 존재할 수 있다. 이는 사회적 유대가 강해질수록 관리 체계는 덜 붕괴될 것이라는 말이다(Atkinson, 2000: 32).

브룬트란트 보고서는 경제적·사회적 체제와 생태적 조건들이 나라마다 크게 다름을 가정하면서 지속가능한 발전의 어떤 단일한 청사진도 존재하지 않는다고 주장했다(Baker et al. 1997: 4). 이렇듯 지속가능한 발전이 지구 차원의 목적이긴 하지만, 각 나라가 스스로 구체적인 정책 함의를 고안해야만 한다는 것이다. 일반적이고 선언적인 정치적 성명서를 실천으로 옮기는 작업은 정책 결정자들의 몫이 되는 것이다.

제2절 지방의제 21의 의의

1. 민-관 파트너십과 지방 정치

협력의 일반적인 현상을 Gray(1989: 11)는 '해당 영역의 미래에 대한 문제 영역의 핵심 이해당사자들 간 공동 의사결정의 과정'이라고 정의한다. 이러한 정의는 정부 기관들 혹은 기업의 공동 사업들 간 협력과 같은 부문 내 문제 해결, 그리고 기업과 정부 혹은 기업과 비영리 이익집단들과 같은 둘 이상 부문들의 조직들을 포함하는 부문 간 협력 등 다양한 형태의 협력을 포괄한다(Logsdon, 1991: 24).

입지 선정과 관련된 갈등을 해결하고, 환경 정책을 확립하기 위해 제도화되고 있는 환경 중재 등 사회 문제 해결을 위한 부문 간 협력이 정착된 현상이 되고 있고(Logsdon, 1991: 23), 합의 회의(consensus meeting)[7]와 같은 장치들이 유럽 국가들에서 채택되어왔지만, 관점과 가치에서의 근본적인 차이들에 직면할 때 합의는 그 자체 의문스러운 목표일 수도 있다(Spash, 2001: 475-476). 많은 지역 사회에서 그리고 많은 사회 문제에 있어서 협력적 처방의 잠재력은 아직 미숙한 실정이다(Gray, 1989).

민주주의는 궁극적으로 힘 또는 권력의 문제로 귀착된다(전상인, 1997: 96). 이는 사회 세력 간의 권력 관계를 반영하는 것일 뿐만 아니라 그 자체로서 기존 권력 관계의 새로운 변화를 유도하기도 한다. 협력과 파트너십 역

---

7) 합의 회의(consensus meeting; consensus conference)란 사회적 쟁점이 되는 신기술에 관해 시민 주도의 공적인 토론을 통해 전문가와 시민 간의 대화, 그리고 일반 시민들의 정책 참여를 촉진하기 위해 마련된 제도이다. 특히 의료와 과학 기술, 환경문제처럼 시민들이 쉽게 이해하기 어려워 전문가에게 일방적으로 의존하는 문제들에 대하여 실질적으로 시민들이 의사 결정에 참여할 수 있는 통로를 열어 다가오는 기술 사회에서 참여민주주의를 실현할 수 있는 성공적 모델로 부각되고 있다. 합의 회의는 1970년대 미국의 의료 기술 분야에서 처음 시작되었지만, 지금처럼 시민 패널이 주도하는 참여 모형으로 완성된 것은 1987년 덴마크 의회 산하의 기술평가국(Danish Board of Technology)에서 유전공학 분야에 대해 실시한 것이 성공하였기 때문이다. 즉 합의 회의는 기술영향평가(Technology Assessment)의 새로운 방법이라 할 수 있다. 1990년대에는 네덜란드와 영국에서 합의 회의가 개최되었고, 현재 유럽연합(EU) 차원의 도입이 추진되고 있다. 이 밖에 뉴질랜드, 미국, 일본에서도 개최된 바 있고, 우리나라에서는 유네스코한국위원회의 주관으로 생명공학의 윤리와 안전에 관한 시민의 관심을 고취하고 사회적 공감대를 넓히기 위해 1998년 11월 14-16일 '유전자조작식품의 안전과 생명윤리'라는 주제로 마련한 것이 처음이다(http://www.unesco.or.kr/cc/what.html, 2002. 3).

시 상호의존성 속에서 참여자들은 무엇을 얻으려 하고 그 과정은 어떤 형태로 나타나는지를 살펴볼 필요가 있다.

환경 정책과 같이 각 참여자들의 다양한 삶의 양식과 서로 다른 삶의 질 의미와 관련되는 정책의 수립은 특히 무엇이 바람직한 사회이며 삶인가를 판단해야 하는 정치적 선택을 띨 수밖에 없다(변동건, 1994: 1109). 즉 자율적 중간 집단8)과 환경 정책 과정을 체계적으로 연결하여 역동적인 과정을 분석해야만 누가, 어떤 조건 하에서, 어떤 과정을 통해, 어떤 방식으로 활동하였는가 하는 체계적인 설명을 할 수 있을 것이다(사득환, 1997).

더욱이 이 책의 사례 연구 대상인 지방의제 21 추진 과정의 경우 지방의 다양한 참여자들이 모여 '환경'과 '발전'이라는 두 가지의 가치를 담을 계획을 마련하고 실천 사업을 집행해나가는 데 있어서 지방 정치, 특히 이 분야의 권력 구조를 이해하는 것이 요구된다. 지방 단위로 진행되고 있는 지방의제 21 추진 과정의 민-관 파트너십은 '권력의 공간적 분배 구조'(전상인, 1997: 98)를 바탕으로 하고 있다고 할 것이다.9)

---

8) 환경문제의 해결을 위해 활동하는 자율적인 시민·환경단체와 같이 시민과 정부 사이를 매개하면서 그 자체 어떤 목적을 위해 활동하는 결사체를 말한다(사득환, 1997: 19).

9) 이는 지방 자치와 민주주의의 관계를 논의하는 것과도 관련된다. 지방 자치와 민주주의의 상관관계를 긍정하는 입장은 권력의 공간적 분배 자체가 민주화라는 정치적 평등의 실현을 촉진하고, 규모와 기능 면에서 지방 자치는 이른바 풀뿌리 민주주의(grassroots democracy)를 지향함으로써 전국적 수준에서 민주주의를 보다 견고하게 지탱할 수 있는 제도적 장치이며, 지방 자치가 정치적 효율성과 안정성을 증대시킴으로써 민주주의의 발전에 기여한다는 것이다. 지방 자치가 민주주의의 진보에 반드시 기여하는 것은 아니라는 반론은 정의상 민주주의가 평등주의와 다수결 원리에 입각한 반면 지방 자치는 사회 집단들의 공간적 분화와 분리 및 차별화를 지향한다는 점에서 양자가 상호 모순적이고, 민주주의가 있는 곳에 지방 자치가 그리고 지방 자치가 있는 곳에 민주주의가 필연적으로 존재하는 것은 아니며, 지역 수준의 과두 체제나 파벌 정치처럼 지방 자치가 지방 혹은 지역 차원에서의 민주주의와 자동적으로 일치하는 것이 아니라는 것이다. 결국 민주화는 지방 자치 원리에만 맡겨둘 수 없는 것이고, 경험적으로 볼 때 지방 정치 과정에서 풀뿌리 민주주의에 대한 기대도 자제할 필요가 있다는 것이다. 더 나아가 지방 자치가 정치적 효율성이나 안정도를

중앙 정치가 국가의 권위적인 결정 과정에 초점을 맞추는 것이라면, 지방 정치는 지역이라는 한정된 영역의 지역적인 사안에 관심을 모은다.[10] 지방 정치란 지방의 희소한 자원의 권위적인 배분을 의미한다. 즉 누가 무엇을 어떻게 가지는가에 대한 권위적 결정 과정을 의미한다. 그리고 연구의 영역(locus)이 한정적이다. 공간적 한정성 외에도 관심 자체가 제한적이다. 지방 정부가 할 수 있는 영역이 대단히 제한적이고, 정치의 활동 범위, 의제의 내용과 파급 효과 등이 한정적이어서 지방 정치는 본질적으로 제한된 정치인 것이다. 하지만 지역 사회마다 문화와 지역색이 다르고 사회 문제의 성격이 달라 단순히 중앙 정치의 축소판이 아니라 그 자체 고유성을 띠고 있다(이달곤·강은숙, 2001: 177-178).

지방정부에서 누가 권력을 갖고 있는가 하는 것은 지방정부 공식적인 구조의 이면을 볼 수 있게 해주고, 덜 가시적인 정치 활동가들의 역할을 구분할 수 있는 중요한 부분이다(Ross and Stedman, 1985; 정덕주, 1995: 39-40). 정치적 과정이 기업 엘리트와 같은 소수 이익에 부응하는 것이라면 상대적으로 폐쇄된 정치 체제이고, 개방적이고 다양한 부문에 대응적인 체제라면 민주적인 체제로 간주될 것이다.

지방 정치의 권력 구조에 대한 연구는 1920년대 초와 1930년대에 걸쳐 도

증진시킬 것이라는 주장 또한 반박되고 있다. 지방정부의 지역 주민들에 대한 대응성이 그리 높지 않고, 환경문제처럼 전국 차원에서 고려해야 할 문제들이 국지화하거나 미결 사항으로 표류할 수도 있으며, 지역의 힘 상실을 우려하여 이웃 지방정부와 비슷한 정책을 제시하려는 경향 때문에 정책의 다양성도 기대할 수 없다는 것이다. 결국 지방 자치와 민주주의와의 상관성 문제에서 제기되는 핵심은, 지방 자치의 실현 여부보다는 지방 자치 그 자체가 지역적 수준에서 과연 민주적인가 하는 점이 될 것이며 지방 자치의 민주성 문제는 지역 수준에서 전개되는 권력의 문제라 할 수 있다(전상인, 1997: 101-103).

10) 이달곤·강은숙(2001: 176-177)에 따르면, 지방정부에 대한 관심의 증대는 물론이고 연구의 영역이 다양화되고 이론적 관심이 다기화되고 있음을 파악할 수 있다. 이들이 분류한 지방 자치/정치, 지방 행정, 지방 재정, 지역 개발/정책 중 지방 자치/정치 분야는 1968년부터 2000년까지 23.6%를 차지하고 있다(지방 행정 29.7%, 지방 재정 16.8%, 지역 개발/정책 27.4%, 기타 2.5%).

시의 의사 결정 과정을 연구한 미국의 Lynd and Lynd(1929, 1937)가 수행한 연구가 선구적이라 할 수 있다(Ross and Stedman, 1985; 정덕주, 1995: 40-46; 박준식, 1997: 76-81). 이들은 미국 인디애나 주의 면 시를 사례로 지역 사회 삶의 변화 과정을 추적하고, 이를 기초로 지역 사회의 변동과 기능, 지역 주민들의 삶의 모습을 체계적으로 정리하였다. 일자리 구하기, 내 집 마련, 청소년 교육, 여가 활용, 종교 행위 참여, 지역 사회 활동 참여 등 여섯 가지 영역을 연구한 결과, 주로 중소 자본 중심으로 형성된 특정 소수 핵심 집단이 지역의 경제 활동을 지배하며, 교육·건설·지역·시 정부 등에 영향력을 행사한다고 주장하였다. 그런데 'X'라고 표현된 한 가문이 이러한 기업 엘리트를 움직이고 있다는 결론을 내리고 있다.

이후 지역 사회 연구의 활성화와 더불어 지방 정치를 바라보는 시각들 역시 다양하게 분화되어 갔다. 이러한 시각들은 권력 구조에 대한 접근을 중심으로 볼 때, 크게 다원주의(pluralism), 엘리트주의(elitism), 계급론적 접근(class approach) 등으로 나눌 수 있다.

엘리트주의적 접근은 주로 지역을 지배하는 지배 계층의 존재와 이들이 지역 사회를 지배하는 방식에 주된 관심을 두고 있다. 이들은 지역 사회가 소수 유력자들이나 권력 엘리트를 중심으로 형성된 폐쇄적인 사회 집단에 의해 지배되거나 통제되며, 이들이 지역 사회의 핵심적인 자원의 동원과 흐름, 배분 방식들을 차지함으로써 실질적인 권력을 행사하게 된다고 본다.

다원주의적 시각은 핵심 자원과 제도에 대한 통제력은 상대적으로 분산되어 있으며, 대중들 역시 지배 엘리트의 통제 대상이라기보다는 선거나 이익 집단의 압력, 집단행동 등 다양한 사회 제도적 기제들을 통해 엘리트들에 대한 통제를 가할 수 있다고 본다. 다원주의론에서는 엘리트 집단 간의 이해관계가 조정되고 자율적인 사회적 기제들을 통해 정치적 합의가 도출되는 것을 중시한다.

계급론적 시각의 연구는 갈등론적 관점과 가까우면서도 일정한 측면에서 구분된다. 계급론적 시각은 권력의 원천을 사회의 생산적, 조직적 차원에 대한 통제의 문제에 집중시켜 바라본다. 지역 사회의 핵심적 사회 집단은 경제적, 생산적 자원을 소유하거나 통제하는 집단들이 된다. 또한 국가나 지역 공공 조직은 경제적, 생산적 자원을 통제하는 자본 계급의 장기적 이익에 기능하게 된다.

지방 정치의 권력 구조를 바라보는 세 시각을 〈표 3-3〉과 같이 정리할 수 있다.

〈표 3-3〉 지방 정치의 권력 구조에 대한 세 가지 시각의 비교

모 델	권력의 원천	핵심적 사회 집단	대중의 역할	국가의 기능
엘리트론	정부나 기업 등 사회의 핵심적 제도나 조직의 통제	정부나 기업의 최고위층 중심의 동질적 파워 엘리트	지배엘리트의 통제 대상	지배 엘리트의 이해와 그들의 제도적 장치를 보호
다원주의론	다양한 정치적 자원들, 부, 권위, 투표권 등을 포함	선출된 정치가, 이익집단과 지도자들	경쟁적 선거, 이익집단의 압력을 통한 엘리트의 통제	이익집단의 이해관계를 조정, 정치적 합의를 창출
계급론	사회의 생산적, 조직적 자원에 대한 통제	기업체, 조직체 등을 소유하거나 통제하는 집단	지배 계급의 통제 대상	자본 계급의 이해 보호, 권력 자원의 통제에 기여

자료: 박준식(1997: 81).

엘리트주의적 접근 방법은 지역 사회의 모든 영역에 존재하고 있는 권력을 찾고자 하는 데 하나의 자극으로 공헌했지만, '통치 엘리트'라는 논제가 너무 애매하여 전혀 조사될 수 없고, 그러한 결론을 입증하거나 입증하지 않을 방법이 없다는 비판을 받았다. 또한 경제적으로 지배적이고 원할 때는 정치적 영향력을 행사할 수도 있지만, 지속적이거나 영속적인 메커니즘을 갖고 있는 것은 아니며 일반적인 믿음과는 달리 권력자들이 '황혼의 옷자락' 뒤에서 비밀리에 의사 결정을 하는 것만은 아니라는 것이다.

다원주의의 경우 지방정부의 의사 결정이 다원적이라는 사실을 반복해서 발견했지만, 매우 적은 수의 주제 영역만을 분석함으로써 지역 사회의 권력과 영향력의 배분에 관한 것을 일반화시킬 수 없다는 비판을 받았다. 공적인 활동가들이나 공공 기관이 행사하는 것만 규정하려 했지, 사적인 활동자의 역할에 관한 분석은 거의 없었다는 것이다. 더구나 비활동(non-action) 자체가 권력 행사의 소극적인 기술이 될 수도 있다는 가능성을 밝히는 데도 실패했으며, 간접적인 영향력, 예견된 반응, 검증되지 않은 정치적 조작 등과 같은 여러 요소들을 밝히는 데 실패했다는 것이다(Ross and Stedman, 1985; 정덕주, 1995: 40-52).

1980년대 이후 변화된 논쟁은 두 가지로 축약될 수 있는데, 하나는 도대체 지역 이슈의 정치적 장이 존재할 수 있느냐의 문제이고, 다른 하나는 '누가 다스리는가?'의 문제보다는 '어떻게 통치되고 있는가?'의 질문이 중요해졌다는 사실이다(강명구, 1997: 113).

Peterson(1981)은 지방정부가 중앙정부와는 달리 노동과 자본이 특정 도시 영역 밖으로 이동하는 것을 방지할 아무런 규제력을 가지고 있지 못하다고 주장한다. 따라서 지방정부는 그 영역 내에 있는 재화를 둘러싼 배분의 정치보다는 여타 지방정부와의 경쟁 관계 속에서 최대한의 경제적 이익을 추구하는 데 관심을 기울일 수밖에 없고, 경제 성장을 위주로 하는 발전 정책에 한정하게 된다는 것이다.

엘리트주의의 답변은 Logan & Molotch(1987)의 '성장기제론(growth machine)'이 대표적이다. 이들은 도시의 지대 추구 집단과 세 가지 부류의 동조 집단[11]이 지방 수준의 주요 정치적 행위자로서 도시의 경제 성장이라는 공통의 이해관계를 매개로 성장 기제를 형성한다고 주장한다. 이들에 따

---

11) 여기에는 첫째, 개발업자, 금융기관 및 건설관계업으로 대표되는 첨예한 이해관계 집단, 둘째, 지역 언론 및 전기/가스 등 공공 설비 기관, 셋째, 대학, 문화 기관, 스포츠, 노동조합 등 부수적 이해관계 집단 등이 포함된다(Logan and Molotch, 1987).

르면, 지방 정치의 영향력에 있어서 차등적인 엘리트 간의 연합을 상정한 것이므로 '누가'의 문제에 더해 '어떻게'의 문제가 중요한 관심사로 등장하는 것이다(강명구, 1997: 113-114).

다원주의의 반응으로는 '도시정권론(urban regime theory)'(Stone, 1989; Elkin, 1987)을 들 수 있다. 이들의 관심은 다양하고 파편화된 다원주의적 지방 정치 양상이 장기적인 관점에서 어떻게 일관성 있는 정책 수행을 가능하게 할 것인가 하는 것이었다. Stone(1989: 4)에 따르면, 도시정권이란 '비공식적이지만 상대적으로 안정된 집단으로서 정부 결정에 지속적인 역할을 할 수 있는 제도적 접근 방법을 가진 집단'이다. 다양하고 파편화된 상황 속에서도 일정한 체계적 권력의 존재를 상정할 수 있으며 이것이 비공식적이지만 실체를 가진 일종의 통치 연합이라는 것이다. 즉 지방정부라는 제도적 메커니즘을 통해 비공식적이지만 일정한 세력 집단이 그 중추적인 역할을 담당한다는 것이다.

그런데 Gurr and King(1987)은 지방정부가 향유하는 자율성의 정도를 지역 사회의 경제적·사회적 요소, 중앙-지방 간 관계로부터 발생하는 자율성의 정도 등 두 가지 측면에서 지방정부의 권력 구조를 파악한다. Harding(1994)은 '도시 거버넌스(urban governance)'[12]라는 개념을 통해 중앙-지방 간 관계, 국가-시장 간 관계에 따라 지방정부의 구체적인 권력 구조의 양태가 달라질 것이라고 주장했다.

따라서 지방 정치의 권력 구조를 파악하는 것은 이상의 관점들을 충분히 고려하면서도 개별 지방정부에 대한 경험적인 연구를 통해서만 가능하다고 할 수 있다. 또한 구체적인 정책 영역에 따라, 특히 특정 정책 영역을 중심으로 이뤄지는 각 지방정부의 파트너십 양상에 따라 지방 정치의 권력 구조는 상이하게 나타날 가능성도 존재한다고 할 것이다. 도시의 집합적 소비의

---

12) McCarney(1996: 4)는 도시 거버넌스를 '지방 국가 구조에 연계된 시민사회 행위자 간의 관계'라고 정의한다.

배분을 둘러싼 'NGO의 성장'(Salamon, 1994)에 비춰보더라도 지방 정치의 문제를 정부-기업 관계에만 한정할 수는 없을 것이다.

지방 정치 연구에 있어서 법적·제도적·기술적 접근, 갈등이론적 접근, 과정에 초점을 둔 접근 등의 방법 가운데 지방 정치 과정의 역동성을 살펴보는 데는 과정의 역동성을 살펴보는 것이 유익하다(강명구, 1997: 110-112). 즉 누가, 무엇을 어떻게 하여 지방정부의 갈등이 생겨나고 해결되며 재생산되는가를 구체적 행위자 및 정책 분야를 통해 살펴보는 행위자적 관점이라는 것이다.

그간 우리나라 지방 정치의 권력 구조에 대한 연구들은 대체로 자치단체장이 주된 권력을 행사하는 것으로 분석했다.[13] 박종민 등(1999)은 5개 도시를 대상으로 한 분석 결과를 토대로 우리나라의 지방 정치 과정은 시장(市長)독주체제 혹은 시장(市長)지배연합의 특징을 보인다고 주장한다. 이승종·김흥식(1998)도 기초 자치단체장들을 대상으로 설문조사를 실시한 결과,

---

13) 지방 권력 구조의 연구 방법은 직위법, 평판법 및 의사결정법 등을 포함한다. 직위법은 한 행위자의 영향력이 공식 직위와 관련된다고 가정하고 제도적 엘리트를 식별하기 위해 사용되지만, 공식 직위와 권력 간에 반드시 상관관계가 있는 것은 아니라는 비판을 받는다. 평판법은 믿을 만한 판단자를 활용하여 권력을 가진 개인 혹은 집단을 식별하는 것인데, 판단자에게 지나치게 의존한다는 문제점을 안고 있다. 의사 결정법은 공식 지위나 평판의 외관을 투과하여 직접 정책 결정 과정을 연구하는 것으로서 어느 행위자가 의사 결정을 내리는 데 참여하는가에 초점을 둔다. 이 방법 또한 참여나 활동이 권력과 같은 것은 아니라는 비판을 받는다. 의사 결정법은 관찰, 면접, 자료 조사 등을 통해 핵심 쟁점이 어떤 과정을 거쳐 타결되었는지 조사하여 의사 결정에 참여한 행위자들 간의 상호작용과 영향력을 파악한다는 점에서 다른 접근법과 구별된다(박종민 외, 1999: 124: 유재원, 2000: 34-35). 권력 구조 연구에 대한 비판 중의 하나는 권력 구조를 파악하기 위해 사용한 접근법에 따라 상이한 결론이 도출된다는 것이다. 즉 직위법이나 평판법을 사용하면 엘리트론의 결론에 도달하고, 의사 결정법에 의거하면 다원론의 결론에 도달한다는 것이다. 그러나 박종민(2000)에서 볼 수 있듯이 의사 결정법에 의거하면서도 시장(市長) 지배적인 권력구조에 도달한 것은 우리나라의 권력 구조와 지방 정치에 관해 이 연구가 제시하는 결론의 타당성을 오히려 강화하는 단서로 볼 수 있다고 한다(유재원, 2000: 36).

단체장이 지역 내에서 가장 큰 영향력을 행사하고 있다고 분석했다. 김순은 (1998)의 경우도 부산광역시의 정치권력 구조를 분석한 결과, 고위 행정 실무자들의 영향력 또한 상당히 크게 작용하고 있지만, 시장이 지역 사회에서 최고의 권력자로서의 위상을 지니고 있다고 한다.

한편 시민운동의 경우 1980년대 후반 이후 환경단체에 대한 정부의 태도가 관용과 자율 관계로 변화하지 그 수가 급증하였다(권해수·이민창, 2001: 250). 또한 시민의 참여가 미흡하고, 전문가들의 참여가 집중되면서 시민운동이라기보다는 사회적 명망가 중심의 엘리트 운동 성격이 강했다고 한다. 하지만 NGO의 역할은 급격히 증가하고 있어 이 부문에 대한 관심도 증대되고 있다.[14]

2. 지방차원의 대응과 지방의제 21

앞서 밝혔듯이 1992년 리우 회의에서 채택된 '의제 21'이 지방 차원의 의제를 개발하고 실천하는 데까지 확대된 것을 '지방의제 21'이라 한다. 무엇보다도 의제 21의 제28장은 지방의제 21을 준비할 때 사회 내 모든 집단들을 포함시킬 필요가 있다고 강조했다(〈부록〉 참조)[15] 이들이 모두 지방의제 21

---

14) NGO보다 포괄적인 개념에서의 비영리 부문은 1970년과 1997년 사이 연평균 22% 이상의 성장률을 보여 국민총생산의 2.96%(1997년)를 차지하고 있으며 서비스 산업 생산의 6.9%를 차지하고 있다. 고용 측면에서도 이들 단체는 총 고용의 5.6%를 차지하고 있으며 순자산은 약 6조원(1987년)으로 추정된다(김준기, 1999).

15) 의제 21의 제28장을 중심으로 강조하고 있는 지방의제 21의 참여 주체는 다음의 9개 활동 영역을 포함한다. 첫째, 지속가능하고 평등한 발전을 위한 전 세계 여성 활동, 둘째, 지속가능한 발전에 있어서의 아동과 청년 활동, 셋째, 원주민 및 그 공동체에 대한 인식 및 역할 강화, 넷째, 지속가능한 발전의 동반 협력자로서 NGO의 역할 강화, 다섯째, 의제 21 실천을 위한 지방정부의 주도적 역할, 여섯째, 노동자 및 노동조합의 역할 강화, 일곱째, 기업체 및 산업체의 역할 강화, 여덟째, 과학기술 분야, 아홉째, 농민 역할 강화 등이다. 따라서 지방의제 21의 참여 주체는 여

추진 과정에서 합의점을 형성하기 위해 참여할 파트너들이 되는 것이다. 리우 회의는 지역 사회에서의 참여를 새로운 지위로 격상시킨 것이다(Young, 2000: 182).

지방의제 21은 지방의 지속가능한 발전과 관련된 우선순위를 다루는 장기적이고 전략적인 계획을 준비하고 집행하여 지방수준에서 의제 21의 목표를 달성하기 위한 다수 이해당사자들의 참여 과정이다(ICLEI, 2002a: 6). 상위 계획인 의제 21의 내용을 존중하면서 지역 사회의 구성원들이 자기 지역의 환경문제를 분석·진단하고, 지역 특성에 맞는 비전을 발굴해 그것을 달성하기 위한 행동 계획과 강령을 수립하는 과정인 것이다. 〈그림 3-1〉은 이러한 관계를 도식화하고 있다. 이러한 관계는 리우 회의에서 나온 의제 21을 각 지방정부가 관련 참여자들을 주체로 삼고 지역 실정에 맞게 작성하여 관련된 계획에 연계시키는 등 체계적이지만 개방적인 성격을 갖는다고 할 수 있다.

각국에서 중앙정부는 UNCED에서 합의한 의제 21을 실천하기 위한 '국가의제 21'을 작성하고, 지방정부는 '지방의제 21'을 수립하고 실천해야 한다. 여기에서 중앙과 지방의 우선순위가 정해져 있는 것이 아니고, 각 단위별 관련 계획을 다양한 행동 주체들이 모여 유기적으로 연계시키는 것이 중요하다고 할 수 있다. 우리나라의 경우 '기업의제', '이웃의제', '어린이의제' 등 지역 사회의 행동 주체별 의제부터 시·군·구 등 기초 자치단체의 지방의제 21, 그리고 광역시·도의 지방의제 21이 국가의제 21과 연계되도록 하는 것이다.

성 조직, 청년 조직, 원주민 조직, NGO, 지방정부, 노동조합, 기업 부문, 과학기술 전문가, 농민 등이 포함되는 것으로 볼 수 있다.

<그림 3-1> 의제 21과 지방의제 21의 관계

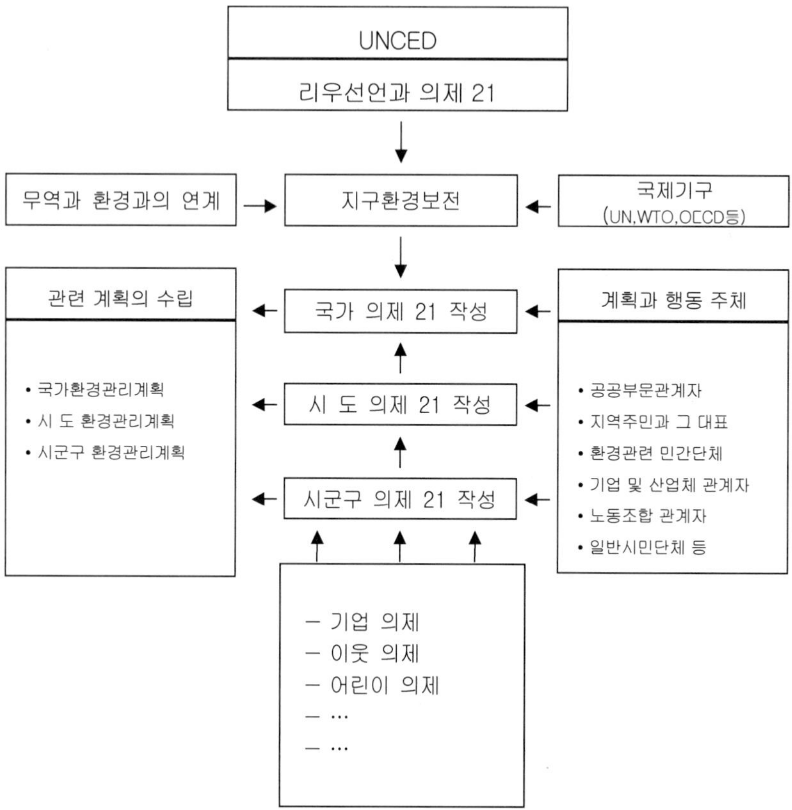

자료: 환경부(1997: 14).

이러한 지방의제 21의 성격을 다음과 같이 정리해 볼 수 있다(한국환경기술개발원, 1997: 5; 오영석, 1998: 233).

첫째, 시민들이 참여하는 지역 차원에서의 사회 운동이자 환경 보전 운동이다. 그 추진 과정에서 지역 사회의 주요 단체들이 폭넓게 참여하여 토론과 합의라는 민주적인 절차를 거쳐서 수립해야 한다.

둘째, 지역 사회의 환경 및 발전 계획이다. 지역 사회의 미래 비전을 제시하고 행동 규범을 기술하는 것으로서 계획 기간을 명시하고, 상위 계획이나 지침을 수용하며, 공간적 범위를 한정해야 한다.[16]

셋째, 지역 사회에서 토론 과정을 거쳐 만들어지는 보고서로서의 성격을 가진다. 지역 사회에서의 토론과 합의 내용을 기록한 보고서로서 해당 지역의 지속가능한 발전을 달성하기 위한 분야별 비전과 행동 지침을 알기 쉽게 기록해야 한다.[17]

넷째, 지구 환경 보전과 지속가능한 발전의 기본적인 실천 주체로서 지방정부, 기업 부문, 시민사회 부문이 합의하여 각각의 행동 강령을 작성하고 실천해야 한다.

다섯째, 공공 부문이 환경오염 발생원과 오염 현상에 직접적 규제를 가하는 환경 시책으로서의 기존 지역 환경 관리 계획과는 다르다는 점을 인식해야 한다.

요약컨대, 참여를 보장하고 토론과 합의 속에 지역 사회의 환경 및 발전 계획을 보고서로 작성하여 실천에 옮기는 과정까지를 포함하는 것이다. 이러한 과정을 도식화한 것이 〈그림 3-2〉이다.

---

16) 지속가능한 발전의 의제는 지방 수준에서 쓰레기, 교통, 에너지, 오염 예방, 기획, 주택, 관광 사업, 반빈곤 전략, 경제 개발 등 광범위한 이슈들을 포괄한다(Young, 2000: 181-182).

17) 지방의제 21의 작성은 다음과 같은 특성을 반영하여 작성하여야 한다(Lafferty and Eckerberg, 1998a: 5-6). 첫째, 경제적·정치적 압력과 관련하여 환경 영향에 대한 보다 신중한 시도, 둘째, 지역적 이슈, 의사 결정 및 지구적 영향에 대한 고려에 있어서 환경적 측면과 지구적 연대 및 정의의 측면에 대한 보다 적극적인 노력, 셋째, 여러 부문에 걸친 환경 이슈 등이다.

<그림 3-2> 지방의제 21 추진의 일반 절차

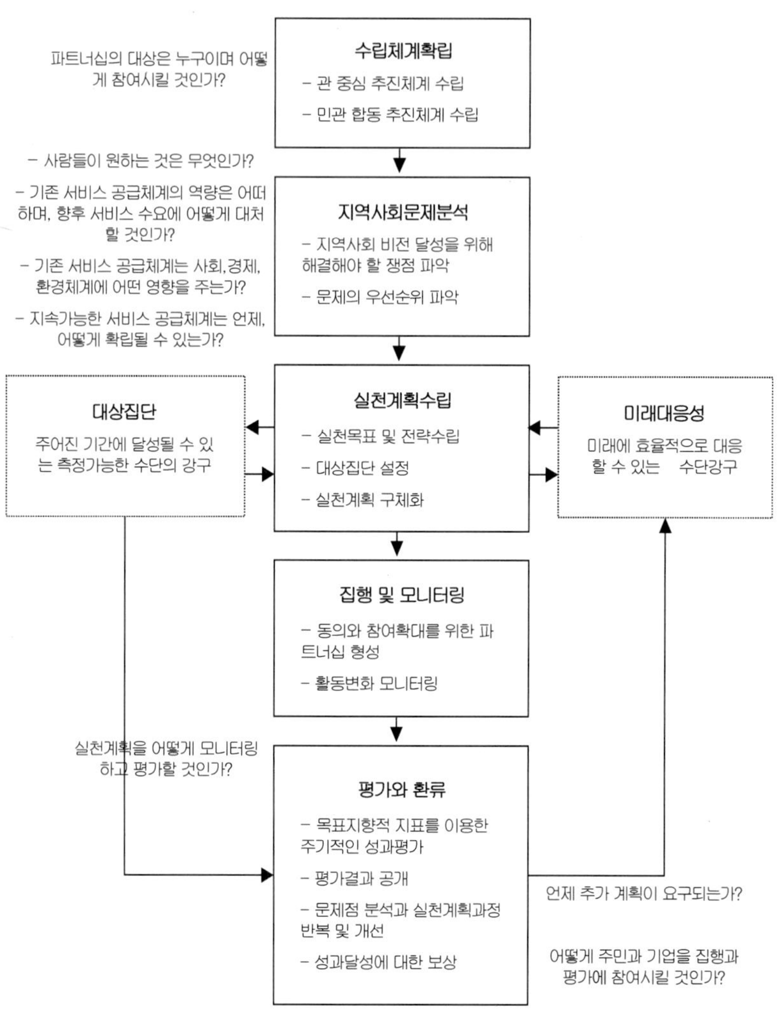

자료: ICLEI(1995: 8), 환경부(1997: 38).

지방의제 21의 추진 과정은 '수립체계 확립', '지역사회문제분석', '실천계획 수립', '집행 및 모니터링', '평가와 환류' 등 5단계로 진행되는 것이 일반적이다(ICLEI, 1995; 환경부, 1997). 수립체계 확립 단계는 파트너십의 대상과 참여 방식을 결정하는 단계이다. 지역사회문제분석 단계는 지역 사회 주민들의 요구를 파악하고, 기존 서비스 공급 체계를 분석하며 지속가능한 서비스 공급 체계를 모색해 보는 단계이다. 실천계획수립 단계는 각 지방의 고유한 지방의제 21을 작성하는 단계이며, 집행 및 모니터링 단계는 작성된 지방의제 21의 실천 단계라 할 수 있다. 평가와 환류 단계는 실천 사업을 평가하면서 지방의제 21을 수정하거나 발전시키는 단계이다.

그림에서 볼 수 있듯이 수립 체계 확립에서부터 평가와 환류에 이르는 단계까지 질문과 해결 방식에 따라 각 지방정부 민-관 파트너십의 구체적인 양상은 달리 나타날 수 있을 것이다.

우리나라 지방정부들의 지방의제 21 수립 현황은 〈표 3-4〉와 같다.

110

〈표 3-4〉 지방의제 21 추진 현황

(2005. 5. 31 현재)

지방정부(수)	추진완료	수립 중	미착수
계(250)	213	16	21
서울특별시(26)	26	-	-
부산광역시(17)	17	-	-
대구광역시(9)	9	-	-
인천광역시(11)	4	중구, 동구, 연수구, 남동구, 부평구	강화군, 옹진군
광주광역시(6)	3	-	동구, 서구, 광산구
대전광역시(6)	2	-	동구, 중구, 서구, 유성구
울산광역시(6)	2	-	남구, 중구, 동구, 북구
경기도(32)	28	오산시, 하남시, 양주시	동두천시
강원도(19)	10	삼척시, 평창군, 정선군, 양양군, 철원군	홍천군, 횡성군, 영월군
충청북도(13)	12	-	증평군
충청남도(17)	11	논산시, 서천군, 홍성군	계룡시, 금산군, 청양군
전라북도(15)	15	-	-
전라남도(23)	23	-	-
경상북도(24)	24	-	-
경상남도(21)	21	-	-
제주도(5)	5	-	-

자료: 지방의제 21전국협의회(http://www.la21.or.kr).
주: 광역단위는 모두 수립 완료.

　표에서 보는 바와 같이 2005년 현재 250개 지방정부 가운데, 아직 지방의제 21을 준비하고 있지 못한 곳 21개, 현재 지방의제 21을 수립하고 있는 곳 16개 지방정부를 제외한 213개 지방정부가 지방의제 21을 수립하여 실천 활동을 벌이고 있다. 이처럼 현재는 대부분의 지방정부가 지방의제 21을 수립하여 실천 활동을 전개하고 있지만, 사례 연구 시점인 2001년 6월 30일 현재의 경우는 전국 248개 기초 및 광역 지방자치단체 가운데 149개 지방자치단체가 지방의제 21을 수립하였고, 48개 지방자치단체에서 지방의제 21을 수립 중에 있었다(〈표 3-5〉 참조).

〈표 3-5〉 지방정부의 지방의제 21 수립 현황

(2001. 6. 30 현재)

구분	수 립 완 료	수 립 중
계	149	48
광역	서울시, 부산시, 대구시, 인천시, 광주시, 대전시, 울산시, 경기도, 강원도, 충북도, 충남도, 전북도, 전남도, 경북도, 경남도, 제주도	
기초	(서울시) 종로구, 중구, 용산구, 성동구, 광진구, 동대문구, 중랑구, 성북구, 강북구, 도봉구, 노원구, 은평구, 서대문구, 양천구, 강서구, 구로구, 금천구, 영등포구, 동작구, 관악구, 서초구, 송파구, 강동구 (부산시) 중구, 서구, 영도구, 부산진구, 동래구, 남구 북구, 해운대구, 사하구, 금정구, 강서구, 연제구, 수영구, 사상구, 기장군 (대구시) 남구, 중구, 북구 (대전시) 대덕구 (경기도) 수원시, 성남시, 안양시, 안산시, 광명시, 의정부시, 부천시, 평택시, 구리시, 김포시 (충북) 청주시, 제천시, 보은군, 옥천군, 영동군, 괴산군, 음성군, 단양군 (충남) 서산시, 공주시 (전북) 전주시, 군산시, 남원시, 김제시 (전남) 목포시, 여수시, 순천시, 나주시, 광양시, 담양군, 곡성군, 구례군, 고흥군, 보성군, 장흥군, 강진군, 영암군, 무안군, 함평군, 영광군, 장성군, 진도군, 화순군, 해남군, 신안군, 완도군 (경북) 포항시, 경주시, 김천시, 안동시, 구미시, 영주시, 영천시, 상주시, 문경시, 경산시, 군위군, 의성군, 청송군, 영양군, 영덕군, 청도군, 고령군, 성주군, 칠곡군, 예천군, 봉화군, 울진군, 울릉군 (경남) 창원시, 진해시, 진주시, 통영시, 거제시, 마산시, 김해시, 양산시, 사천시, 밀양시, 고성군, 남해군, 하동군, 의령군, 산청군, 함양군, 함안군, 거창군, 합천군 (제주) 제주시, 북제주군, 남제주군	(서울시) 마포구, 강남구 (부산시) 동구 (대구시) 동구, 달성군 (경기도) 과천시, 고양시, 의왕시, 군포시, 시흥시, 용인시, 안성시, 화성시, 양평군, 포천군, 가평군 (강원도) 춘천시, 원주시, 강릉시, 태백시, 동해시, 속초시, 삼척시, 화천군, 양양군, 양구군, 홍천군, 평창군 (충북) 충주시, 진천군, 청원군 (충남) 천안시, 아산시, 논산시, 예산군, 당진군 (전북) 익산시, 정읍시, 완주군, 무주군, 진안군, 장수군, 임실군, 순창군, 고창군, 부안군 (경남) 창녕군 (제주) 서귀포시

자료: 환경부(2001a: 2) 재구성.
주: 굵은 글씨의 시·군·도는 추진협의회가 구성되어 있는 곳임.

당시 수립된 기초 지방자치단체의 비율을 광역 단위로 비교해 보면, 서울(92.3%)과 경북(100%) 각 24개, 전남 23개(100%), 경남 20개(95.2%), 부산 16개(94.1%), 경기 11개(34.4%), 충북 9개(75.0%), 전북 5개(33.3%), 대구(44.4%)와 제주(80.0%) 각 4개, 충남 3개(18.8%), 대전 2개(33.3%), 인천(9.1%), 광주(16.7%), 울산(16.7%), 강원(5.3%) 각 1개 순이다. 경북, 전남의 모든 지방자치단체들이 지방의제 21 수립을 완료하였고, 인천과 강원이 각각 9.1%, 5.3%로 가장 낮았다.

당시 지방의제 21을 추진하기 위한 추진 기구가 별도로 구성되어 있는 곳은 160개 지방자치단체였는데, 서울 25개(96.2%), 전남 23개(100%), 경북 21개(87.5%), 경기 19개(59.4%), 경남 17개(81.0%), 충북 12개(100%), 강원 9개(47.4%), 부산 8개(47.1%), 충남(37.5%)과 전북(40.0%) 각 6개, 제주 5개(100%), 대구 4개(44.4%), 대전 2개(33.3%), 인천(9.1%), 광주(16.7%), 울산(16.7%) 각 1개 순이다. 전남, 충북, 제주의 모든 지방자치단체들이 추진 기구를 구성하고 있었고, 인천이 9.1%로 가장 낮았다.

지방의제 21을 수립하였는데도 추진 기구가 별도로 구성되지 않았던 곳은 주로 지방정부에서 용역 형식으로 전문가들에게 의뢰하여 형식적인 지방의제 21 보고서를 만들어 발표한 경우가 많아 민-관 파트너십에 의한 추진 과정으로 보기 어렵다고 할 수 있다.

3. 참여의 파트너십과 지방의제 21 추진 과정

지속가능한 발전에 기반을 둔 정책들의 개발에 있어서 지방의 참여와 기여가 특히 중요하다. 지역의 특정 자원을 관리한다는 의미에서만이 아니라 지방 수준에서 행위자들의 협력이 지속가능한 발전의 프로젝트를 위해 중요하다는 것이다(Baker et al., 1997: 23).

앞서 살펴본 논의에서 지방의제 21과 지속가능한 발전이라는 개념이 반드시 환경문제만을 위한 것은 아니지만, 그 중심에 있는 환경문제 일반에 대한 지방의 참여를 논의하기 위해서는 우선 집권화와 분권화에 대한 비교를 필요로 한다. 이 광범위한 주제는 현대 환경 정책의 맥락과 관련시켜 볼 때, 1960년대 말로 거슬러 올라간다.

'집권론자'들은 강력히 집권화 된 통제로 인간의 행태를 관리해야만 환경문제가 해결될 수 있다고 주장한다. 중앙 당국이 공동의 자원에 대한 결정을 내리고 민주적 규칙을 '심원한' 지식과 공공 정신으로 대체해야 한다는 것이다. '분권론자'들은 집권화가 환경문제의 근본 원인이라고 지적하고, 의사소통적·생태적 합리성의 토대로 분권화와 참여를 권고한다(Press, 1994: 12).

중앙 권력에 의한 행정의 가장 매력적인 측면은 통합 조정 능력일 것이다. 하지만 역설적으로 이러한 통합 조정 능력이 발휘되기란 어렵다는 것이 문제이다(예를 들어 Allison and Zelikow, 1999). 또한 페놀 사태나 동강댐 건설 문제, 미군 폐기물 방류 등의 사례에서 보듯이 관료제의 문제 해결책은 탄성이 부족하고, 목적이 취약하며, 구조가 경직되어 있다(Dryzek, 1987: 최승 외, 1995: 144-163).

이에 비해 이상적 형태로는 현실 세계의 권력 분산형 정치 체계가 다양한 여건에 적절히 대응되는 것으로 기대할 수 있다. 집합적 선택의 상이한 행위자들과 의사 결정 사이에서 상호 조정 형태의 분산형 통합 조정을 할 수 있다는 것이다. 하지만 권력 분산형 정치 체계 역시 이상의 실현이 항상 가능한 것은 아니다(Dryzek, 1987: 최승 외, 1995: 176-190).

Dryzek(1987)은 합리적 의사소통을 바탕으로 한 실천 이성과 제한된 교섭 체계를 대안으로 내세우면서 우리가 과연 누구이고 무엇을 소중히 여기며 어떻게 상호작용하고 무엇을 성취하는가 하는 심오한 질문 등을 통해 새로운 제도를 만들어가는 실험이 중요하다고 결론지었다.

같은 맥락에서 지방 자치와 환경문제의 관계에 대해 논의해 볼 수 있다.

지방 자치의 활성화가 환경 정책에 미치는 영향과 관련하여 지방 자치가 환경 보호에 기여하리라고 보는 입장을 몇 가지 측면으로 살펴보면 다음과 같다(김병완, 2001c: 350-354).

첫째, 지역적 적실성을 갖춘 환경 관리가 가능하다. 둘째, 민주성과 반응성을 갖춘 행정이 이루어질 수 있다. 셋째, 환경문제에 대한 정치적 관심 및 정책적 우선순위와 비중이 향상될 것이다. 넷째, 개발 사업의 추진 과정에서 환경에 대한 고려가 증대될 것이다. 다섯째, 공해를 심하게 발생시키는 기업의 입주가 곤란해질 것이다. 여섯째, 지역 환경문제에 대한 책임 행정이 이루어진다는 것이다.

반면 지방 자치가 환경 보호에 역행하리라고 보는 입장을 살펴보면, 첫째, 개발지향주의가 지역 공동체에 만연되고 지방선거 과정에서 개발 공약이 남발될 가능성이 크다. 둘째, 재정 자립을 명분으로 한 개발 정책의 필요성이 강조될 것이다. 셋째, 지방정부 간 개발 경쟁을 초래하여 정책 결정자들에게 환경우선주의보다는 개발우선주의를 선호하게 할 가능성이 크다. 넷째, 환경문제와 관련된 지역 간 이해 갈등이 발생할 가능성이 크다. 다섯째, 환경상의 불평등 문제를 심화시킬 가능성이 있다. 여섯째, 지방정부의 규제 능력 자체에 한계점이 내재되어 있다는 것이다.

한편 민주주의와 지속가능성이 양립할 수 없다는 주장도 검토할 만하다(Press, 1994: 9-10).[18] 이것은 민주주의에 대한 사회 정의의 요구, 기술관

---

18) 환경과 민주주의의 상관성을 논의한 학자들의 대답은 세 가지 유형으로 범주화될 수 있다(문순홍, 2000: 31-33). 첫째, 아무 상관성도 없다고 주장하는 자들이다. 둘째, 민주주의와 환경 보호가 상호 적대적이라고 주장하는 입장으로, '생태정치론'의 제1세대를 구성하는 생태권위주의자들이다. 셋째, 양자 간에 친화성이 있다고 말하는 집단으로, '민주주의와 환경' 논의에 참여하고 있는 대부분의 학자들이 이에 속한다. 셋째의 경우는 양자 간의 결합이 필연적이라고 주장하는 자들과 우연적이라고 주장하는 자들로 나뉜다. 우연적 접합론은 대안민주주의조차도 절차적 합리성에 불과한 것이어서 그 어떤 가치 지향적인 해결방안도 추구할 수 없다는 것이다. 이들에게 중요한 논의 대상은 민주주의와 환경을 가장 잘 결합시킬 수 있을 조건 그 자체에 관한 것이다. 필연적 결합론은 생태적 사유와 마찬가지로 민주주의적 사

료적 요구, 경제적 요구 등으로 설명할 수 있다. 사회 정의의 요구 측면은 환경문제들이 너무 긴급한데 민주주의는 필수 불가결하게 그 해결을 기다려야 한다는 것이다. 기술관료적 요구는 '지식이 있는' 시민들일지라도 환경문제들을 이해할 수 없을 수도 있고, '올바른' 해결책들을 취할 수 없을 수도 있다는 것이다. 마지막으로 경제적 현실로 인해 많은 정책 옵션들이 배제될 수 있다. 시장의 힘이 그런 옵션들을 가로막기 때문이라는 것이다. 이러한 주장들은 구체적인 경험적 연구에 의해 뒷받침될 필요가 있다고 할 것이다.

현재까지 의회의 법령에 영향을 미치고, 지속가능한 발전 원칙을 반영하는 방식으로 예산을 재구조화하는 등 지방의제 21 참여 프로그램의 영향을 받은 사례들이 분명히 존재한다(Young, 1997a). 하지만 지방의제 21 참여 프로그램들이 심각한 장애 하에 진행되어온 측면도 있다. 사람들은 예산 등 미래 자원의 정도가 분명하지 않은 상황에서 지속가능한 발전의 촉진과 우선순위에 대해 요청받는다. 더욱이 민영화는 대중교통 사업을 파편화시키거나 통합된 투자 프로그램을 촉진하기 더 어렵게 만들기도 했다(Young, 2000).

그럼에도 불구하고 지방의제 21의 가장 중요한 부분은 지방의제 21 참여 프로그램들이 지방 민주주의를 쇄신하려는 시도라는 더 광범위한 맥락의 에너지와 아이디어들을 활성화시키기 위한 도관이 되어왔다(Young, 1997a). 또한 리우 회의 이후 일부 정책 결정자들의 지역 사회 참여에 대한 태도가 상당히 변화하기도 했다. 점차 많은 정책 결정자들이 새로운 접근 방법의 필요성을 주장하기 시작했다. 그들의 출발점은 하향식 해결책들은 잘못된 것이 무엇인지를 사람들에게 효과적으로 인식시키지 못한다는 것이다. 백지의 의제로 시작하여 지역 주민들이 인식하는 문제를 규정하도록 요청하는 것이 중요하다는 것이다(Taylor, 1995).

이로 인해 적실성 있고 창조적인 해결책을 만들어내는 데 도움이 될 수도

유도 원리적 측면을 가지고 있으며, 동시에 민주주의와 마찬가지로 생태적 사유도 과정에 초점을 맞춘 전략적인 사고로 나아가고 있음을 주장한다.

있다. 일단 해결책이 도출되면 보다 잘 작동할 가능성을 보여 왔는데, 지역 주민들의 지식과 경험으로부터 도출되었기 때문이다. 해결책들은 지역 주민들에 의해 진척되었고 더 잘 지켜질 것으로 여겨졌다(Young, 2000: 183-184). 다양한 형태의 민주적 의사 결정들이 존재하지만 대개 민주주의에 대해 가장 근본적인 수준에서 말하는 것은 시민들과 그들의 단체가 공적인 논쟁에 참여하는 방식을 논의하는 것이다(Cocnen, Huitema, and O'Toole, 1998: 6).

리우 회의 이후 의회 소수파의 관심일 뿐이었던 지방의제 21과 그 참여 차원에 대한 인식은 1990년대 중반에 이르러 점차 증가하고 있는데, 지방의제 21 활동과 직접적으로 관련되어서만이 아니라 폭넓은 논의에 있어서 참여 차원의 적실성 때문이라고 할 수 있다(Young, 2000: 184). Young (1996, 2000: 184-187)은 지방의제 21의 추진 과정에서의 참여를 촉진하기 위해 채택되는 네 가지 전략들을 정리한다.[19]

첫째, 하향식 전략(top-down strategy)으로 정부가 확고한 통제를 유지하고 일방향의 과정을 설정한다. 여기에서의 참여란 정부가 대중과 관련 집단들에게 정보를 전달한다는 의미를 갖는다. 정부가 의제를 설정하고 통제하며 정책 제안의 방향과 우선순위의 선택을 결정한다. 이는 지역 사회의 실제적인 투입을 가로막는 방식으로서 지방의제 21의 세부 사항과 정신을 훼손하는 것이라 할 수 있다.

둘째, 상향식 전략(bottom-up strategy)은 하향식 전략의 정반대이다. 정부는 참여를 정보 공유를 바탕으로 한 진정한 양방향식 대화로 인식한다. 의

---

19) Young(2000: 187-188)은 지방의제 21 프로그램 참여의 본질에 대해 설명하면서 전단, 전람회, 공청회 등 전통적인 방법들 이외에도 비전 제시 기법(visioning), 소집단 토론 기법, 포커스 집단 기법, 사회경제 기준 기법, 'planning for real' 기법(미래 발전에 대해 합의를 형성하기 위해 단기간 집중적으로 지역 주민들을 소집하는 기법), 서베이, 주민들이 지방 이슈에 대해 설문지를 설계하게 하고 호별 방문 인터뷰를 수행하는 것, 지방의 환경단체들과 연계하여 그들의 전문 지식을 정책 결정 과정에 활용하기 위해 새로운 위원회나 환경 작업 집단으로 포함하는 것, 환경 포럼의 창출 등이다.

제 21 제28장에서 묘사한 대로 지방의 이해당사자들과 소수 집단들 모두를 포함시키기 위해 노력한다. 정부는 참여자들에게 의사 결정에 있어서 실제적인 역할을 부여하고자 한다. 의제 설정, 정책의 방향과 우선권의 선택을 토론에 개방하는 것이다.

셋째, 'Yes……but' 전략이다. 이는 정부가 상향식 전략의 수사학을 채택했지만, 참여 과정에 맡기기 어렵거나 그 전략을 바로 수행할 수 없는 곳에서 발생한다. 주된 문제는 그 정부가 환경적으로 피해를 주고 있는 것으로 보이는 몇 가지 정책과 프로젝트에 몰입되어 있다는 것이다. 보다 폭넓은 대화를 위해 정책의 방향과 우선권의 선택은 개방한다. 하지만 현실에서는 몇 가지 이슈들에만 한정한다. 권력 공유의 촉진을 목표로 삼지만 실제로는 통제를 유지하는 것이다.

넷째, 제한된 대화 전략(limited dialogue strategy)이다. 이는 권한이 하향식 방법으로 도출되지만, 여기에 융통성을 더하려는 것이다. 정부는 양방향 과정이지만 제한된 한계 내에서 대중과의 대화를 계획하고 몇 가지 피드백을 얻고자 한다. 정부가 정책의 방향과 우선순위의 선택을 결정하고, 참여로 인한 변화는 주로 세부 사항과 관련된다.

Beierle and Konisky(1999)는 참여의 활성화가 환경 관리 체계에 미치는 영향을 분석했다. 그들은 일련의 '사회적 목표'(Beierle, 1999)[20]를 설정하였는데, 대중을 교육하고 정보를 제공하는 것, 의사 결정의 실질적인 질을 향상시키는 것, 대중의 가치를 의사 결정에 결합하는 것, 경쟁 이익들 사이의 갈등을 해결하는 것, 정부 기관들의 신뢰를 제고하는 것 등이다.[21]

---

20) 공유된 범사회적 이익을 대표하는 일련의 목표들을 말한다.
21) 이들 목표가 기여할 수 있는 것으로는 첫째, 정부-전문가-시민들이 함께 논의하는 데 필요한 역량을 형성하는 것이다. 둘째, 대중을 정당한 지식과 아이디어의 원천으로 바라보게 되고 대안적인 해결책을 창출할 수 있다. 셋째, 위험에 대한 대중과 전문가의 인식 사이에 나타날 수 있는 극적인 차이를 줄일 수 있다. 넷째, 소송과 정체 상태를 극복하고 협력적인 의사 결정의 토대를 구축할 수 있다. 다섯째,

118

그들은 참여의 '맥락'과 '과정'이 이러한 목표들을 달성하는 데 기여했다
고 주장했다.

맥락 변수란 이해당사자들 간의 관계, (정부) 기관에 대한 태도, 문제의
복잡성과 같이 환경 관리 체계의 배경이 되는 변수들을 말한다. 그리고 과정
변수로는 참여 작용을 설계하고 수행하는 절차적 속성들을 들고 있다. 참여
의 맥락과 과정을 파악하는 데 사용한 변수들을 정리하면, 〈표 3-6〉과 같다.

〈표 3-6〉 참여적 환경 관리 체계의 변수들

맥　락	과　정
합의에 도움이 되는 분위기 통솔 기관에 대한 태도 과정에 대한 확신 처리될 문제 문제에 대한 과학적 이해 관할권의 공유 지리적 복잡성	과업의 범위 심사숙고 과정 외부와의 의사소통 참여자들의 자유 상향식 대 하향식 통솔 기관의 관여 의사 결정에 대한 영향 리더십

자료: Beierle and Konisky(1999: 9).

이상과 같은 참여 전략, 참여의 맥락과 과정들이 지방의제 21 추진 기구들
의 상호작용에서 어떤 형태로 나타나고 민-관 파트너십에 어떻게 작용하는
지를 분석하는 데 활용될 수 있을 것으로 보인다.

지방의제 21 추진 과정은 이처럼 지속가능한 발전, 지역 사회, 참여 민주
주의와 장소를 연계하는 하나의 방식을 제공할 것으로 기대된다. 그리고 미
시 수준에서 마을과 근린을 연계한다. 지속가능한 발전 관점에서 사회
적·경제적·환경적 차원들을 지역성(locality)에 뿌리를 둔 하나의 틀에

대중의 정부에 대한 신뢰 감소 문제를 다룰 수 있다(Beierle and Konisky, 1999:
8)는 점 등을 들 수 있다.

결합시키는 것이다(O'Riordan, 1995). 지속가능성 논쟁에서도 보았듯이 지속가능성에 대한 단일한 청사진에 대한 합의가 확실히 존재하는 것이 아니기 때문에 지방의 구체적인 실정에 따라 각기 다른 형태의 추진 과정이 나타날 것으로 보아야 할 것이다.

제3절 사례 분석의 틀

1. 분석틀의 구성

정부의 성과와 대표성을 확보하기 위한 여러 가지 시도들이 어떤 메커니즘으로 진행되고 있는가 하는 경험적 거버넌스 연구들이 축적될 필요가 있다는 점이 거버넌스로서의 지방의제 21 추진 과정에도 같은 맥락에서 이해할 수 있다. 법적 근거 면에서는 각 지방자치단체의 환경기본조례를 근거로 할 수 있고, 지구 환경문제의 지역적 해결을 그 구성 동기로 하고 있다. 또한 자율적인 민-산-관 복합 섹터 기구의 성격을 가지며, 사무 위임 범위는 민간 위탁이다. 그리고 기구는 민-산-관 공동 의장을 통한 추진협의회이고, 재정은 일부 민간 부문의 예산을 포함한 지방자치단체의 보조금으로 이루어져 있는 것이다(김병완, 2001a: 639). 지방의제 21 추진의 거버넌스를 〈그림 3-3〉과 같이 나타낼 수 있다.

<그림 3-3> 지방의제 21 추진의 거버넌스

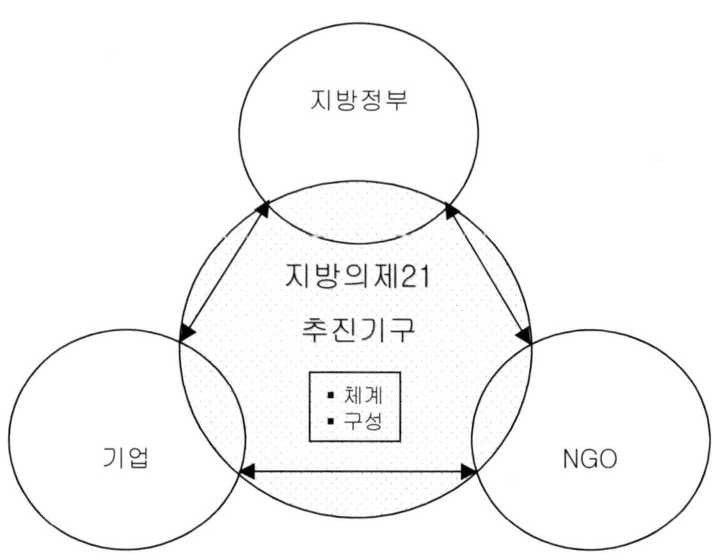

그런데 지방의제 21 추진의 거버넌스는 계층제 방식이나 시장 방식이 아닌 네트워크 방식으로 나타나는 것으로 볼 수 있다. 지방의제 21 추진 기구의 체계와 구성, 그리고 지방의제 21의 수립과 실천 과정은 지방정부, 기업, NGO의 네트워크를 통해 진행하도록 권고되고 있고, 대부분의 경우 실제로 네트워크 방식으로 이루어지는 것으로 알려져 있다. 이를 확인할 필요가 있다. 이러한 네트워크에는 타 지방정부나 타 지방의제 21 추진 기구 혹은 '지방의제 21 전국협의회' 등도 주요 행위자로 연계될 수 있다. 지방의제 21 추진 과정의 네트워크를 〈그림 3-4〉와 같이 나타낼 수 있다.

<그림 3-4> 지방의제 21 추진 과정의 네트워크

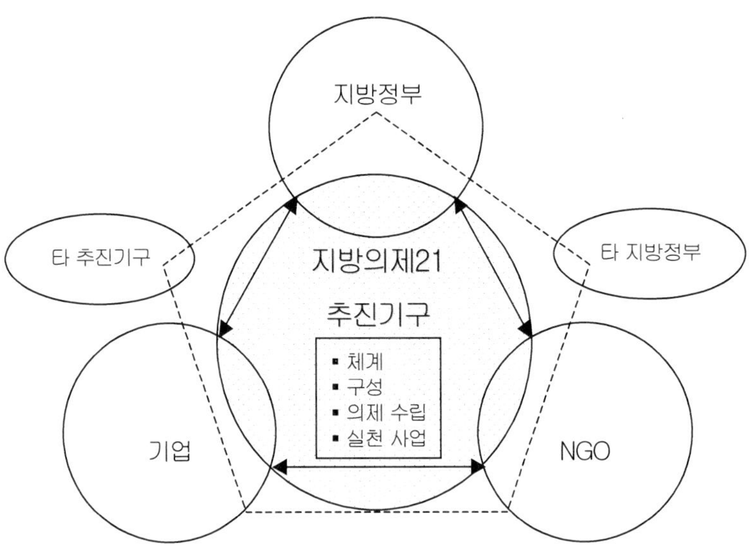

　한편 지방의제 21의 민 - 관 파트너십 참여자들 간 상호작용을 분석함에
있어서 어떤 참여자들의 영향력이 지배적이었는지 그 내용은 무엇이었는지
하는 것과 관련하여 파악해볼 필요가 있다. 이를 지방 정치라고 볼 때, 지금
까지의 지방 정치 연구가 정책 영역별로 세분화될 필요도 있고, 미약하나마
지방 정치로서의 환경 정치(혹은 지속가능한 발전을 위한 녹색 정치)에 대
한 전망을 모색할 수도 있을 것이기 때문이다. 이를 〈그림 3-5〉와 같이 나
타낼 수 있다.

<그림 3-5> 지방의제 21 추진 과정의 지방 정치

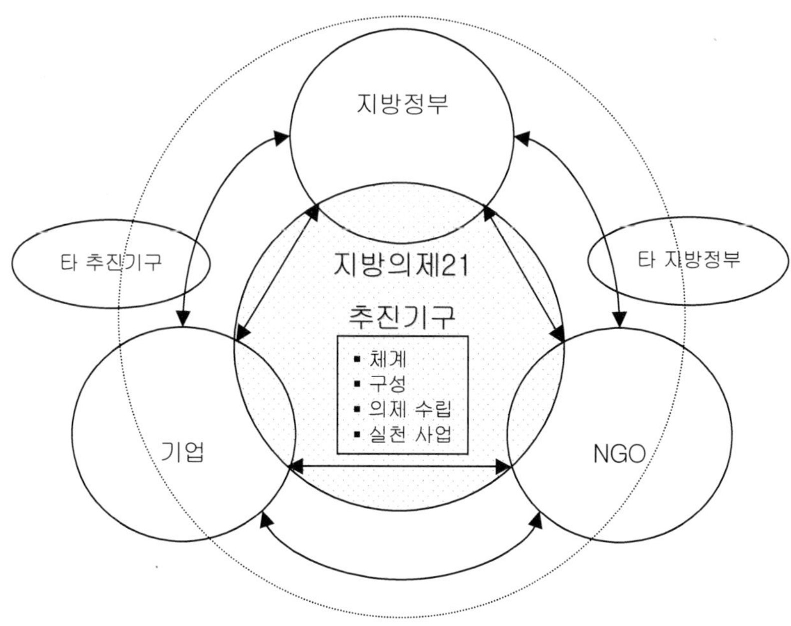

그림에서 볼 수 있듯이 지방정부, 기업, NGO 3자가 지방의제 21의 추진을 제기할 때부터 추진 기구의 체계와 구성을 통해 지방의제 21을 수립하고 실천 사업을 전개하는 과정에서 지방 단위의 각 세력들이 서로 상호작용하며 각기 다른 유형과 정도로 영향력을 발휘할 것으로 볼 수 있다. 타 지방정부와 타 지방의제 21 추진 기구와도 공동 사업이나 협의체 등을 통해 서로 영향을 주고받을 것이다.

이상에서의 논의를 종합하면, 지방의제 21 추진 과정은 지방정부, 기업, NGO가 파트너십을 형성하여 환경과 발전을 조화시킬 지역의 실정에 맞는 의제를 개발하고 그 의제를 실천하기 위한 구체적인 실천 사업을 펼쳐 나가는 과정이다. 지방의제 21은 지구 차원의 계획인 의제 21과의 유기적 연계 속에서 지방 정치의 활성화와 권한 부여를 통해 참여적인 다자간 파트너십을 형성하고 지속가능한 발전을 위한 새로운 제도로서의 의의를 가지고 있다.

〈그림 3-6〉은 이러한 지방의제 21 추진 과정의 민-관 파트너십, 민관 협력의 거버넌스를 분석하기 위한 분석의 틀을 도식화한 것이다.

<그림 3-6> 분석의 틀

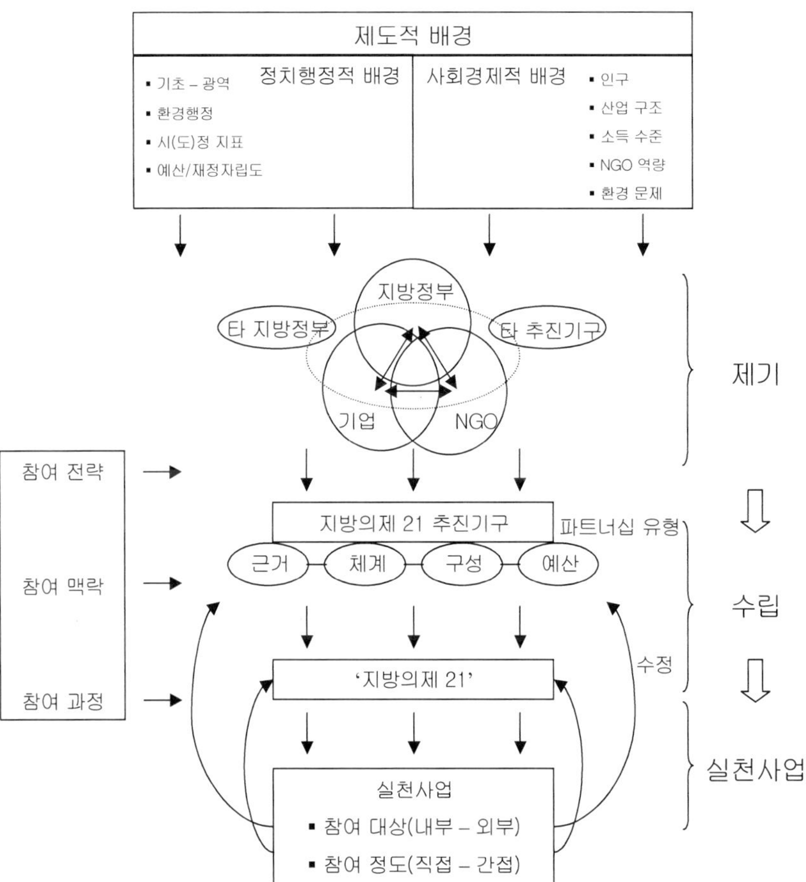

그림에서 보듯이 각 지방정부 지방의제 21 추진 기구의 체계, 구성, 의제, 활동은 각 지방의 정치·행정적 배경과 사회·경제적 배경 속에서 이루어진다. 정치·행정적 배경에는 기초-광역 지방자치단체 여부, 환경 행정의 체계, 시(도)정 지표, 예산 및 재정자립도가 포함된다. 그리고 사회·경제적 배경에는 인구, 산업 구조, 소득 수준, NGO의 역량, 환경문제의 심각성 등이 포함된다.

우선 정치·행정적 배경을 보면, 기초-광역 지방자치단체 여부에 따라 지방의제 21 추진 기구의 체계와 인적 구성, 활동에 영향을 미칠 것으로 기대된다. 사례 연구의 대상에서 기초 지방자치단체인 제천시의 경우 광역 지방자치단체인 충청북도의 지방의제 21과 유기적인 연계를 보일 수 있지만, 상대적으로 좁은 범위의 문제를 다룰 것이며 인적 구성도 제한적일 수 있다. 반면 광역 지방자치단체가 다뤄야 할 문제의 범위는 상대적으로 넓을 것이며 NGO의 기초 지부 등이 포함되어 기초 지방자치단체와는 체계와 구성이 다르게 나타날 수 있다. 뿐만 아니라 시·군을 포괄하고 있는 전라북도와 달리 인천광역시의 경우는 구·군의 기초의제와 차별성을 갖기 어려울 수 있다.

다음으로 환경행정의 체계는 지방의제 21 추진 기구의 체계에 영향을 미칠 수 있다. 대부분의 지방정부에서 지방의제 21 주관 부서는 환경 관련 부서이기 때문에 지방의제 21 추진 기구의 체계와 연관될 가능성이 높은 것이다. 지방정부가 지방의제 21 추진 기구에 참여하는 방식과 추진 기구를 지원하는 방식에도 영향을 미칠 것으로 기대할 수 있다.

시정 지표 혹은 도정 지표는 지방자치단체장의 정책 운용 방향을 일정 정도 담고 있다고 할 수 있다. 지방자치단체장의 정책 의지를 표현하는 것으로 볼 수 있기 때문에 환경문제 혹은 지역 개발 등 지역의 현안을 담고 있다고 할 것이다. 이를 통해 지방의제 21의 추진에 대한 지방자치단체장의 의지나 추진 방향을 간접적으로 살펴볼 수 있을 것이다.

예산이나 재정 자립도는 지방의제 21 추진 기구의 물적 기반이 된다. 예산 특히 재정자립도가 높을 경우 지방의제 21 추진 사업을 적극적으로 지원하거나 다양한 참여자들의 참여를 활성화시킬 가능성이 높다. 또한 예산상의 제약은 지방의제 21의 추진을 소극적으로 만들거나 다른 방식의 예산 조달이 등장하게 하는 요인이 될 수도 있다.

사회·경제적 배경으로 인구와 산업 구조는 환경문제와 깊은 관련성이 있다. 인구가 많을수록, 그리고 2차 산업의 비중이 높을수록 각종 도시 문제가 누적되고 환경문제를 악화시키며 이에 따라 구성원들의 문제 해결에 대한 관심을 높여 파트너십의 체계와 구성, 활동과 참여에 영향을 미칠 수 있다. 즉 환경문제의 직접적인 해결을 위한 체계가 될 가능성이 높고 더 다양한 구성을 보일 수 있을 것이다. 또한 참여자들의 활동이 적극적이거나 참여도가 높을 가능성이 있다고 본다.

소득 수준의 경우 소득 수준이 낮을수록 환경에 대한 관심보다는 지역 개발에 대한 관심을 높일 가능성이 많다. 반면에 소득 수준이 높을수록 환경문제에 대한 관심도 높아 지방의제 21 추진 과정의 참여가 높을 것으로 기대할 수 있다.

마지막으로 NGO들의 역량 역시 지방의제 21 추진의 체계와 구성, 그리고 파트너들의 상호작용에 영향을 미칠 수 있다. NGO의 역량이 높을수록 지방의제 21 추진 기구에 적극적으로 참여하고, 추진 과정을 주도할 가능성이 높다. 반면 NGO의 역량이 낮을수록 추진 기구에 수동적으로 참여하게 될 가능성이 높다.

지방의제 21 추진 과정은 크게 세 단계로 나눠 분석할 것이다.[22] 첫째,

---

22) Waddock(1989)은 파트너십의 진화 모형을 제시하면서 배경 단계, 창시 단계, 확립 단계, 성숙 단계 등으로 진화 단계를 구분하였다. Waddock의 모형에 비춰보면, 지방의제 21 추진 과정의 배경 단계, 창시 단계는 구분할 수 있지만, 확립 단계와 성숙 단계의 구분이 애매할 수 있어 지방의제 21 추진의 제기, 지방의제 21의 수립, 지방의제 21 실천 등으로 단계를 나누는 것이 분석에 도움이 되는 것으로 판단하였다.

파트너십의 형성 단계로서 제기자가 지방의제 21 추진을 제기하는 단계이다. 형식적인 환경 선언과 지방의제 21 보고서 제출로 끝났던 인천광역시와 전라북도의 경우는 실제적인 민-관 파트너십에 의해 재추진되기 시작하는 단계가 여기에 해당한다. 지방의제 21 추진 과정의 민-관 파트너십은 중앙정부와 지방정부 또는 NGO들의 문제 제기에 의해 진행된다. 이러한 파트너십은 조례나 운영 규정 등의 고유한 법적·제도적 근거, 추진 예산을 기반으로 한다. 그리고 각 지역 실정에 맞게 추진 기구의 체계와 구성이 갖춰진다.

둘째, 지방의제 21 수립 단계로서 지역의 환경문제를 분석하고 지역 실정에 맞는 의제를 개발하는 단계이다. 각 지역 실정에 맞게 갖춰진 추진 기구의 활동을 통해 각 지방정부의 종합적 환경 관리 계획이라 할 수 있는 지방의제 21을 수립하게 된다.

셋째, 지방의제 21 실천 사업 단계로서 수립된 지방의제 21을 실천하기 위해 구체적인 사업을 펼치는 단계이다. 실천 사업은 추진 기구 내부 파트너들의 파트너십을 강화하는 형태나 시민 등 추진 기구 외부 참여자들을 참여시키는 형태로 나타날 수 있다. 이때 실천 사업에서 나타난 문제점이 환류되어 체계와 구성이 변화되거나 지방의제 21의 내용이 수정·보완될 수도 있다.

이러한 추진 과정은 지방정부의 참여 전략, 파트너들의 추진 기구 참여에서 살펴볼 수 있는 참여의 맥락과 과정에 따라 다양한 형태로 나타날 것으로 보인다. 또한 그에 따라 지방의제 21 추진의 민-관 파트너십을 제약하거나 활성화시키는 데 기여할 것으로 볼 수 있다. 참여 전략은 Young(1996)의 틀을, 참여의 맥락과 과정은 Beierle and Konisky(1999)의 변수들을 응용하기로 한다.

이처럼 지방의제 21 추진을 위한 민-관 파트너십의 제기, 체계와 구성, 지방의제 21의 수립, 실천 사업 등은 지방정부, 기업, NGO 등의 상호작용에 의해 다양한 유형의 파트너십으로 나타날 것이다. 이러한 유형 구분은

Kernaghan(1993)의 틀에 따르기로 한다.

Beierle and Konisky(1999)의 참여적 환경 관리 체계 연구에서 사용된 '맥락' 변수들과 '과정' 변수들 중에서 맥락 변수로는 통솔 기관에 대한 태도, 과정에 대한 확신, 문제에 대한 과학적 이해, 관할권의 공유 등을, 과정 변수로는 과업의 범위, 심사숙고 과정, 외부와의 의사소통, 통솔 기관의 관여, 리더십 등을 활용하기로 한다. 맥락 변수 중에서 합의에 도움이 되는 분위기, 처리될 문제, 의사 결정에 대한 영향 등은 과정 변수 중에서 심사숙고 과정, 과업의 범위, 관할권의 공유 등에 포함시켜 논의한다.

이와 같은 분석을 통해 정치·행정적 조건과 사회·경제적 조건 등 제도적 배경은 지방의제 21 추진 과정에 어떠한 영향을 끼쳤는지를 밝히고, 지방의제 21 추진 과정에서 나타난 민-관 파트너십 거버넌스의 특성과 파트너십 유형을 분석하며, 참여 전략, 맥락, 과정에 대한 분석을 통해 민-관 파트너십의 활성화 요인과 제약 요인을 밝혀 정책적 함의를 도출하기로 한다.

2. 자료 수집 및 분석 방법

먼저 지방의제 21 추진 과정을 분석하기 위해 2차 자료를 수집하였다. 이와 관련한 자료는 환경부의 「지방의제 21 전국 편람」, 지방의제 21 전국협의회의 「전국 대회 자료집」, 「정책포럼 자료집」 등을 검토하여 얻었고, 통계청과 행정자치부의 「통계연감」, 각 지방정부의 「지방통계연감」, 「환경백서」 등을 통해 구할 수 있었다.

환경부 홈페이지(www.me.go.kr), 지방의제 21전국협의회 홈페이지(www.la21.or.kr), 인천광역시(http://www.inchon-agenda21.or.kr; 현재는 http://iagenda21.or.kr)와 전라북도(http://www.ja21.org) 지방의제 21 추진 기구 홈페이지, 그리고 제천시 지방의제 21을 소개한 웹페이지

(http://www.okjc.net/excp-environment/21.htm; 현재는 http://www.jcla21.or.kr)
에서도 관련 자료를 수집할 수 있었다.

사례 연구의 또 다른 원천으로는 각 지방의제 21 추진 기구들의 「회의록」,
「지방의제 21 보고서」, 「실천사업 총괄 보고서」, 「회의자료」, 각 지방의회의
「회의록」 등을 들 수 있다. 이러한 자료는 사례 지역에 대한 방문 조사를 통
해 구할 수 있었다.

각 지방의제 21 추진 기구 사무실에 대한 방문 조사 시 관련자들과의
면접을 수행하였는데, 2002년 3월~5월에 주로 실시하였다. 면접 대상자
들은 제천시 5명, 인천광역시 5명, 전라북도 7명 등 주로 환경부서 담당
자, 기업과 NGO의 실무자들이었다. 또한 부족한 내용은 관련자와의 전
화 또는 E-mail을 통해 추가로 보완하였다.

파트너십의 기구 체계, 인적 구성, 예산, 참여도 등은 주로 2차 자료를 통
해 분석하였고, 파트너십의 제기자, 파트너들 간의 상호작용과 영향력 등은
주로 관련자들과의 면접을 통해 분석하였다. 또한 실천 사업을 범주화 해 지
방의제 21 추진 기구 외부와의 관계나 상호작용을 분석하였다.

제4장 파트너십의 형성 단계

이 장에서는 각 사례 지역에서 지방의제 21 추진을 위한 민－관 파트너십이 형성되는 과정을 분석한다. 우선 지방의제 21 추진 과정의 민－관 파트너십에 제도적 배경으로 작용하는 각 사례 지역의 일반 현황, 정치·행정적 배경, 사회·경제적 배경 등을 살펴보고, 지방의제 21 추진의 민－관 파트너십이 제기된 과정을 분석한다. 파트너십이 제기되는 과정은 국가 차원에서 제기되는 과정과 각 사례 지역에서 제기되는 과정으로 나눠 살펴보기로 한다.

제1절 파트너십의 배경

1. 일반 현황

1) 제천시

제천시는 1980년 4월 1일 법률 제3188호로 시로 승격되었고, 1994년 8월 3일 법률 제477호 '도농복합형태의시설치에관한법률'에 의거 시·군민 통합 의견수렴 투표 결과 70%의 찬성으로 1995년 1월 1일 제천군과 통합된 도농 통합시이다.

위도상으로 북위 36°48′에서 37°25′에 걸쳐 있는 제천은 산이 많고(산 72%, 경지면적 18%) 바다를 접하지 않은 내륙 지역이다. 차령산맥과 소백 산맥에 둘러싸여 있고 남한강이 동서로 관류하고 있다. 그리고 동서남북이

130

준봉으로 형성되어 있는 해발 240m의 분지형으로서 토지의 기복이 심하고 전체 면적의 약 54%가 표고 300m 이상이며 경사 15° 이상이 약 71%를 차지하는 구릉지형이다. 충주댐의 건설로 상당한 평야가 수몰되어 평야다운 평야는 찾아보기 어려워졌지만, 지하부존자원이 많고 산과 계곡에는 관광 문화자원[1]이 풍부한 편이다.

2000년 현재 행정 구역은 1읍 7면 9동이며 282통 153행정리(113법정리)에 1,912반 487자연부락으로 구성되어 있다. 면적은 882.37㎢이고 인구는 148,308명으로 1990년까지 감소 추세이다가 1995년에 비해 소폭 증가하고 있다(〈표 4-1〉 참조). 인구 밀도는 1980년대 이후 점차 낮아져 1995년에는 155.4명이다가 2000년 들어 162.9명으로 약간 높아진 것으로 나타났다.

〈표 4-1〉 제천시 인구 변화 추이

(단위: 명)

연 도	세대수	인 구			세대당 인구	인구밀도
		계	남	여		
1975	31,535	169,925	87,089	83,474	5.4	
1980	32,503	162,013	82,737	79,276	5.0	184.0
1985	33,946	151,760	77,361	74,399	4.5	172.3
1990	35,724	139,928	70,547	69,381	3.9	158.9
1995	42,958	146,324	73,877	72,477	3.4	155.4
2000	48,519	148,308	74,869	73,439	3.1	162.9

자료: 제천시(2001: 30)에서 재구성.

2) 인천광역시

인천은 조선말 제물포 조약과 한·영 및 한·독 수호조약에 따라 개항함

---

1) 국가지정문화재 8점, 지방문화재 23점으로 보물 5점, 유형문화재 18점, 민속자료 1점, 기념물 7점, 천연기념물 1점 등이다. 이 밖에 비지정문화재로 점말동굴 등 21개 소가 있다.

으로써 근대 항만도시로 성장하기 시작했다. 1981년 7월 1일 법률 제3424호에 따라 직할시로 승격되었고, 1995년 1월 1일 지방자치법 중 개정법률(법률 제4789호)에 의해 인천광역시로 명칭이 변경되었다.

인천의 수리적 위치는 대략 동경 126°37´, 북위 37°28´에 걸쳐 있는데, 한반도의 중심이고 황해에 접해 있으며 한강의 하류에 위치하고 있다. 마니산(468m)과 계양산(395m)을 제외하고는 해발 200m 내외의 구릉성 산지로 이뤄져 있고 큰 하천의 발달도 없다. 또한 유로가 17.5km에 달하는 굴포천을 비롯하여 청천천, 계산천, 시천천, 공천천, 승기천, 만수천, 장수천, 운연천 등이 한강과 황해로 유입된다. 리아스식 해안으로 해안선이 길고 복잡하며 섬이 많으나 대부분(154개 중 112개)은 무인도이다.

행정 구역은 2000년 현재 2군 8구 1읍 19면 116행정동(134법정동) 3,649통 252행정리(122법정리) 21,185통 154개 도서로 구성되어 있고, 면적은 964.53㎢에 달한다. 인구는 1960년대 이후 2000년의 경우 250만 명을 넘어섰는데, 지난 10년간 연평균 7.7%의 인구성장률을 보이고 있다(〈표 4-2〉 참조).[2] 인구 밀도는 도시화의 진전에 따라 1970년대 이후 계속 높아졌는데, 1995년부터 인구 밀도가 낮아진 것은 1995년 3월 1일부터 경기도 관할이던 강화군과 옹진군(대부면 제외), 김포군 검단면 지역이 편입되면서 면적이 넓어진 때문이다.[3]

---

[2] 인천 인구의 급격한 증가 요인은 강화군과 옹진군의 편입 등에 따른 광역화와 상공업 발전 추세에 따라 전국 각지에서 모여들어 정착하려는 사람들이 급증하는 대도시화 현상 때문이다. 인천 출생의 비율은 39.1%, 충청 13.30%, 전라 12.32%, 서울 10.57%, 경기 9.23%로 나타나 순수하게 인천에서 출생한 비율은 40%를 넘지 않는다(이명운, 2000: 30).

[3] 1995년 1월 1일 지방자치법 중 개정법률(법률 제4789호 1994. 12. 20 공포)에 의해 인천직할시에서 인천광역시로 명칭이 변경되었으며, 같은 해 3월 1일 자치구 신설 및 특별시, 광역시, 도 간 관할구역 변경에 관한 법률(법률 제4802호 1994. 12. 22 공포)에 의해 경기도 관할 지역 일부가 편입되었다(인천광역시, 2001a: 45).

<표 4-2> 인천광역시 인구 변화 추이

(단위: 명)

연 도	세대수	인 구			세대당 인구	인구밀도
		계	남	여		
1975	165,402	799,982	398,278	401,704	4.84	4,034
1980	243,625	1,083,906	542,215	541,691	4.45	5,393
1985	339,580	1,386,911	692,516	694,395	4.06	6,716
1990	485,870	1,817,919	915,079	902,840	3.74	5,732
1995	731,080	2,362,132	1,193,395	1,168,737	3.23	2,473
2000	829,164	2,562,321	1,296,053	1,266,268	3.09	2,657

자료: 인천광역시(2001a: 63-64)에서 재구성.

3) 전라북도

전라북도의 총 면적은 8,047.54㎢로서 남한 면적의 8.1%로 16개 광역시·도 가운데 6위를 차지하고, 시·군별로는 완주군이 821㎢로 가장 넓고 전주시가 206.28㎢로 가장 좁다. 1963년 1월 1일 전라북도에 속해 있던 금산군과 익산군 황화면이 충청남도로 편입되고, 계화도 등 서해안 간척사업으로 해면이 육지가 됨에 따라 현재의 면적이 되었다.

지형적으로 볼 때 동쪽이 높고 서쪽이 낮은 계단식 지형을 이루고 있는 전라북도는 서쪽에 군산반도, 진봉반도, 변산반도 등의 해안선과 동부의 소백산맥, 노령산맥, 진안분지 등이 있다. 100m 내외의 낮은 파상구릉은 전라북도를 쌀의 주산지로 만들었다.

행정 구역은 2000년 현재 6시 8군 2구 14읍 145면 89행정동(216법정동) 2,617통 5,006행정리(1,462법정리) 23,724반으로 구성되어 있다. 인구는 645,798세대 2,006,500명에 달하는데, 이농 현상에 따라 1980년대 이후 소폭 줄어드는 추세이다(<표 4-3> 참조). 이에 따라 인구 밀도도 1975년 305.1명에서 계속 낮아져 2000년에는 249.3명으로 나타났다.

<표 4-3> 전라북도 인구 변화 추이

(단위: 명)

| 연 도 | 세대수 | 인 구 | | | 세대당 인구 | 인구밀도 |
		계	남	여		
1975	444,643	2,456,403	1,236,641	1,219,762	5.5	305.1
1980	451,978	2,287,689	1,145,795	1,141,894	5.1	284.4
1985	489,783	2,202,078	1,100,948	1,101,130	4.5	273.5
1990	517,354	2,069,960	1,030,300	1,039,660	4.0	257.4
1995	586,794	2,009,651	998,553	1,011,098	3.4	249.4
2000	645,798	2,006,500	997,371	1,009,129	3.1	249.3

자료: 전라북도(2001: 76-77)에서 재구성.

2. 정치·행정적 배경

1) 환경행정의 체계

2000년 말 현재 제천시 행정 기구는 2국 2실 14과 2직속기관, 4사업소로 구성되어 있다. 2000년 말 제천시 공무원의 정원은 927명으로 정무직 1명, 일반직 716명, 별정직 21명, 기능직 189명이고, 직렬별로 보면, 행정직 369명, 환경직 11명, 화공직 7명, 전기직 9명, 토목직 52명, 건축직 12명, 보건직 39명, 기능직 189명, 기타 239명이다. 제천시에 근무하는 환경 분야 부서별 담당 공무원 정원은 151명으로 시 전체 공무원의 16.3%를 차지한다(환경관리과 34명, 산림녹지과 13명, 환경관리사업소 41명, 수도사업소 63명)(제천시, 2001: 35).

제천시의 경우 사회과 위생계에서 공해 업무를 담당하다가 1989년 9월 10일 환경보호계가 신설된 것이 본격적인 환경행정의 시초라 할 수 있다(제천시, 2001: 67). 1991년 7월 29일 환경관리계, 환경지도계, 폐기물관리계로 구성된 환경 분야 최초의 과단위 조직인 환경보호과가 설치되었으며, 1992년 6월 20일에는 기구 개편을 통하여 오수관리계를 환경보호과 내에 신설하였다. 1995년 1월 1일 제천군과의 통합 이후 폐기물관리계를 청소행정계로 개편하였고, 1996년 3월 9일 사회경제국이 사회환경국으로 개편됨에 따라 환경보호과, 청소과로 분리하여 환경행정이 2과 단위 기구로 자리 잡게 되었다.

그 후 정부의 행정 조직 축소 정책에 따라 1998년 9월 26일 환경보호과와 청소과가 다시 통합되어 환경관리과로 개칭되고 현재까지 환경기획담당, 환경지도담당, 수질관리담당, 청소담당, 오수관리담당, 청소시설담당 등 6담당 체계로 운영되고 있다.

2000말 현재 인천광역시의 행정 기구는 1실, 8국, 1본부, 4관 3담당관, 35과 1기획단, 151담당, 10직속기관, 20사업소, 10구·군으로 구성되어 있으며, 공무원 수는 10,298명으로 일반직이 6,467명, 정무직 11명, 기능 및 고용직 2,107명, 기타 1,713명이다(시 본청 975명, 직속기관 및 사업소 3,473명, 구·군청 4,445명, 읍·면·동 1405명)(인천광역시, 2001a: 55). 환경 관련 업무에 관련된 4과 14담당 6사업소 이외에도 기획관리실, 자치행정국, 경제통상국, 도시계획국, 건설국, 교통국 등이 그 성격과 기능에 따라 환경행정을 분산 추진 또는 지원하고 있다. 환경 관련 업무에 근무하는 공무원은 본청 86명, 직속기관 및 사업소 1,136명, 구와 군에 206명 등 총 1,342명으로 전체의 13.0%에 해당한다.

인천광역시에서 환경 관리 업무를 담당하는 조직은 1960년 10월 14일 보건과 위생계(1970년 4월 13일 보사국 위생과 공해방지계)에서 보건 분야 업무를 취급하는 계단위로 운영되다가 1987년 3월 21일에서야 비로소 공해방지계를 청소과와 통합한 환경관리과(환경관리계, 환경지도계, 청소계)가 출범하면서 실질적인 업무를 전담하게 되었다. 1989년 9월 1일 환경관리과의 청소업무가 분리되면서 환경보호과로 개편되었고, 1991년 7월 15일 보건사회국 내의 환경보호과와 청소과, 도시계획국내의 녹지과를 통합한 환경녹지국이 신설되었다.

환경보호과는 1998년 9월 18일 물관리 업무 일원화 및 구조 조정으로 인하여 환경기획담당, 대기보전담당, 자연환경담당으로 구성된 환경보전과로 개편되었고, 청소 업무는 3개 담당(청소행정담당, 재활용담당, 폐기물시설담당)의 청소행정과로 개편되었다. 또한 물관리 업무는 5개 담당(수질행정담당, 수질보전담당, 오수관리담당, 해양보전담당, 하수시설담당)의 물관리과로, 녹지 업무는 3개 담당(녹지조경담당, 공원담당, 산림담당)의 녹지조경과가 담당하는 것으로 개편되었다. 한편 상수도 분야는 상·하수도국을 폐지하고 상수도사업본부로 발족되었다.

이로써 현재 인천광역시의 환경행정 조직은 1국(환경녹지국) 4과(환경보전과, 청소행정과, 물관리과, 녹지조경과) 6개 사업소(가좌환경사업소, 승기수질환경사업소, 공원관리사업소, 송림위생환경사업소, 율도위생환경사업소, 녹지관리사업소)로 운영되고 있다.

2000년 말 현재 전라북도의 행정기구는 2실, 7국, 1본부, 3관 3담당관, 32과 5직속기관, 8사업소, 6시 8군 2구로 구성되어 있으며, 공무원 수는 14,434명으로 본청 934명, 의회 직속기관 및 사업소 653명, 시·군청 8,196명, 읍·면·동 3,548명, 소방 1,103명 등이다.

전라북도에 근무하는 환경행정 분야 근무 인력은 1999년 현재 도 본청의 1국 2과에 40명과 연구·조사·분석 업무를 담당하는 보건환경연구원에 64명, 14개 시·군에 961명 등 총 1,066명이다.[4]

전라북도의 환경 관리 업무는 1970년대까지 보건사회국 보건과 위생계에서 담당하였다가 1980년 2월 1일 보건사회국 환경위생과에 공해방지계가 신설되면서 본격적인 환경행정 조직의 막을 올리게 되었다(전라북도, 2000:

---

4) 자료 접근의 한계로 2000년 자료를 구할 수 없어서 정확한 비율을 알 수 없었다.

55). 1991년 1월 31일 보건사회국이 보건환경국으로, 환경보호담당관실이 환경보호과로 개칭되었고, 1992년 7월 13일 환경보호과를 환경관리과로 변경하고 환경기획계, 환경관리계, 청소계를 두었다. 1994년 7월 24일에는 환경관리과의 청소계를 폐기물관리계와 폐기물시설계로 분리·설치하였고, 1995년 6월 24일에는 건설국 도시개발과의 상·하수도계가 환경지도과로 편입되었다. 1996년 10월 17일 보사환경국이 보건환경국으로 개편되면시 환경관리과에 환경관리계, 환경지도계, 환경시설계, 상하수도계를 두고, 환경지도과를 환경보전과로 명칭을 바꿔 수질보전계, 대기보전계, 폐기물관리계를 두었다. 또한 내무국 사회진흥과 자연보호계가 환경관리과로 편입되었다.

1998년 9월 23일 구조조정을 거쳐 보건환경국을 환경보건국으로 개편하면서 환경관리과를 환경정책과로 명칭을 변경하고 환경정책담당, 환경지도담당, 대기보전담당, 폐기물관리담당을 두었으며, 환경보전과를 수질보전과로 명칭을 변경하고, 수질보전담당, 상수도담당, 하수도담당으로 분리하였고, 건설교통국 건설행정과의 자연 공원 관리 업무가 환경정책과로 이전되었다.

세 지역을 비교해 볼 때, 인천광역시의 환경행정이 가장 세분화되어 있는 것으로 판단된다. 즉 환경녹지국 내에 환경보전과, 청소행정과, 물관리과, 녹지조경과 등 4개의 과가 있고, 6개의 위생 및 녹지관리사업소가 있다. 그리고 보건위생과는 사회복지여성국에 소속되어 있다. 제천시의 경우는 총무사회국 내 환경관리과에 환경기획, 환경지도, 수질관리, 청소, 청소시설, 오수관리담당제를 운영하고 있고, 환경관리사업소와 수도사업소를 별도로 운영하고 있다. 반면 전라북도는 환경보건국에 환경정책과, 수질보전과, 보건위생과를 두고 있으며, 보건환경연구원과 산림환경연구소를 운영하고 있다.

각 사례 지역의 지방의제 21 주무 담당 부서는 각각 환경관리과(제천시), 환경보전과(인천광역시), 환경정책과(전라북도) 등이다.

2) 시(도)정 지표

환경 정책의 특성 중에서 지방자치단체장의 환경 정책에 대한 관심 정도가 도시의 환경 수준에 큰 영향을 미친다(이시경, 2000: 35). 우리나라의 현실정에 비추어 볼 때 지방자치의 활성화는 긍정적인 효과와 문제점을 노출할 두 가지 가능성을 가지며 환경 정책의 획기적인 변화를 가져올 수 있다. '난개발'의 현실과 우려에도 불구하고 민선 지방자치단체장의 등장이 지방정부의 환경을 강화시킬 것인가 혹은 약화시킬 것인가 하는 문제는 더 많은 검증이 필요할 수도 있다(이시경, 2000: 190).

현재의 지방자치단체장들이 지방선거에서 '환경' 부문을 주요 공약으로 내세웠는지 명시적으로 확인할 수는 없었다.[5] 시화호 간척사업이나 핵폐기장 건설, 새만금 간척사업 등 환경 관련 현안들이 민감할 당시 벌어진 지방선거에서 후보들은 중립적인 입장을 보이거나 상황에 따라 입장을 바꾸기도 한다.[6]

한편 각 지방정부의 '시(도)정 지표'를 통해 환경 정책에 대한 의지를 간접적으로 알 수 있다. 〈표 4-4〉는 사례 지역의 시(도)정 지표를 정리한 것이다. 제천시, 인천광역시, 전라북도 모두 문화와 복지를 강조하고 있다. 제천시와 전라북도는 참여와 자치를 지표로 설정하였다. 그리고 인천광역시에서만 '실천적 환경시책을 전개하는 환경도시 지향'을 명시하고 있는 것으로 나타났다.

---

5) 예를 들어, 당시 제천시장은 1기, 2기 민선시장을 연임하고 있는데, 1기와 2기의 공약을 보면, 지역 경제 활성화, 생활 개선과 보건 복지 향상, 복지 농정 등을 주요 공약으로 내세웠다(제천선거관리위원회, 선거정책자료집).

6) 예를 들어, 유종근 전라북도지사는 새만금사업을 친환경적으로 추진하겠다는 입장을 보이다가 문제점이 지적된 후에는 '지사직을 걸고 새만금사업을 강행하겠다'고 발표해 환경단체 등의 항의를 받기도 했다(http://sos.kfem.or.kr, 2002. 2).

〈표 4-4〉 사례 지역의 시(도)정 지표

구 분	민선2기 시(도)정 지표
제천시	· 자치행정의 정착 · 시민복지의 향상 · 향토문화의 창달 · 지역개발의 촉진
인천광역시	· 가장 인간다운 삶을 영위하는 복지도시 실현 · 문화·예술의 기틀이 잘 마련된 문화도시 창조 · 실천적 환경시책을 전개하는 환경도시 지향 · 지식·정보화가 완벽히 갖추어진 지식도시 구현 · 물류·교통체계가 잘 완비된 국제도시 건설
전라북도	· 도민이 참여하는 '민주행정' 실현 · 세계로 뛰는 '경제행정' 추진 · 골고루 잘 사는 '복지행정' 구현 · 삶의 질을 높이는 '문화행정' 실현

자료: 제천시(http://www.okjc.net); 인천광역시(www.inpia.net);
　　　전라북도(http://www.provin.jeonbuk.kr).

3) 예산과 재정자립도

지방정부의 재정 규모가 환경정책을 적극적으로 추진하는 데 영향을 줄 수 있는지는 분명하지 않지만, 지방의제 21 추진과 같은 새로운 사업을 지원할 수 있는 하나의 조건이 될 수도 있다. 특히 재정자립도가 높을수록 지방정부가 지역의 실정에 맞는 지방의제 21에 관심을 둘 가능성이 높다고도 볼 수 있다. 〈표 4-5〉는 사례 지역의 예산 규모와 재정자립도를 정리한 것이다.

예산은 전라북도가 가장 많고 제천시가 적다. 하지만 본청 예산으로 보면, 기초 자치단체들의 규모가 작은 인천광역시의 예산이 가장 많다. 재정자립도를 보면, 제천시의 재정자립도가 1999년 22.8%에서 2001년 28.6%로 약간 높아졌고, 전라북도의 재정자립도는 1999년 31.7%에서 2001년 27.7%로 낮아졌다. 그리고 인천광역시의 재정자립도가 가장 높은 것으로 나타났다.

〈표 4-5〉 사례 지역 예산 규모 및 재정자립도

(단위: 백만 원, %)

사례지역	1999		2000		2001	
	예 산	재정자립도	예 산	재정자립도	예 산	재정자립도
제천시	167,470	22.8	199,694	22.2	219,981	28.6
인천광역시 (본청)	2,485,913 (1,746,627)	81.3 (82.1)	2,836,890 (1,969,207)	77.0 (77.2)	3,839,106 (2,812,956)	77.7 (76.3)
전라북도 (본청)	3,515,776 (1,385,432)	31.7 (20.9)	3,712,024 (1,320,014)	31.4 (22.8)	4,577,873 (1,712,277)	27.7 (18.5)
재정자립도 비교	전국평균 (순계규모)	59.6		59.4		57.6
	특별시·광역시 (총계규모)	88.1		84.8		84.8
	도 (총계규모)	38.3		37.9		35.2
	시 (총계규모)	52.0		50.6		49.6
	군 (총계규모)	23.4		22.0		21.0
	자치구 (총계규모)	52.3		46.9		45.0

자료: 행정자치부(2000-2001).

3. 사회·경제적 배경

1) 산업 구조와 소득 수준

도시의 산업적 특성은 도시 환경오염에 좀 더 영향을 미친다고 볼 수 있는데, 그중 특히 산업 구조의 특성과 공해 배출 업소의 비율 등이 중요한 변수가 된다(이시경, 2000: 34). 또한 산업 구조에 따라 대기, 소음, 수질 문제 등 각종 환경문제가 유발될 가능성이 높기 때문에 크고 작은 환경 사건이

140

발생하여 시민들의 환경문제에 대한 경각심이나 관심을 불러일으킬 가능성
도 많다고 할 수 있다.

〈표 4-6〉은 제천시, 인천광역시, 전라북도의 산업별 취업자 및 산업 구조
를 정리한 것이다. 제천시는 도농통합시로서 3차 〉 1차 〉 2차 산업의 구조
를 보이고 있고, 전라북도 역시 농촌 지역이 많아 같은 구조를 보이고 있다.
인천광역시의 경우 3차 〉 2차 〉 1차 산업의 구조를 보이고 있는데, 3차 산
업의 비중이 매년 높아지고 있다. 1차 산업의 비중이 약간 높아진 것은 경기
도 지역의 일부가 편입된 때문이다.[7]

〈표 4-7〉에서는 사례 지역들의 소득 수준을 살펴볼 수 있다. 제천시가 속
해 있는 충청북도의 지역 내 총 생산 구성비는 3.3%에서 3.7%로 나타나고
있는데, 구성비가 1994년 이후 약간씩 높아지고 있다. 인천광역시의 구성비
는 4.5%에서 5.0%로 나타나는데, 최근 들어 구성비가 약간씩 낮아지고 있
다. 전라북도의 구성비는 3.5%에서 3.7%로 나타나는데, 역시 최근 들어 구
성비가 약간씩 낮아지고 있다.

---

7) 이명운(2000: 29-35)은 인천의 도시 특성을 공업 도시, 서울의 위성 도시, 부가가치
   의 역외 유출 등으로 표현한다. 서울과 인접해 인천의 발전에 도움은 되었지만, 다
   른 한 편으로 인천 경제가 자립적인 재생산 구조를 갖추거나 시민들의 생활에 밀착
   되지 못한 채, 끊임없이 중앙 경제에 종속되는 결과를 가져왔다는 것이다.

〈표 4-6〉 사례 지역의 산업별 취업자 및 산업 구조

(단위: 천 명)

연도	제천시				인천광역시				전라북도			
	합계	1차 산업	2차 산업	3차 산업	합계	1차 산업	2차 산업	3차 산업	합계	1차 산업	2차 산업	3차 산업
1996	652 (100)	179 (27.5)	123 (18.9)	350 (53.7)	1,030 (100)	9 (0.9)	348 (33.8)	673 (65.3)	854 (100)	244 (28.6)	124 (14.5)	486 (57.0)
1997	658 (100)	179 (27.2)	114 (17.3)	365 (55.5)	1,081 (100)	8 (0.7)	356 (32.9)	717 (66.3)	853 (100)	230 (27.0)	120 (14.1)	503 (59.1)
1998	638 (100)	173 (27.1)	113 (17.7)	352 (55.2)	993 (100)	12 (1.2)	315 (31.7)	666 (67.1)	826 (100)	232 (28.1)	94 (11.4)	500 (60.4)
1999	639 (100)	168 (26.1)	115 (18.0)	356 (55.9)	1,029 (100)	15 (1.5)	321 (31.1)	693 (67.3)				
2000	655 (100)	153 (23.4)	129 (19.7)	373 (56.9)	1,092 (100)	17 (1.9)	342 (31.3)	733 (71.6)				

자료: 제천시(2001: 94), 인천광역시(2001a: 94-95), 전라북도(2000: 37)에서 재구성.
주: 괄호 안은 구성비(%)임.

〈표 4-7〉 사례 지역 내 총생산

(단위: 십억 원)

사례지역 / 연 도	충청북도	인천광역시	전라북도
1994	10,163.8(3.3%)	15,073.8(4.9%)	11,145.0(3.6%)
1995	11,846.3(3.3%)	18,007.0(5.0%)	12,971.7(3.6%)
1996	13,691.2(3.4%)	19,721.1(4.9%)	14,621.0(3.7%)
1997	15,325.5(3.5%)	21,148.8(4.9%)	15,459.3(3.6%)
1998	15,370.5(3.6%)	19,738.4(4.6%)	15,370.5(3.5%)
1999	17,475.4(3.7%)	20,937.3(4.5%)	17,475.4(3.5%)

자료: 인천광역시(2001a: 578)에서 재구성.
주: 경상가격. 괄호 안은 구성비.

2) NGO의 역량

도시 환경에 미치는 사회적 특성의 하나가 시민의 환경 의식과 환경 운동의 활성화 정도를 들 수 있다. 시민들은 환경문제 발생의 원인자이기도 하지만 동시에 직접적인 피해자이기도 하기 때문에 환경문제 해결, 나아가 공동체 내에 생태적 기능을 복원해 내는 실질적인 관건은 이들이 환경문제 해결의 직접적인 실천자로 나서는 정도에 달려 있다고 할 수 있다(이시경, 2000).

민간단체, 특히 환경단체는 환경 보호의 필요성을 확실히 인식하지 못하고 있는 일반 국민들이 환경 규제의 강화를 요구하는 지지 집단이 되도록 동원하고, 이를 통해 정치 체제로 하여금 환경문제를 적극적으로 해결하도록 압력을 가하며, 다른 한 편으로는 환경 규제의 반대자인 기업 집단을 누르는 환경 규제 선도자로서의 역할을 수행할 수 있다(정준금 외, 1999: 256-257).

지방의제 21이 좁은 의미의 환경문제에 개입하기보다는 환경문제와 관련된 다양한 문제들을 종합적으로 다룬다는 점에서 그 추진 과정에 환경단체만이 참여하는 것은 아니다. 환경문제가 중심이 될 수밖에 없기 때문에 주로 환경단체들이 적극적으로 참여하고 있다. 그 밖의 다양한 시민·사회단체들 역시 지방의제 21 추진 과정에 참여하고 있는데, 이들 단체의 경우는 다른 목적을 위한 활동을 전개하면서 환경문제의 사회 이슈화에 따라 단체 활동의 하나로 환경문제에 개입하고 있다.

NGO의 역량을 평가하는 방법에는 회원 수, 이슈 대응 능력 등 여러 가지가 있을 수 있겠지만, 자료 접근의 한계로 단체 수를 살펴보기로 한다. 단체 수 또한 인구 대비로 비교할 수도 있지만, 광역시·도의 경우 그 활동 범위를 한정하기에는 무리가 있으므로 단순 비교를 하기로 한다.8)

---

8) 참고로 신희권(1998)에 따르면, 도시화 정도가 높은 지역에 거주하는 사람일수록 시민운동단체들이 광역 지방정부의 외적 효능감에 미치는 영향에 대해 긍정적인 평가를 내리고 있다. 이외에도 도시화 정도가 높을수록 광역 지방정부에 대한 외적 효능감이 높아지는 경향이 있고, 남자보다 여자가, 도시화 정도가 낮은 지역에 거주하는

〈표 4-8〉은 2000년 「한국민간단체총람」에 등록되어 있는 민간단체 현황을 정리한 것이다. 표에서 볼 수 있듯이 수도권을 제외한 지방 민간단체의 수는 극히 낮은 편이다. 구성비로 보면, 전라북도가 5.02%를 차지하고 있어 서울과 경기도를 제외하고는 가장 높으며 제천시가 속해 있는 충청북도가 2.13%로 낮은 편이다. 인천광역시의 경우는 2.80%로 중간 정도라고 할 수 있다.[9)]

2000년 「한국민간단체총람」에 등록되어 있는 제천지역 민간단체로는 제천실업극복대책위원회, 제천양돈영농조합법인, 제천환경운동연합, 제천YWCA 등 4개 단체에 불과하다. 이 밖에 2001년 3월 7일 창립된 '전국 사랑의 녹색운동본부(1991년 5월 창립)' 제천시 지회와 전국자연보호협의회의 산하단체로 1977년 10월에 창립된 제천시 자연보호협의회를 들 수 있다.

〈표 4-8〉 민간단체 현황

	서울	광주	대구	대전	부산	울산	인천	강원	경기	경남	경북	전남	전북	제주	충남	충북
단체수	2,213	131	97	94	170	37	113	77	339	125	104	117	203	53	81	86
비율 (%)	54.78	3.24	2.40	2.33	4.21	0.92	2.80	1.91	8.39	3.09	2.57	2.90	5.02	1.31	2.00	2.13

자료: 시민의 신문(2001).

사람일수록 기초 지방정부에 대한 외적 효능감이 낮아지는 경향이 있다고 판단하였다. 이처럼 도시의 성격에 따라 거버넌스 방식에 대한 대응도 달라질 수 있다.

9) 다른 분야의 NGO에 비하면, 환경문제의 특수성과 환경 운동의 지역적 기반, 그리고 전문화 경향 등으로 인해 환경단체의 수도권 집중도가 낮은 편이기는 하지만, 환경단체의 48.4%가 서울·경기 지방에 집중되어 있다(조희연, 2000). 시민단체의 수도권 집중도는 시민사회단체 57.9%, 지역 자치·빈민 운동단체 37.4%, 사회서비스단체 55.7%, 환경단체 48.4%, 문화단체 64.3%, 교육·학술단체 71.0%, 종교단체 86.0%, 노동·농어민단체 59.8%, 경제단체 91.4%, 국제단체 88.6%, 기타 단체 81.0%이다. 환경단체의 지역별 분포를 보면, 서울 34.8%, 경기 13.6%, 전남 7.0%, 경북 6.3%, 경남 4.5%, 광주 4.5%, 전북 4.2%, 강원 3.5%, 부산 3.1%, 대구 3.1%, 인천 3.1%, 울산 2.8%, 대전, 충남, 충북 2.4%, 제주 2.1%이다.

인천광역시(2001a)가 파악하고 있는 관내 환경단체는 인천환경운동연합을 비롯하여 20개 정도이다.[10] 그리고 전라북도(2000)가 조사한 바에 따르면, 전라북도 내 민간환경단체는 도 단위 조직으로 8개 민간환경단체가 있고, 시·군 단위 조직으로 13개 민간환경단체가 있다.[11]

3) 환경문제

환경문제의 심화, 특히 크고 작은 환경 사건들은 무분별한 개발 위주의 사업에 대해 시민들과 정책결정자들의 문제의식을 확산시켜 지속가능한 발전을 위한 환경 계획의 필요성을 인식시키는 계기로 작동한다.

제천시에서는 그동안 크게 주목할 만한 환경 사건은 거의 없었지만, 몇 가지 영역으로 나눌 수 있는 일반적인 환경문제들이 존재한다(제천시, 2001: 51).[12] 첫째, 도시생활형 환경문제로 자동차 증가, 대기, NIMBY 문제, 생활

---

10) 인천녹색연합, 지역발전연구회, 해병대전우환경봉사단, 인천환경운동연합, 가톨릭환경연대, 인천환경관리인협의회, (사)환경을지키는어머니들의모임, (사)환경보호국민운동본부인천지부, 생명축제조직위원회, (사)한국환경보전실천교육회, 인천녹색소비자연대, 강화도시민연대, 환경오염방지의회, (사)인천광역시해병대전우회, 강화환경지킴이, 청학환경운동인천본부, (사)자연보호인천시협의회, 강화화랑환경보전실천운동위원회, 대자연환경운동연합인천시지부, 청룡환경연합인천시지부 등이다.

11) 도 단위 조직으로 자연보호전라북도협의회, 한국자연보존협회전북지부, 전북환경운동연합, 전북환경보존회, 환경보전협의전북지부, 한국그린크로스전북지부, 전북비누말들어쓰기운동본부, 환경보호국민운동전북지부, 그리고 시·군 단위 조직으로 환경을지키는여성들의모임, 전주녹색연합, 군산환경시민회, 군산환경운동시민연합, 익산환경보전회, 청룡환경연합회, 그린웨미리운동연합, 배산환경감시대, 환경연예인협회, 녹색환경연합김제시지부, 전북환경연합김제통신원, 실천환경보호회, 환경보호국민운동본부 등을 들 수 있다.

12) 제천시가 '청정제천 21'의 추진을 준비하면서 1998년 3월 15일부터 30일까지 제천환경운동연합에 의뢰한 '시민환경의식 설문조사'에서도 이를 알 수 있다. 20세 이상의 제천시 거주 남녀 232명을 대상으로 수행한 이 설문조사에서 제천지역의 환경에 대한 만족도는 '만족한다'는 의견이 31.0%로 나타나 '만족하지 않는다'는 31.8%와 거의 비슷했다. 제천 지역의 환경문제 중 가장 심각한 문제는 쓰레기 문제이며 가장 먼저 해결해야 할 과제로 꼽혔고, 물 문제가 가장 낮게 나타나 제천의 수질

하수 처리 문제, 생태학적 도시 설계 부족 등을 들 수 있다. 둘째, 농촌 생활형 환경문제로 개발 소외 및 제한, 낮은 상수도 및 하수도 보급률, 공단 지역의 오염 심화를 들 수 있다. 셋째, 자연 생태 자원상의 문제로 도로개발 등으로 인한 생태계 연계성 단절, 하천수질오염, 관광지 개발로 인한 오염 등을 들 수 있다.

인천광역시의 경우 인천에서 생산 활동만 하지 주거지로 삼으려 하지 않고, 다른 시도에 비교해서 경제 활동 면에서의 생산력은 높은 편이나 환경 면에서는 사람살기가 좀 힘들다는 양면성을 가지고 있다는 지적이 있다(이명운, 2000: 28). 그래서 대우자동차 부도 여파 등 경제 상황이 어려워졌음에도 불구하고 쾌적한 환경에 대한 시민들의 관심이 지속되고 있다(인천광역시, 2001a: 45-47).

인천의 환경이 심각한 사회 문제로 지적되는 원인에는 여러 가지가 있다(http://www.greeninchon.or.kr/front.html, 2002. 2). 남동 공단과 부평 공단 등 8개 공단과 기타 지역에 2,600여 개 공장이 도심지 주택가에 혼재되어 있고, 특히 서구 검단 지역 등 외곽엔 2,000여 개의 무허가 중소업체들이 난립해 있어 대기 및 수질 오염을 악화시키고 있다. 뿐만 아니라 고철, 바다 모래, 석탄, 사료원료, 목재 등 하역과 운송과정에서 엄청난 분진과 악취 등 공해를 배출하는 인천항이 있고, 2천만 수도권 인구가 매일 먹고, 쓰고, 버리는 엄청난 양의 쓰레기를 매립하는 세계 최대 규모의 수도권 쓰레기 매립지가 있어서 더욱 그렇다. 그리고 인천국제공

상태는 아직 양호하다는 의식을 반영하는 것으로 보인다. 제천에서 자연 환경이 꼭 보존되어야 할 곳은 '의림지'라는 의견이 57.1%로 가장 높았다. 의림지를 자연생태 공원으로 만들자는 의견이 많았다. 제천시의 환경 정책에 대해서는 22.4%가 만족하고 있고, 20.6%가 불만이라고 대답했다. 환경 보존과 개발 이익이 서로 대립될 때, 절대적으로 '환경은 보전되어야 한다'는 의견이 22.4%, '개발 시 환경 훼손은 신중하게 고려하여 최소화해야 한다'는 의견이 63.8%로 나타나 대부분이 환경 보존에 대한 입장을 보였다(제천시, 1999).

항, 송도 신도시, 항만 건설 등 대단위 개발 사업과 송도 LNG 인수기지, 영흥화력발전소, 월미도 등지의 대형 정유기지 등 위험시설물까지 난립해 있어 '공해백화점'이라고 불릴 만큼 인천의 환경 여건은 열악하고 심각한 실정이다.

2000년의 경우에도 문학산 미군부대 주변 토양 유류 오염사건, 영흥도 화력발전수 증설 문제, 천연압축가스버스 충전소 설치 문제, 경인 운하 건설 문제[13] 등 환경 관련 사건이 줄을 이었다.[14] 또한 1993년 당시 환경처가 발표한 '전국 15개 시·도 환경적합성 평가연구'에 의하면, 다른 시·도에 비해 환경행정을 수행할 수 있는 여건은 가장 좋으나 환경실태는 가장 나쁜 것으로 나타났고, 1996년 한국지방행정연구원이 실시한 5개 항목의 삶의 질 수준 측정에서도 타 시도에 비해 최하위로 나타났다(서주원, 2000: 56-57). 최근 환경부·월드컵조직위, 지방의제 21전국협의회가 수행한 월드컵 개최 도시 환경성 평가에서도 인천은 서울·수원·울산·부산·대구와 함께 상대

---

13) 경인 운하는 2012년까지 2단계로 나누어 8년 6개월의 공사 기간을 요하는 총 사업비 1조 8,429억 원이 투자되는 대규모 토목 사업으로 8개 민간업체가 총 사업비의 80%, 한국수자원공사가 20%를 투자하는 민간 유치 사업이다. 사업 구간은 인천과 서울 행주대교 하단을 연결하는 총 길이 18㎞, 수심 6m, 폭100m이나 일부 구간은 200m에 이르는 것으로 되어 있다. 현재 인천 지역 30여 개 시민·환경단체들은 수질 관리의 문제점, 해양 수질 및 생태계에 대한 영향, 해사부두 조성으로 인한 세계적 철새 도래지 파괴, 경제적 타당성 불분명 등을 이유로 이 사업에 반대하고 있다(http://www.cen.or.kr/home/main.htm, 2002. 2).

14) 인천환경운동연합이 선정한 2000년 인천 지역 10대 환경 사건 중 긍정적인 사건은 한 가지에 불과하다. ① 인천을 남북으로 분단시키며 대규모 환경 파괴 우려되는 대형 국책 사업: 경인 운하, ② 누가 인천의 감히 진산을 파괴하는가?: 골프장까지 들어서는 계양산 파괴 바람, ③ 후손에게 대대로 전할 자연 유산: 강화 갯벌 천연기념물 지정, ④ 우리는 숨을 쉬고 싶다: 대기오염 최악 도시 인천, ⑤ 오만한 점령군의 흔적을 남겼는가?: 문학산 미군기지 환경오염 사건, ⑥ 인천에는 바다가 없고 국방부만이 존재한다: 주민 의견 무시하는 영종도 해안 철책선, ⑦ 인천 앞바다가 멍들어간다: 해사 채취에 대한 환경영향평가 진행 결정, ⑧ 누가 이 땅의 주인인가?: 반드시 이전해야 할 부평 미군기지, ⑨ 대규모 갯벌 간척의 쓸쓸한 종착역: 또다시 추진되는 김포매립지 용도변경 시도, ⑩ 그대 굴업도를 잊었는가?: 굴업도 이후 5년 만에 다시 추진되는 핵폐기장 건설(http://inchon.kfem.or.kr, 2002. 2).

적으로 열악한 것으로 나타났다.[15]

　전라북도에서도 광공업 부문의 성장, 고속도로 건설, 철도 복선화 사업 등으로 인한 대기·소음 문제, 산업 구조 변화 등으로 인한 도내 4대강(만경강, 동진강, 섬진강, 금강)의 수질 악화, 토양 및 산성비 문제, 야생 동식물의 감소, 폐기물 문제 등이 환경문제로 지적된다(전라북도, 2000: 49-51). 이 가운데 가장 부각되고 있는 문제는 최근까지도 논쟁이 계속되었던 새만금 간척종합개발사업[16]이다.

4. 소 결

　각 사례 지역의 제도적 배경을 정리·요약하면 〈표 4-9〉와 같이 나타낼 수 있다. 광역 지방자치단체나 기초 지방자치단체는 행정 권한에 있어서 차이를 보인다. 특히 광역지방자치단체는 하부에 기초 지방자치단체가 있고 주요 권한이 이들에 대한 통제와 조정에 있기 때문에 '광역의제 21'은 계획으로서의 성격에 더 강조점을 두고 미래 비전을 제시하기 위한 원칙을 강조해

---

15) 이 평가는 도시 환경질 비교와 월드컵 관련 환경 개선 노력 4개 분야 13개 지표, 경기장 건설 및 대회 운영의 환경친화성 2개 분야 8개 항목 39개 지표로 구성되어 있다(환경부, 2002).

16) 새만금 간척종합개발사업은 국토 확장, 산업 용지 및 농지조성, 치수 등의 목적으로 당시 농림수산부에서 구 농촌근대화촉진법 제92조, 제93조 및 제96조와 공유수면매립법 제4조의 규정에 따라 계획된 대규모 간척 사업이다. 새만금 사업의 총괄 기획과 매립 면허는 농림부에서 맡고 있고 설계, 공사, 감리 등의 업무는 농어촌진흥공사에서, 지역 개발과 보상 업무는 전라북도에서 담당했다. 1998년 말 주관 측인 농림부와 농어촌진흥공사는 공유수면매립법과 환경영향평가법 규정에 의한 사업 계획의 변경이나 영향 평가 등 절차를 무시하고 '농지조성'이라는 매립 면허된 내용과는 달리 1994년부터 도시, 공업 단지 및 농수산용지가 포함된 '복합상업단지'를 조성하는 것으로 토지이용계획을 변경하여 추진해왔다(http://sos.kfem.or.kr, 2002. 2). 환경단체의 새만금 간척사업 중단 촉구 운동 등으로 총리실 산하 수질개선기획단에 '새만금 민관공동조사반'이 구성되어 새만금 간척 사업의 타당성 조사를 반복한 적도 있었는데, 결국 2006년 3월 대법원이 사업 추진에 손을 들어 주었다.

야 할 것이다. 반면 기초 지방자치단체의 경우는 관련 집단 간의 역할 분담과 행동 강령의 개발에 더 치중할 필요가 있다(환경부, 1997: 85).

<표 4-9> 사례 지역들의 제도적 배경 비교

구 분		제천시	인천광역시	전라북도
일반현황	기초-광역 구분	기 초	광역시	광역도
	도시 성격	도농통합시	공업도시	도시·농촌
	지 형	내 륙	항 만	평 야
	행정구역	1읍 7면 9동	2군 8구 1읍 19면 116동	6시 8군 2구 14읍 145면 89동
	인구밀도	낮 음	높 음	보 통
정치·행정적 배경	환경행정	1국 1과 6담당	1국 4과 14담당	1국 2과 7담당
	시(도)정 지표	지역개발	환경도시	경제행정
	인구대비 예산	보 통	보 통	낮 음
	재정자립도	낮 음	높 음	낮 음
사회·경제적 배경	산업구조	3차 〉1차 〉2차	3차 〉2차 〉1차	3차 〉1차 〉2차
	NGO 역량	낮 음	높 음	높 음
	환경문제	약 함	심 함	보 통

뿐만 아니라 지역의 특성에 따라 다양한 전략과 대응 방안이 모색되어야 한다(환경부, 1997: 87-144). 우선 시급 도시는 행정 구역 분류상으로 도농통합시, 일반 도시 등으로 분류되고 있지만, 성격상 공업 도시[17)와 일반 도시로 다시 구분될 수 있으므로 도농통합시, 공업 도시, 일반 도시로 대별될 수 있다.

시정부 지방의제 21 추진의 경우 환경 분야의 과제에만 한정되지 않고, 사회·경제적인 환경도 포함될 수 있다. 또한 다양한 주체들 간의 합의 과정을 통해 과제별 우선순위를 정해나갈 것이다. 도농통합시는 85% 이상이 농촌

---

17) 공업 도시 또는 산업 도시는 도시의 경제 구조가 지하자원을 채취하여 형성되든가 또는 중화학 공업 등 그 도시 대부분의 취업자가 이와 같은 업종에 종사하고 있는 도시를 말한다.

지역으로 구성되어 있을 뿐 아니라 여러 가지 이질적인 형태의 공간을 구성하고 있어 주민 생활과 편의성을 확보해야 할 것이다. 공업 도시는 지역 환경문제의 해결을 우선 고려하면서 전반적인 삶의 질 향상을 위해 노력할 필요가 있다. 일반 도시는 환경오염 방지, 자연 환경 복원, 예방적 관리, 도시 기능의 특화 전략 등을 모색해야 할 것이다.

인천광역시와 전라북도는 광역자치단체로서 기초 자치단체들과의 유기적인 협력 관계를 유지하고, 지방의제 21을 광역 차원의 계획 성격에 초점을 둘 수 있다. 그런데 인천광역시의 경우는 공업 도시로서 성장하면서 인구 집중, 대기·물·대지 등의 과도한 남용, 보건, 소음, 지하수·식수의 오염, 주거 지역의 제한 혹은 지가 상승 등 도시 성장에 따라 나타날 수 있는 여러 가지 문제에 직면해 있다. 이에 따라 지역 환경문제에 대한 대응도 고려해야 할 것이다. 한편 제천시와 전라북도는 도시와 농촌 문제를 동시에 고려하면서 지방의제 21을 작성하고 실천해야 할 상황이라 할 수 있다.

정치·행정적 배경 면에서는 표에서 볼 수 있듯이 인천광역시의 환경행정 체계가 가장 세분화되어 있는 것으로 나타났다. 시정 지표에서도 인천광역시는 '환경도시'를 명시하고 있다. 예산은 전라북도가 가장 많고 제천시가 적은 편이다. 인구 대비로 보아도 전라북도의 예산이 가장 많다. 하지만 본청 예산을 기준으로 할 때는 인천광역시의 예산이 전라북도보다 많다. 또한 재정 자립도도 인천광역시가 높고, 제천시와 전라북도는 낮은 편이다.

사회·경제적 배경 면에서는 제천시와 전라북도의 경우 3차와 1차 산업의 비중이 2차 산업의 비중보다 높아 아직까지는 그리 큰 환경문제가 부각되고 있지는 않다. 다만 전라북도에서는 새만금 간척 사업 논란 때문에 지방정부와 NGO들 간의 잠재적인 갈등 요인이 지속되고 있는 상태였다. 인천광역시의 경우는 2차 산업의 비중이 높아 도시·환경문제가 심한 편이다. 더욱이 대단위 개발 사업과 위험시설물까지 난립해 삶의 질 저하에 대한 우려와 NGO와의 갈등 요인이 상존해 있는 상황이다.

제2절 파트너십의 제기

1. 국가 차원의 제기

1992년 리우 환경정상회의에서 의제 21이 채택된 이후 시속가능한 발전을 구현하기 위한 각국의 프로그램과 정책을 담은 실천 계획을 작성하도록 규정함에 따라 각국에서는 국가 차원의 의제 21과 지방정부 차원의 지방의제 21을 작성하기 시작했고, 실천 사업을 준비했다.

우리나라의 경우 '의제 21 국가실천계획'을 준비하면서 관련 부처들이 소관 분야별로 정책을 검토하고(〈표 4-10〉 참조), 이를 환경부가 취합하는 방식으로 진행되었다.[18] 환경부는 1996년부터 지방의제 21 작성 지침을 마련하기 시작했고, 1997년에는 「'지방의제 21' 모델 개발연구」를 발간하여 각 지방정부들이 지방의제 21을 작성하도록 권고하였다.

---

18) 환경부는 1996년 10월 '의제 21 국가실천계획'을 유엔에 제출하였고, 1998년 2월 '92-97년간 의제 21 국가실천계획 추진 실적 평가'를 수행하였으며 1998년 6월 '97-98년도 추진 실적 평가 계획'을 수립하여 각 부처별 자체 평가를 취합한 뒤 1999년 5월 평가 보고서를 만들었다.

〈표 4-10〉 의제 21 각 주제별 주관기관

'의제 21' 각 장별 주제	주관기관(부서)
제1장: 전문	-
제1부 사회경제부문	
제2장: 개도국의 지속가능발전을 촉진하기 위한 국제협력	재정경제부(경협총괄과)
제3장: 빈곤퇴치	보건복지부(국제협력담당)
제4장: 소비행태의 전환	환경부(지구환경과)
제5장: 동태적 인구문제와 지속가능성	보건복지부(국제협력담당)
제6장: 인간보건의 보호증진	보건복지부(국제협력담당)
제7장: 지속가능한 인간정주 개발증진	건설교통부(국제협력담당)
제8장: 의사결정의 환경과 개발의 통합	환경부(환경평가과)
제2부 자원의 보전 및 관리부문	
제9장: 대기보전	환경부(대기정책과)
제10장: 토지자원의 통합적 기획 및 관리	건설교통부(국제협력담당)
제11장: 산림황폐 방지	산림청(국제협력과)
제12장: 사막화 및 한발퇴치	산림청(국제협력과)
제13장: 지속가능한 산지개발	산림청(국제협력과)
제14장: 지속가능한 농업 및 농촌개발	농림부(통상협력과)
제15장: 생물다양성 보전	환경부(자연생태과)
제16장: 생명공학의 환경안전관리	과학기술부(기술협력2과)
제17장: 해양 및 해양생물자원 보호	해양수산부(해양환경과)
제18장: 담수자원의 질과 공급보호	환경부(수질정책과)
제19장: 유해화학물질의 환경안전관리	환경부(화학물질과)
제20장: 유해폐기물의 불법교역방지와 환경안전관리	환경부(폐기물정책과)
제21장: 고형 및 하수폐기물의 환경청정관리	환경부(생활폐기물과)
제22장: 방사성폐기물의 환경안전관리	산업자원부(원자력산업과)
제3부 주요그룹의 역할강화부문	
제23장: 전 문	
제24장: 지속적 균형발전을 향한 여성활동	여성부
제25장: 지속가능한 개발을 위한 아동과 청소년의 역할	문화관광부(청소년정책과)
제26장: 원주민과 원주민공동체 역할의 인식강화	외교통상부(환경협력과)
제27장: 민간단체의 역할강화	환경부(민간환경협력과)
제28장: 지방자치단체의 역할강화	환경부(정책총괄과)
제29장: 노동자와 노동조합의 역할강화	노동부(국제협력담당)
제30장: 산업계	산업자원부(산업입지환경과)
제31장: 과학기술계	과학기술부(기술협력2과)
제32장: 농민의 역할강화	농림부(통상협력과)
제4부 이행수단부문	
제33장: 재원 및 재정체계	재정경제부(경협총괄과)
제34장: 기술이전·협력과 능력배양	환경부(환경기술과)
제35장: 지속가능한 개발을 위한 과학	과학기술부(기술협력2과)
제36장: 교육, 홍보 및 훈련	환경부(민간환경협력과)
제37장: 지속가능한 개발능력 확충을 위한 국내체계와 국제협력	환경부(지구환경과)
제38장: 지구환경보전 국제제도와 장치	외교통상부(환경협력과)
제39장: 국제법적 장치 및 체제	외교통상부(환경협력과)
제40장: 의사결정에 필요한 정보	환경부(지구환경과)

자료: 환경부(1999. 5).

그런데 지방정부들이 지방의제 21을 작성하고 추진하기 시작했음에도 불구하고 아직 추진하지 않거나 미흡한 지방정부들이 많아 환경부는 1998년 3월 10일 지방정부들에게 재차 요청하였다.[19]

지방의제 21의 추진 과정은 아직까지도 중앙집권적 경향이 강한 우리나라 풍토에서 하향식 방식, 즉 중앙정부가 기본 방향과 지침을 만들면 광역자치단체에서 이를 좀 더 구체화시키고, 이 구체회된 지침이 다시 기초 자지단체에 전달되어 구체적 행동 계획으로 집행될 것으로 여겨졌다(이시경, 2000: 91).

그러나 이러한 가정은 기각되었다(이시경, 2000: 91-92). 많은 기초 자치단체들이 광역자치단체나 심지어 중앙정부보다도 훨씬 빨리 지방의제 21을 추진하였고, 지방정부들이 지방의제 21을 추진한 이유도 다양하였다는 것이다. 민선 시장의 공약 사업으로 추진한 경우도 있었고 환경보호과의 입지 강화를 위해 추진한 경우도 있었다. 중앙정부의 지침이 아닌 지방자치단체의 필요와 형편에 의해 추진 혹은 추진하지 않은 것이다. 민선 지방자치단체장의 등장이 이러한 특징들을 만들어 내는 데 일조했다고 할 것이다.

이처럼 중앙정부가 초기에 주도권을 상실하고 지방정부별로 지방의제 21 추진의 편차가 나타난 것은 환경부가 지방의제 21을 주관했기 때문이라는 지적이 있다.[20] 지방의제 21은 지역 사회의 특성을 바탕으로 한 '지속가능한

---

19) 248개 모든 광역 및 기초 지방자치단체를 대상으로 한 설문 조사를 실시하여 응답한 138개의 자치단체를 분석한 환경부(2001b: 32)에 따르면, 응답자의 60.6%는 지방의제 21을 추진하게 된 동기가 중앙정부나 광역 자치단체의 권장과 평가 때문이라고 대답했다. 이 밖에 지방자치단체장의 의지 때문이라는 응답이 16.1%, 관련 부서 공무원이 필요성을 인식했기 때문이라는 응답이 10.3%를 차지하고 있다. 그런데 광역 자치단체의 경우 중앙정부나 광역 자치단체의 권장과 평가 때문이라는 응답이 38.5%, 자치단체장의 의지 때문이라는 응답이 23.1%, 지역 전문가나 시민 환경단체의 권장 때문이라는 응답이 15.4%인 것으로 나타났다.

20) 이 때문에 의제가 주로 환경 부문에 치우쳐 있다. 동시에 여러 부분을 다 섭렵하는 것은 현실적으로 아직 어렵다고 보고 점차 다른 분야까지 확대될 것으로 기대되고 있다(푸른약속 전북 21 추진협의회, 2002a: 푸른약속 전북 21 사무처 박훈 간사와의 인터뷰 중에서).

발전'의 비전을 발굴해 나아간다는 의미를 가지고 있지만, 시·군·구 기초
자치단체의 '기초의제', 광역시·도의 '광역의제', 국가 차원의 '국가의제'가
각각 상위 계획과 유기적으로 연결될 필요가 있기 때문에 행정자치부가 주
관할 필요가 있었다는 것이다.[21]

　아무튼 이러한 현실로 인해 중앙정부에서 환경부가 주관하여 지방의제 21
의 추진을 공식적으로 요청하기 이전부터 몇몇 지방정부들이 이미 지방의제
21을 추진하기 시작했다. 우리나라 지방의제 21은 1994년 말 순천시와 안산
시 등이 추진하고 나서면서 견인차 역할을 담당했다고 할 수 있다.

　우리나라 환경정책기본법에서는 지방정부가 지역 단위의 독자적인 환경 계
획을 수립할 수 있는 제도적 보장을 하고 있지만, 지방의제 21 추진이 지방정
부가 본격적으로 독자적인 환경 계획을 수립하는 계기가 되었다고 볼 수 있다.

　순천시와 안산시가 가장 먼저 지방의제 21을 추진하고 나섰지만, 구체적인
결과물로 나타난 것은 1995년 4월 5일 인천광역시의 '그린인천 21' 선언대회
였다. 이를 우리나라 최초의 도시 환경 선언이라고 할 수 있는데, 인천광역
시는 이어 1995년 6월 3일 '그린인천 의제 21'을 작성한 바 있다.

　이후 부산광역시가 1995년 9월 19일 부산에서 열린 '제4차 동북아 환경협
력회의'에 맞춰 '부산 환경 선언'을 발표함과 동시에 '녹색도시 부산 21'을 발
표하였다. 광주광역시에서도 1995년 10월 27일 시와 민간단체들 간의 협의

---

21) 실제로 '청정제천 21 추진협의회'의 제천시 환경관리과 H팀장은 지방의제 21의 추
　　진을 제약하는 가장 큰 요인으로 '중앙정부의 통일적인 지침의 부재'를 꼽았다. 즉
　　'인력, 예산, 조직을 얼마만큼 배당하고, 실천 사업은 언제까지 시행할 것' 하는 식
　　의 지침을 중앙정부가 정한다면, 지방정부가 충분한 인력, 예산, 조직을 배치했을
　　것이라는 말이다. 그는 지방의제 21 추진 업무를 '힘없는 부서'인 환경부가 주관하
　　지 않고 행정자치부가 주관했다면 일사불란하게 추진되었을 것이고, 지방정부에서
　　도 환경과 이외의 관련 부서들이 더 적극적으로 나설 수 있었을 것이라고 주장했
　　다(제천시 환경관리과 H팀장과의 인터뷰, 2002. 4. 9). 지방정부 내에서 보더라도
　　일반적으로 환경 담당 부서에서 업무를 총괄하는 경우가 많아 그로 인해 상대적으
　　로 조직의 위상이나 힘이 약한 환경 담당 부서들이 적극적이고 포괄적으로 지방의
　　제 21을 추진할 추진력이 약할 수밖에 없다(김병완, 2001b).

체인 '푸른광주 21 협의회'를 구성하여 '광주 환경 선언'과 '푸른 광주 21'을 작성하였다(정준금 외, 1999: 297). 이외에도 1996년 2월 14일 전남 순천시가 '그린순천 21 추진협의회'를 구성하였고, 1996년 3월 18일 경북 영덕군이 '그린영덕 21'을, 1997년 6월 5일 서울특별시가 '서울의제 21'을 선포하였다.

2. 사례 지역에서의 제기

1) 제천시

환경부가 지방의제 21 작성 지침을 각 지방정부에 배부하고 일부 지방정부들이 지방의제 21을 준비하기 시작한 1997년부터 제천시에서도 제천시 환경관리과 환경기획팀이 지방의제 21 추진 작업을 준비하고 있었다. 1997년 12월경부터 1998년 2월까지 환경기획팀은 지방의제 21 추진 체제를 구축하기 위해 관련 기초 자료를 조사·수집하고 1998년 3월에는 지방의제 21 추진 계획을 구상하고 있었던 것이다.

하지만 제천시에서 지방의제 21 작성을 본격적으로 준비하기 시작한 것은 1998년 4월 충청북도의 지침을 받은 뒤부터였다. 지방자치단체장의 의지가 약한 상태에서 소극적으로 준비하고 있었다가 환경관리과가 담당해야 할 하나의 사업으로 인식했다고 한다(제천시 환경관리과 H팀장과의 인터뷰, 2002. 4. 9).

1998년 4월 10일 환경관리과 환경기획팀은 지방정부, 기업, 시민이 함께 추진해야 한다는 지방의제 21의 취지에 부합하는 '청정제천 21 추진협의회'를 만들기로 하고, 협의회 위원들을 위촉했으며 4월 20일에는 '청정제천 21 추진협의회 운영 정관'을 제정하였다. 환경기획팀은 타 지방정부의 지방의제 21을 참조하고, 리우 회의에서 주요 참여자로 포함할 것을 권고한 NGO, 사용자단체, 노동자단체, 농민단체, 종교단체, 관련 전문가 등을 망라하기로 했다. 관내

NGO의 역량이 약한 현실에서 환경기획팀이 청정제천 21 추진협의회 참여를 요청한 단체에는 기관단체(이른바 관변단체)들이 주를 이룰 수밖에 없었다.[22]

지방의제 21 추진 체제가 된 청정제천 21 추진협의회는 제천시 환경기획팀의 주도하에 1998년 5월부터 의제 작성을 위한 자료 조사와 여론 수렴에 들어갔고, 이를 토대로 1998년 10월 「지방의제 21 연구보고서」를 발간하였다.

기초 자료 조사가 끝난 후 1998년 11월 청정제천 21 추진협의회는 연석회의를 개최하여 분야별 전략을 논의하고 의제 항목들을 설정했다. 그리고 1998년 12월 18일 제천시 지방의제 21 명칭으로 '청정제천 21'을 확정하고 약 1년간의 설명회 및 수정 작업을 거쳐 1999년 12월 5일 드디어 청정제천 21을 공포하게 되었다. 1999년 5월 31일에는 환경기본조례도 마련하였다.[23]

제천시에서 지방의제 21 추진이 제기된 때부터 청정제천 21이 공포된 때까지의 일지를 정리한 것이 〈표 4-11〉이다.

---

22) 청정제천 21 추진협의회에 참여한 단체는 제천시, 제천교육청, 시의회, 대학 교수 이외에 농협, 제2건국추진위원회, 새마을운동협의회, 바르게살기운동협의회, 자연보호협의회, 노인회, 생활체육협의회, 민주평통협의회, 여성단체협의회, 제천환경운동연합, 문화원, 예총, 민예총, 내재문화센터, 농업인단체협의회, 노총, 리통장 협의회, 청년회의소, 음식업협회, 불교연합회, 기독교연합회, 가톨릭연합회, 아세아시멘트, 기업인협의회 등이다.

23) 6월 21일에 통과·공포된 환경기본조례의 주요 내용은 다음과 같다. 먼저 총칙에서는 용어의 정의, 시·사업자·시민의 권리 및 책무 설정, 범시민운동의 필요성을 명시하고 있다. 둘째, 환경보전에 관한 기본 시책을 명시하고 있다. 셋째, 환경보전 시책의 종합적인 추진을 위해 시환경위원회를 둘 수 있도록 하고 있다. 넷째, 정보 공개와 시민 참여의 방법을 밝히고 있다(제천시, 2001: 123-125). 이 가운데 청정제천 21 추진협의회와 직접적으로 관련되는 조항은 '제2장 환경보전에 관한 기본시책' 제15조(환경보전활동에 대한 재정지원) 제1항과 제2항이다. 제1항에서 '시는 환경보전 및 개선을 위한 시책 추진에 소요되는 경비의 확보를 위하여 재정상의 조치를 강구하여야 한다'라고 밝히고 있다. 제2항에서 '시장은 시민, 사업자, 민간 환경단체 또는 연구기관이 행하는 자주적인 환경 보전 활동의 촉진을 위하여 시설의 설치·운영 및 조사·연구 등에 필요한 정보, 기술 또는 예산이 정하는 범위 안에서 재정지원을 할 수 있다'라고 밝히고 있다. 또한 '제3장 환경위원회 제18조 4항 4번에서 환경위원회는 청정제천 21 추진에 관한 사항을 심의하고 의견을 시장에게 제출하여야 한다'라고 밝히고 있다.

〈표 4-11〉 청정제천 21 수립 일지

단 계	기 간	내 용	비 고
1단계 (추진체제구축)	1997. 12-1998. 2 1998. 3 1998. 3. 15-3. 30 1998. 4-1998. 5	·기초자료 조사 ·구상 및 추진계획 수립 ·시민환경의식 설문조사 ·추진협의회 구성 및 정 관 제정	환경관리과 제천환경운동연합
2단계 (자료조사)	1998. 5-11 1998. 10	·자료 및 현지조사 ·연구보고서 발간	수질, 대기, 폐기물, 생태/문화·복지, 에 너지/교통
3단계 (의제작성)	1998. 11 1998. 12. 18 1998. 12. 29 1999. 1. 21	·추진협의회·분과위 연 석회의 ·'청정제천 21' 명칭 확정 및 연구보고서 설명회 ·연구보고서 설명회 ·기획실무위원회	기획·실무위, 시민단 체 참가 추진협의회·제천환 경운동연합 참가 초안·방향검토, 단위 실천과제선정
4단계 (완성)	1999. 2. 5 - 3. 31 1999. 2. 8 1999. 3. 2 1999. 4. 4 1999. 4. 6-4. 30 1999. 5. 15 1999. 5. 31 1999. 11. 18 1999. 11. 24 1999. 12. 5 1999. 12. 28 2000. 2. 5	·'청정제천 21'(초안) 공고 ·시민설명회 ·전 직원 교육 및 설명회 ·1차 수정판 발간 ·읍·면·동 순회공청회 ·2차 수정판 발간 ·제천시 의회 설명회 ·준비위원회 회의 개최 ·최종계획에 대한 시민 설명회 ·'청정제천 21' 공포 ·「청정제천 21」 발간 ·영문판 유엔 제출, 교육 교재 및 홍보소책자 발간	시보 및 게시판 220명 참가 300명 참가 500부 17차례 200부 환경기본조례제정 최종계획 확정

2) 인천광역시

인천광역시에서는 1993년 9월 인천의 환경문제에 적극 대처하기 위해 인천광역시가 주관하여 4개 분과 27개 시민단체가 참여하여 '깨끗한 인천 만들기 시민협의회'를 창립한 바 있다.[24]

협의회의 참여를 통해 인천광역시는 '깨끗한 인천 만들기 종합계획'과 '환경보전중기종합계획'[25]을 만들었고, 1995년에는 '깨끗한 인천 만들기 시민협의회'에서 '그린인천 21 위원회'를 구성하여 4월 5일 우리나라 최초의 도시환경선언인 '그린인천 21'[26]과 6월 3일에는 '그린인천 시민실천과제(의제) 21'을 발표하였다.

1996년 시민과 NGO의 적극적인 참여를 위해 '깨끗한 인천 만들기 시민연합회'로 탈바꿈하려는 시도가 있었지만 당시의 그린인천 21 선언은 지역의 삶의 질 향상을 위하여 시민·기업·인천광역시가 모두 협력하여 노력해야 한다는 취지는 좋았으나 구체적인 실천 방안이 미흡하여 본래의 취지를 살려내는 데 한계가 있었다(박영복, 1999).

즉 협의체가 구성되었지만 그린인천 21과 '그린인천시민실천과제 21'은 형

---

24) 당시로서는 공식적인 기구가 아니어서 구체적인 분과 내용과 참여 단체에 대한 기록은 남아 있지 않다(인천광역시 환경보전과 K씨와의 인터뷰, 2002. 6. 3). 하지만 여기에 참여한 대부분의 단체가 현재의 지방의제 21 추진 기구에 참여하고 있다고 한다. 이 단체들도 당시에는 조직적으로 참여한 것이 아니어서 당시의 참여 인사를 추적하기에는 어려움이 있었다.

25) 환경보전종합계획의 기본 원칙은 첫째, 환경질을 개선하고 오염 유발 요인을 억제하는 도시, 둘째, 쾌적하고 생태적 유인력이 있는 도시, 셋째, 환경 부하가 적은 자원순환형의 도시, 넷째, 시민 참여가 보장되고 지구 환경 보전에 기여하는 도시 등이다.

26) 그린인천 21은 쾌적한 환경, 건강한 삶, 휴먼포트(Human-port)를 목표로 하고 있으며, 다음과 같이 2015년의 청사진을 제시하고 있다: ① 인천의 하천에서는 물고기가 뛰놀고 가족이 산책하는 풍경을 연출, ② 인천의 도심은 푸른 숲, 질서 있는 교통, 품위 있는 거리로 구성, ③ 인천의 외곽은 역사와 문화가 조화롭게 숨쉬는 아름다운 휴양지 건설, ④ 인천 앞바다는 바닷물을 적시며 낚시와 낙조를 할 수 있는 공간, ⑤ 인천은 세계 시민이 일생 동안 꼭 한 번만은 다녀가고 싶은 도시.

식적인 선언에 그치고 말았고, 지속적인 참여와 파트너십에 의한 지방의제 21 수립 및 실천이라는 리우 회의의 정신과는 거리가 먼 것이었다.

또한 여론 수렴의 한계와 참여 구성원들의 지방의제 21에 대한 이해 부족으로 활동이 침체되었고, 굴업도 핵폐기장 반대 운동 등으로 인한 시정부와 시민·환경단체들 간의 갈등으로 지역 사회 시민·사회단체들의 참여를 이끌어내는 데 한계가 있을 수밖에 없었다.

이러한 한계 상황을 극복하기 위하여 인천광역시는 환경단체들과 깨끗한 인천 만들기 시민협의회의 문제 제기를 받아들여 깨끗한 인천 만들기 시민협의회를 전면 개편하기로 결정하였다.

그 결과 환경녹지국과 깨끗한 인천 만들기 시민협의회는 기업과 시민·사회단체들을 추천하고 인천 지역의 시민·사회단체가 조직적으로 참여하여 시정부, 기업, NGO가 동등한 파트너로 참여하는 '인천환경의제 21 추진협의회'(1997년 3월 27일)가 출범되었다. 기구의 명칭은 많은 논의 끝에 '인천의제 21 추진협의회'로 개정되었다.[27]

인천의제 21 추진협의회는 대기, 물, 생태 문제 등 관리해야 할 목적 대상물별로 9개 분과로 나눠 각 분과별 간사단체를 두고 연구·조사와 토론을 통해 인천의 미래상, 해야 할 일, 구체적인 지표들을 설정하였다. 이후 초안을 마련하고 각 분과별 공청회, 전체 토론회 및 공청회 등으로 의견을 수렴하여 '인천의제 21'을 발표하기에 이르렀다.

깨끗한 인천 만들기 시민협의회 시기부터 인천의제 21이 공포된 때까지의 일지를 정리한 것이 〈표 4-12〉이다.

---

27) 인천지역의 시행착오가 '인천의제 21'의 작성과 실천을 지연시킨 주 요인임에는 틀림없으나 반면에 의제 21 작성에 참여한 구성원들과 시정부 모두에게 의제 21의 작성에 있어 그 과정과 참여 문화의 형성이 얼마나 중요한 것인지를 인식시켜 준 소중한 교훈이 되었다(박영복, 1999).

〈표 4-12〉 인천의제 21 수립 일지

날 짜	내 용
1993. 9	`깨끗한 인천 만들기 시민협의회` 창립
1995	`그린인천 21 위원회` 구성
1995. 4. 5	`그린인천 21` 선언
1995. 6. 3	`그린인천 시민실천과제(의제) 21` 발표
1996. 7. 30	`깨끗한 인천 만들기 시민연합회` 창립준비위원회 발족 및 1차 회의
1996. 9. 10	깨끗한 인천 만들기 시민연합회 창립총회 및 1차 운영이사회
1997. 3. 27	임시총회, `인천환경의제 21 추진협의회`로 명칭 변경
1997. 6. 5	의제위원회(기획단 회의) 타 시·도 사례 분석 및 연구
1997. 10. 3	의제위원회 전체 워크샵 개최
1998. 8. 24	실천협의회 조례(안) 검토, 5개 이내 분과구성 합의
1998. 10. 22	인천의제 21 `살기 좋고 활기찬 인천 만들기` 선포
1999. 2. 22	`인천의제 21 실천협의회구성 및 운영조례` 제정
1999. 5. 27	`인천의제 21 실천협의회` 창립 운영위원회

3) 전라북도

전라북도에서는 환경정책과가 용역을 발주하여 전문가들의 자문을 받아 1997년 6월 5일 `전북환경 21`을 공포하고 보고서를 작성·출간하였으나[28] 형식적인 보고서로서의 지방의제 21이 아니라 정부, 기업, NGO, 도민이 거도적으로 참여하는 추진체로서의 지방의제 21이 되어야 한다는 각성이 있었다.[29]

---

28) 1998년 5월에 출간된 이 보고서는 총 5개 장으로 구성되어 있는데, 인문·사회적 환경, 전북 환경의 질, 환경 대책, 환경 대안과 비전 등의 내용을 담고 있다. 전라북도의 환경의 질은 수환경, 대기 환경, 폐기물의 관리, 녹지 현황 등을 분석했고, 환경 대책은 인문·사회 대책, 수환경 대책, 대기환경 대책, 폐기물 관리 대책, 녹지 보존을 위한 개선 방안, 생태관광지의 개발, 환경 교육의 강화 등의 내용으로 구성되어 있다

29) 당시 전북환경 21 준비 작업에 참여했던 현 `푸른약속 전북 21 추진협의회` 사무처장(당시 전주시 지방의제 21인 `푸른온고을 21` 사무국장)을 비롯한 전문가들과 환경정책과 공무원들이 전라북도의 지방의제 21을 다시 작성하고 실천해야 한다는 데 의견을 모았다. 다른 지방정부에서 지방의제 21을 본격적으로 추진하고 있고, 전북환경 21이 실천 쪽에 무게가 실릴 수 있도록 다시 작성되어야 한다는 데 합의

이를 위해 1999년 8월 31일 환경정책과가 행정, 도의회, 학계, 여성단체, 환경단체, 교육계, 기업, 청소년단체 등 각 부문에서 1인씩 8명을 위촉하여 '의제추진 준비위원회'를 구성하였다.[30] 의제추진 준비위원회는 추진 기구에 공동의장, 기획조정위원회, 도민실행위원회, 기업실행위원회 등을 두기로 하고, 행정적 재정적 지원을 위해 도의 과장 및 시·군의 국·과장 등으로 구성된 행정지원단을 별도로 만들기로 하였다.

1999년 11월 2일 의제추진 준비위원회에서 행정, 기업, NGO 등에 86명을 추천하여 위원 위촉에 따른 수락 여부를 물었고, 그 결과 69명의 위원들이 승낙하였다. 이후 2000년 1월 환경기본조례를 개정하였고, 2000년 6월 '지방의제 21추진협의회설치 및운영규정'을 제정하였으며, 2000년 7월 '전북환경 21 추진협의회'를 창립하였다. 2000년 12월에는 '푸른약속 전북 21 추진협의회'로 명칭을 변경하고, 2001년 1월부터 분과위원회 활동을 통해 2002년 1월 29일 '푸른약속 전북 21'을 공포하였다. 현재 4개 위원회, 3개 분과가 의제 실천 사업을 추진 중이다.

의제추진 준비위원회가 구성된 때부터 「푸른약속 전북 21」이라는 총괄보고서를 발간 및 발표할 때까지의 일지를 정리한 것이 〈표 4-13〉이다.

하였다(푸른약속 전북 21 추진협의회 P위원과의 인터뷰, 2002. 5. 13).

30) 이때부터 참여자들 모두 어느 누구라고 할 것 없이 서로 노력하는 분위기가 형성되었다고 한다(전라북도 환경정책과 S씨와의 인터뷰, 2002. 6. 3). 새만금 간척 사업과 관련하여 갈등을 빚었던 일부 환경단체들을 참여시키기 위한 노력도 아끼지 않았다고 한다.

〈표 4-13〉 푸른약속 전북 21 수립 일지

날 짜	내 용	비 고
1999. 8	'의제추진 준비위원회' 구성	
2000. 1	환경기본조례 개정	
2000. 6	지방의제 21 추진협의회설치 및 운영규정 제정	
2000. 7. 28	창립총회	운영규정. 사업계획 승인. 임원 선출 및 승인
2000. 11. 9	'전북환경 21 추진협의회 워크샵	주제발표 및 토론(120명)
2000. 12. 26	제3차 운영위원회	명칭 및 심벌 공모 심사 및 확정
2001. 1. 31	제1차 정기총회 소준비위원회	정기총회 준비사항 논의
	제1차 분과장 회의	분과 사업계획 수립
2001. 2. 13	제1차 생활환경분과회의	분과 활동방향 논의
2001. 2. 14	제1차 사회경제환경분과회의	분과 활동방향 논의
	제1차 자연환경분과회의	분과 운영방안 논의
2001. 2. 15	제5차 운영위원회	정기총회 관련 내용 승인
2001. 2. 27	제2차 정기총회 개최	신규위원 위촉, 운영규정개정안 통과, 초청강연
2001. 3. 3	제2차 분과장 회의	설문조사 실시 및 연계사업논의
2001. 3. 22	행정지원단과의 간담회	
	제6차 운영위원회	설문조사서 승인 및 사무처 업무보고
2001. 3. 24	제2차 사회경제환경분과회의	의제 주제설정 논의
2001. 3. 26	제2차 교육홍보위원회	2001년도 사업계획 승인
2001. 3. 28	운영위원회 워크샵	
2001. 4. 17	제3차 자연환경분과회의	
2001. 5. 15	제2차 생활환경분과회의	분과 운영방안 논의
	제3차 교육홍보위원회	세부 활동방향 논의
	제7차 운영위원회	분과 활성화 방안. 2·3분기 사업방향 논의
2001. 5. 16-21	일본 생태하천 선진지 견학	시즈오카현 견학 및 민간교류 추진(11명)
2001. 5. 22	산림·도시녹지 관련 워크샵	
2001. 5. 29	제8차 운영위원회	설문조사 결과 워크샵 개최 결정 및 준비
2001. 6. 20	제4차 교육홍보위원회	세부 사업 논의
2001. 6. 21	제5차 자연환경분과회의	산림·녹지관련 워크샵 정리, 설문결과 분석

날　짜	내　용	비　고
2001. 6. 22	제3차 사회경제환경분과회의	의제 주제설정 논의
2001. 7. 4	창립1주년 기념 토론회	의제 작성을 위한 설문조사 결과 발표·토론
2001. 7. 12	제3차 생활환경분과회의	생활환경분과 팀별 실천의제 논의
2001. 7. 19	교육홍보위원회 조찬모임	환경교육 활성화, 시·군 의제 육성 등 논의
2001. 7. 20	생태하천복원과 만경강 생태하천 가꾸기 도민운동 제안회의	자연환경분과 주최, 국내외 사례분석 및 현재 만경강 사업보고 및 토론(50여 명)
2001. 8. 22	제4차 생활환경분과회의	상수원 살리기 실천의제 채택 논의
2001. 8. 23	제6차 자연환경분과회의	만경강 살리기 실천의제 채택 논의
2001. 8. 24	제5차 교육홍보위원회의	환경교육 체계화와 시·군 의제 육성 논의
2001. 8. 28	제4차 사회경제환경분과회의	관광, 기업경쟁력 강화, 농업의제 채택 논의
2001. 8. 30	제10차 운영위원회 회의	사업보고, 전국대회 준비와 의제작성 보고
2001. 9. 14	제11차 운영위원회의	정관·규약 개정, 2002년 예산안 심의·의결
2001. 9. 25	제5차 사회경제환경분과회의	자연친화적 전통관광문화 육성 간담회
2001. 9. 26	친환경적 전통문화관광제안회의	
2001. 10. 5	제1차 의제작성실무소위원회	
2001. 11. 2	제2차 의제작성실무소위원회	
2001. 11. 22	제3차 의제작성실무소위원회	
2001. 11. 29	제12차 운영위원회 회의	
2001. 12. 7	제7차 교육홍보위원회 회의	
2001. 12. 18	의제 작성을 위한 도민 공청회	실천의제 발표와 의견수렴(100여 명)
2002. 1.9-10	각 분과회의	2002 실천의제 검토 및 예산안 수립
2002. 1. 14	신년하례회	정기총회 안건 예비심사
2002. 1. 18	시·군 의제 담당자 회의	14개 시·군 협의회 구성과 소식지발간 논의
2002. 1. 25	제13차 운영위원회의	정기총회 안건 결정 및 사무처장 선임
2002. 1. 29	제3차 정기총회 「푸른약속 전북 21」총괄보고서 발간 및 발표	2001년, 2002년 사업 및 예산 보고(70여 명)

4) 소 결

각 사례 지역 지방의제 21 추진의 형성 단계를 정리한 것이 〈표 4-14〉이다. 제천시에서는 1997년 12월부터 지방의제 21 수립을 위한 기초 조사 계획을 마련하고 있었고, 본격적으로 준비하기 시작한 것은 충청북도의 지침을 받은 1998년 4월 10일부터였다. 지방의제 21 추진은 제천시 환경관리과에 의해서였다.

환경문제가 심한 편인 인천광역시의 경우 일찍이 1993년 9월 '깨끗한 인천 만들기 시민협의회'가 구성되어 1995년 4월 5일 '그린인천 21'을 선언하기도 했지만, 본격적으로 추진되기 시작한 것은 깨끗한 인천 만들기 시민협의회의 참여와 파트너십에 의한 지방의제 21의 추진을 제기하면서 1997년 3월 27일 '인천환경의제 21 추진협의회'로 재구성된 때부터이다.

〈표 4-14〉 지방의제 21 추진의 형성 단계 비교

구 분	제천시	인천광역시	전라북도
시 발	1997. 12 (환경관리과)	1993. 9 (깨끗한 인천 만들기 시민협의회)	1997. 6. 5 (전북환경 21 발표)
촉 발	1998. 4. 10	1997. 3. 27 (인천환경의제 21추진협의회)	1999. 8. 31 (의제추진준비위원회)
원 인	충청북도 지침	NGO의 문제제기	도-NGO 합의
추진 주체	시청 환경관리과	깨끗한 인천 만들기 시민협의회	도-NGO
공 포	1999. 12. 5	1998. 10. 22	2002. 1. 29

전라북도에서는 전문가들에게 용역을 의뢰하여 만든 '전북환경 21' 보고서를 1997년 6월 5일 발표하기도 했지만, 환경정책과와 NGO들이 문제의식을 공유하고 '의제추진준비위원회'를 만든 1999년 8월 31일부터 본격적으로 준비되기 시작하였다.

제천시에서 지방의제 21 추진이 제기된 것은 광역 지방자치단체의 지침과 권고에 따른 것이었다. 이때만 하더라도 제천시 환경관리과에서는 시정부가 떠맡은 또 한 가지의 일이라는 정도로만 인식하고 있었다. 반면 NGO들이 중심이 되어 협의체를 구성한 경험이 있는 인천광역시에서는 NGO들의 제기로 지방의제 21 추진이 제기되었다. 전라북도에서는 형성 단계에서부터 지방정부, 기업, NGO들이 공동으로 지방의제 21의 추진을 준비하기 시작했다. 즉 형성 단계에서는 NGO의 역량에 따라 제기자가 다르게 나타난다고 할 수 있다.

그리고 지방자치단체장의 의지가 어느 정도 작용했는가 하는 것은 확인되지 않았지만, 환경 담당 부서 공무원들의 의지가 형성 단계에서부터 큰 역할을 했던 것으로 볼 수 있다. 전라북도의 경우 환경 담당 부서 공무원들이 다양한 분야의 구성원들을 참여시키기 위해 노력했던 것으로 보인다.

제5장 지방의제 21 수립 단계

　이 장에서는 각 사례 지역에서 지방의제 21을 수립하기 위한 추진 기구의 체계와 인적 구성, 그리고 수립된 지방의제 21의 내용을 분석하기로 한다. 각 추진 기구의 체계와 인적 구성에 대한 분석을 통해 지방의제 21 추진을 위한 민-관 파트너십 거버넌스의 특징을 파악할 수 있을 것이다. 그리고 수립된 지방의제 21의 내용 분석을 통해서는 각 사례 지역의 지방의제 21이 지역의 특성을 담고 있고 '환경'과 '발전'을 조화시키기 위해 노력했는지를 알 수 있을 것이다.

제1절 파트너십의 체계

　각 지방정부의 지방의제 21 추진 기구들은 각각의 독특한 추진 체계와 인적 구성을 가지고 있다. 이러한 체계와 구성은 운영 조례나 운영 정관으로 규정되어 있는데, '청정제천 21 추진협의회 운영 정관'(제천시), '인천의제 21 실천협의회 구성 및 운영 조례', '인천의제 21 실천협의회 운영 규정'(인천광역시), '전라북도 지방의제 21 추진협의회 설치 및 운영 규정', '푸른약속 전북 21 추진협의회 운영 회칙'(전라북도) 등이다.

1. 제천시

1998년 4월 20일에 제정된 제천시의 '청정제천 21 추진협의회 운영 정관'은 청정제천 21 추진협의회의 역할을 다음과 같이 제시하고 있다(제천시, 2000).

① 청성제천 21의 효율적인 실천을 추진하고, 시민·기업·시정부의 참여를 유도할 방안을 제시한다.
② 환경적으로 지속가능한 개발을 위한 정책 대안을 건의한다.
③ 각종 환경오염 행위에 대한 감시 활동을 벌이고, 환경 보전을 위한 시민운동을 전개한다.
④ 청정제천 21의 실천 사업을 평가하고 계획을 수정한다.
⑤ 시민·기업·시정부의 협력 프로그램을 구축한다.
⑥ 청정제천 21 실천 사업에 대한 행정적·재정적 지원 및 협조 체제를 구축한다(제3조 사업).

청정제천 21 추진협의회 운영 정관이 정하고 있는 협의회의 기구도는 〈그림 5-1〉과 같다.

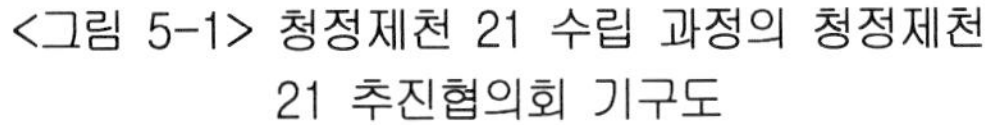

<그림 5-1> 청정제천 21 수립 과정의 청정제천
21 추진협의회 기구도

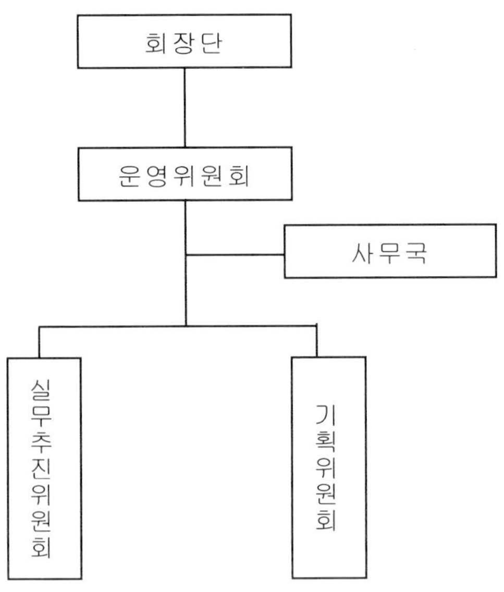

'운영 정관'은 협의회가 50인 내외로 구성되도록 정하고 있는데(제4조 협의회 기구와 임원 제1항), 협의회에는 협의회장 1인과 부회장 2인의 회장단, 그리고 협의회 업무에 조언과 협력을 할 3-5명의 고문을 둔다고 규정하고 있다(제4조 협의회 기구와 임원 제3항). 또한 협의회에 운영위원회를 두고 필요에 따라 분과위원회를 둘 수 있다고 명시했다(제4조 협의회 기구와 임원 제2항). 협의회 업무의 원활한 추진을 위하여 사무국을 두도록 되어 있지만, '제천시 ○○○ 내에 둔다'라고 정하기만 했고, 구체적으로 명시하지는 않았다(제10조 사무국).[1]

운영위원회는 회장단 선출, 분과위원회 구성, 사업 계획의 수립 및 집행 변

---

[1] 청정제천 21 수립 준비 단계에서는 제천시 환경기획팀이 전담하고 있어서 사무실을 필요로 하지 않았다(제천시 환경관리과 H팀장과의 인터뷰, 2002. 4. 9).

경, 예산 및 결산 처리, 협의회 운영 규정의 제정 및 변경 등의 기능을 수행한다(제6조 운영위원회의 기능). 운영위원은 청정제천 21에 대한 해박한 지식과 지역 발전에 헌신적인 인물을 임명하도록 되어 있고(제5조 운영위원회의 구성 제2항), 시정부의 환경 관련 공무원들을 당연직 위원으로 지정하였다.

운영위원회는 5인 이내의 당연직 위원과 영입직 위원으로 구성하되 60인 이내의 위원으로 구성하도록 하고 있다(제5조 운영위원회의 구성 제1항). 운영위원회의 의장은 협의회장이 맡도록 하고 있다(제4조 협의회의 기구와 임원 제4장). 그런데 운영위원의 임명에 대한 규정은 없고 해촉 조항만 존재한다(제8조 운영위원의 해촉).[2]

분과위원회에서는 첫째, 운영위원회에서 위임된 사항, 둘째, 운영위원회에서 안건 처리가 어려운 긴급을 요하는 사항, 셋째, 운영위원회 안건으로 부의하고자 하는 사항의 사전 심의, 넷째, 기타 분과위원장이 필요하다고 판단되는 사항을 심의·처리하도록 되어 있다.

그런데 실제로는 운영위원회에 참여하는 환경기획팀의 공무원들이 지방의제 21 작성을 준비하면서 수립 과정 당시에는 고문을 위촉하지 않았고, 분과위원회로는 기획위원회만 두고 대신 실무추진위원회를 구성하였다.[3] 시정부가 주도하여 청정제천 21 추진협의회 위원들을 위촉만 해둔 상태에서 환경관리과 환경기획팀 공무원들이 속해 있는 실무추진위원회가 청정제천 21 수립을 위한 기초 조사 작업을 수행하였다. 제천시의 경우 지방의제 21 수립과정에서는 구체적인 형태의 민-관 파트너십이 형성되고 있지 않았음을 알수 있다.

---

2) 운영위원의 해촉 사유는 첫째, 위원이 사망, 질병 기타의 사유로 임기를 수행하기 어렵다고 판단될 경우, 둘째, 위원이 장기 불참 등으로 청정제천 21에 대한 관심이 결여되거나 품위를 손상하였을 경우, 셋째, 기타 사회의 지탄을 받거나 본인이 사퇴를 희망하는 경우 등이다(제8조 운영위원의 해촉).
3) 분과위원회로는 기획홍보위원회, 협력위원회, 연구위원회를 두기로 되어 있었다(제9조 분과위원회 제1항).

2. 인천광역시

인천광역시에서는 인천의제 21 실천협의회의 구성과 운영을 위해 지방의제 21의 수립과 실천을 명문화한 조례를 제정하여 제도화하였다. 1999년 2월 22일에 제정된 '인천의제 21 실천협의회 구성 및 운영조례'(조례 제3319호)는 인천의제 21 실천협의회의 역할을 다음과 같이 제시하고 있다(인천의제 21 실천협의회, 1999: 128).

① 인천의제 21의 효율적인 실천 추진 및 시민·기업·시의 참여 유도를 위한 방안 제시
② 환경적으로 지속가능한 개발을 위한 정책 대안 건의
③ 각종 환경오염 행위 감시 활동 및 환경 보전 시민운동 전개
④ 인천의제 21의 실천에 대한 평가와 계획 수정
⑤ 시민·기업·시의 인천의제 21 실천 사업에 대한 협조 체제 구축
⑥ 국·내외 지방자치단체 또는 이와 유사한 기관과의 파트너십 형성 및 지방의제 21 관련 정보의 교류 추진(제3조 사업).

실천협의회의 역할을 규정하는 조항은 ⑥번 항목을 제외하고는 청정제천 21 추진협의회 운영 정관에서 정하고 있는 협의회의 역할과 같다. 이러한 사실은 지방의제 21 추진의 일반적인 틀은 ICLEI나 환경부의 지침에 따르고 있기 때문이라고 할 수 있다. 하지만 협의회의 조직과 기능 면에서는 차이를 보인다. '인천의제 21 실천협의회 구성 및 운영 조례'가 정하고 있는 인천의제 21 실천협의회의 기구도는 〈그림 5-2〉와 같다.

<그림 5-2> 인천의제 21 수립 과정의 인천의제 21 실천협의회 기구도

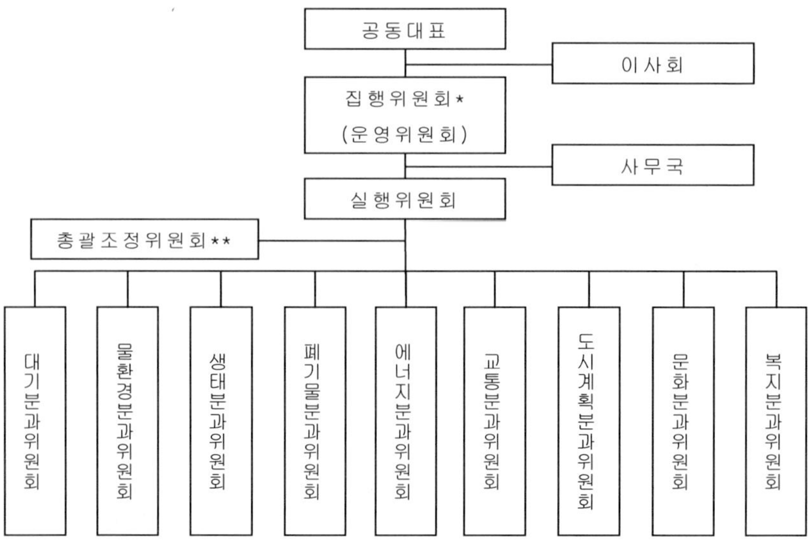

주: ★ 조례 제정 당시의 명칭임.
　　★★ 협의회 출범 시 추가된 것임.

　협의회에는 의결 기구로 운영위원회를 두고, 사업의 실행을 위하여 운영위원회 산하에 실행위원회와 각 전문 분야별 분과위원회를 두고 있다. 협의회는 협의회장 1인과 부회장 2인의 회장단을 두며, 운영 정관은 협의회가 50인 내외로 구성되도록 정하고 있다(제4조 협의회 기구와 임원 제1항). 그런데 인천의제 21 실천협의회가 구성될 당시에는 3명의 공동대표와 15명의 이사회, 6명의 집행위원회로 구성되어 있었다.

　또한 협의회에 운영위원회를 두고 필요에 따라 분과위원회를 둘 수 있다고 명시했다(제4조 협의회 기구와 임원 제2항). 협의회의 사무실은 시청사 내에 두기로 하였다(제4조 협의회의 기구와 임원 제5항).[4]

---

4) 당시 사무실은 인천광역시청 본관 환경녹지국 옆에 위치했다. 2002년 들어 민원동으로 옮겼다.

운영위원회는 당연직 위원과 위촉직 위원으로 구성하되 20인 이내의 위원으로 하도록 했다. 그리고 당연직 위원으로는 행정부시장, 시의회 산업위원장, 환경녹지국장으로 하되, 모든 위원은 인천광역시장이 위촉 및 임명하도록 정하고 있다(제5조 운영위원회의 구성).

운영위원회는 첫째, 회장단의 선출에 관한 사항, 둘째, 실행위원회의 구성에 관한 사항, 셋째, 사업 계획의 수립 및 변경에 관한 사항, 넷째, 예산·결산 처리에 관한 사항, 다섯째, 협의회 운영 규정의 제정 및 변경에 관한 사항, 여섯째, 기타 협의회 주요 업무 처리에 관한 사항을 심의·의결하도록 되어 있다(제6조 운영위원회의 기능).

한편 협의회의 사업을 효율적으로 수행하기 위하여 운영위원회 산하 조직의 실행위원회를 두도록 되어 있는데, 실행위원장과 각 분과위원장을 포함하여 15인 이내로 구성하도록 했다(제9조 실행위원회). 실행위원회에서는 첫째, 운영위원회에서 위임된 사항, 둘째, 운영위원회에서 안건처리가 어려운 긴급을 요하는 사항, 셋째, 운영위원회 안건으로 부의하고자 하는 사항에 대한 사전 심의, 넷째, 분과위원회의 구성에 관한 사항, 다섯째, 기타 실행위원장이 필요하다고 판단되는 사항을 심의·처리한다(제9조 실행위원회 제4항).

조례는 협의회의 사업을 전문 분야별로 효율적으로 실천하기 위하여 실행위원회 산하 조직으로 5개 이내의 전문 분야별 분과위원회를 둘 수 있다고 정하고 있는데, 1997년 3월 27일 인천의제 21 추진협의회가 결성될 당시에는 9개 분과위원회로 되어 있었다. 또한 수립 과정 중 각 분과위원회의 원활한 의사소통과 분과별 추진 내용의 조정을 위해 총괄조정위원회를 구성하였는데, 여기에는 각 분과위원장과 행정, 기업, 시민단체의 대표와 전문위원이 포함된다. 〈그림 5-2〉에서 보는 바와 같이 인천광역시의 분과위원회는 대기, 물, 생태, 폐기물, 에너지, 교통, 도시계획, 문화, 복지 등 환경문제의 대상별로 구성되어 있다.

인천광역시는 또한 광역시로서의 특수성을 반영하여 인천의제 21의 실천 확산을 위해 필요하다고 인정될 경우 구·군에 지부를 둘 수 있다고 규정하고 있다. 이는 운영위원회의 의결을 거쳐 협의회 규정으로 정하도록 했다(제11조 구·군 지부 설치). 한편 인천의제 21 실천협의회는 분과위원회의 활성화를 위해 각 분과별로 대표적인 NGO들을 '간사단체'로 정하여 역할을 분담하였다. 각 분과별 간사단체는 〈표 5-1〉과 같다.

〈표 5-1〉 인천의제 21 실천협의회 수립시의 간사단체

분 과	간사단체
대기분과	인천환경운동연합
물환경분과	인천경제정의실천시민연합
폐기물분과	음식물찌꺼기줄이기와재활용을위한인천시민운동협회
생태분과	가톨릭환경연구소
교통분과	인천YMCA
문화분과	다인아트갤러리
복지분과	인천YWCA
에너지분과	인천의제 21 추진협의회 사무국
도시계획분과	목요회

자료: 인천광역시(1999: 123-125).

3. 전라북도

전라북도에서는 2000년 1월 '전라북도 환경기본조례'가 개정되어 '전북환경 21 추진협의회'의 설치 근거가 마련되었다.[5] 이에 따라 2000년 6월에 '전라북도 지방의제 21 추진협의회 설치 및 운영규정'이 제정되었다. 이 규정에

---

5) 1999년 6월 18일 제정된 전라북도 환경기본조례(조례 제2662)가 2000년 1월 7일 개정되었는데, 제22조 (도민의 참여)가 신설되어 제1항에서 '도지사는 환경보전 시책의 결정·집행 및 평가 등 환경행정에 도민이 참여하는 전라북도지방의제 21추진협의회를 둔다'라고 명시하고 있다. 제2항에서는 '제1항의 전라북도지방의제 21추진협의회의 구성 및 운영 등에 관하여 필요한 사항은 도지사가 따로 정한다'라고 되어 있다.

따르면 '푸른약속 전북 21 추진협의회'의 역할은 다음과 같다.

① 전라북도의 지속가능한 발전을 위한 정책 제안
② 전라북도 지방의제 21의 작성·실천·평가 및 유엔 보고
③ 시·군 지방의제 21 작성·실천에 대한 협력
④ 의제 실천을 위한 교육·홍보·여론 수렴 및 국·내외적인 교류·협력
⑤ 도민·기업·행정의 상호협력을 통한 친환경적인 지역 개발 운동
⑥ 기타 협의회의 목적 달성을 위해 필요한 사업(제3조 기능).

'전라북도 지방의제 21 추진협의회 설치 및 운영규정'이 정하고 있는 푸른약속 전북 21 추진협의회의 기구도는 〈그림 5-3〉과 같다.

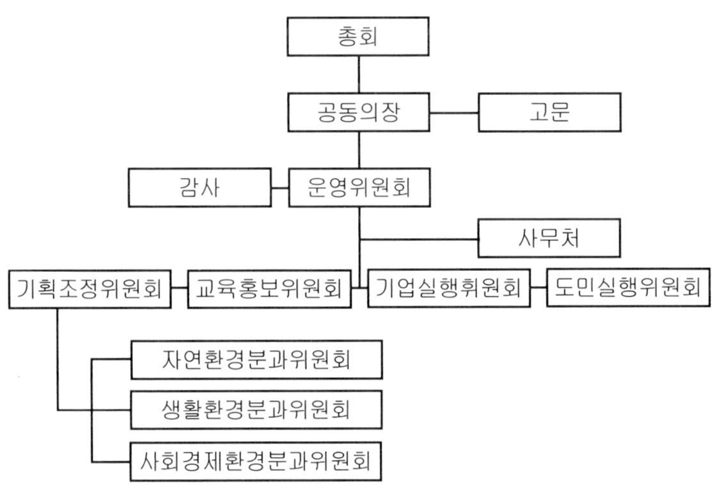

<그림 5-3> 푸른약속 전북 21 수립 과정의 푸른약속 전북 21 추진
협의회 기구도

자료: 푸른약속 전북 21 추진협의회(2002b: 56).

협의회 위원은 당연직과 위촉직으로 구성되는데, 당연직은 전라북도의회 교육복지위원회 위원장 및 간사, 전라북도 정무부지사, 환경보건국장이다(제4조 구성 제2항). 협의회에는 공동의장 3인과 감사 2인을 두도록 했는데, 도민·행정·기업의 각 대표로 한다. 행정대표의 공동의장은 정무부지사로 지정하고 있다(제5조 의장 등). 또한 공동의장 가운데 상임의장을 두도록 되어 있다. 협의회의 운영과 활동에 필요한 자문을 얻기 위해 고문을 위촉할 수 있는 조항도 포함되어 있다(제6조 고문).

이 규정은 협의회의 기능을 효율적으로 수행하기 위하여 운영위원회를 두고 있고, 의제 추진을 위해 기획조정위원회, 교육홍보위원회, 기업실행위원회, 도민실행위원회 등 4개의 위원회를 두도록 했다(제7조 위원회 등).

운영위원회는 4개 위원회의 위원장, 부위원장, 간사, 협의회 사무처장, 환경보건국장, 분과장을 포함한 20인 이내로 구성하도록 했고, 운영에 관한 사항은 협의회에서 별도로 정하도록 했다(제7조 운영위 등).[6] 4개 위원회는 위원장, 부위원장, 간사 각 1인을 두며, 위원회 운영에 관한 사항은 협의회에서 별도로 정하기로 했다. 기획조정위원회에는 의제 작성 및 실천을 위하여 전문 분야별 분과를 둘 수 있다. 이에 따라 자연환경분과위원회, 생활환경분과위원회, 사회경제환경분과위원회 등 3개 분과위원회를 두고 있다.

운영위원회는 첫째, 사업계획과 예산의 수립 및 집행, 둘째, 사업과 예산의 결산, 셋째, 위촉위원 추천, 넷째, 분과 설치 및 분과장 임명, 다섯째, 사무처 운영에 관한 사항, 여섯째, 총회에서 위임된 사항, 일곱째, 사무처 근무요원의 활동비 지급에 관한 사항, 여덟째, 기타 업무 추진에 필요한 각종 주요 사항 결정 등의 기능을 수행한다(푸른약속 전북 21 회칙 제2조 운영위원회 제1항).

기획조정위원회는 첫째, 의제의 작성과 실천 평가, 둘째, 지속가능한 발전

---

6) 별도의 운영 규정이란 푸른약속 전북 21 회칙을 말한다. 이 회칙은 각 위원회 운영, 사무처 운영 등 2개 장 16개 조로 되어 있다.

에 입각한 정책 입안 및 실천 계획 수립, 셋째, 각 분과의 설치 및 분과장 추천 등의 기능을 수행한다(제3조 기획조정위원회 제1항). 즉 기획조정위원회는 의제 작성과 분과 활동을 총괄하는 기구로서 의제 작성의 방향을 제시하고 의제가 합의되고 도출되는 과정에서 조정이 필요한 부분을 조율한다.

교육홍보위원회는 첫째, 의제의 교육 홍보, 둘째, 전라북도 내 시·군 의제의 작성 및 실천을 독려하는 등의 기능을 수행한다(제4조 교육홍보위원회 제1항). 즉 각종 대 도민 교육프로그램의 개발과 시·군 의제 육성 사업을 주요 사업으로 삼고 있다.

도민실행위원회는 첫째, 도민 관련 의제의 실천 세부 계획 수립, 둘째, 작성된 의제의 실천 및 평가 등의 기능을 수행한다(제5조 도민실행위원회 제1항). 도민실행위원회의 위원들은 의제 작성 전까지는 기획조정위원회에 임시 편성되어 의제 작성과정에 참여하고 있다. 의제의 작성과 실천은 별개일 수 없다는 위원들의 건의에 따른 것이라고 한다(푸른약속 전북 21 추진협의회, 2002b).

기업실행위원회는 첫째, 기업 관련 의제의 실천 세부 계획 수립, 둘째, 작성된 의제의 실천 및 평가 등의 기능을 수행한다(제6조 기업실행위원회 제1항). 즉 의제의 실천 과정에서 기업들이 참여할 수 있는 사업에 대한 진행을 맡게 된다. 역시 기획조정위원회에 임시 편성되어 있으며, 의제가 작성된 후 기업 협력 사업, 기업 자체실시 사업 등의 실천을 담당하게 된다.

다음으로 협의회 업무의 효율적 추진을 위하여 사무처를 두기로 했는데, 사무처에는 사무처장과 필요한 직원을 두도록 했다.[7] 사무처장과 직원은 공모를 통해 운영위원회에서 선발하며 의장이 임명한다(제13조 사무처). 사무처는 협의회의 사업 전반에 관련된 업무 지원 및 각 위원회와 분과 지원을 주 업무로 하고 있으며 그 외에도 소식지 발간, 홈페이지 관리, 연락 업무,

---

[7] 사무실은 전라북도 제2청사 환경보건국 옆에 마련했다.

예산 관리 업무 등을 담당하고 있다. 또한 전라북도와의 연계 사업 등을 진행한다.

이 밖에 제14조 행정지원단 조항을 포함시켜 행정 부문의 역할을 명시하고 있다. 행정지원단은 의제의 작성 과정이나 실천 과정에 전라북도 내 실, 국장들이 참여하여 보다 효과적인 의제 작성과 실천이 될 수 있도록 하기 위한 조직이다. 별도의 지원 조직이라기보다는 의제가 작성되면 행정에 반영될 수 있도록 하는 중요한 역할을 수행하게 된다. 행정지원단에는 각 시군 환경(위생)과장과 전라북도 기획관리실, 자치행정과, 농업정책과, 농산유통과, 해양수산과, 산림행정과, 경제행정과, 기업진흥과, 투자통상과, 수질보전과, 보건위생과, 사회복지과, 여성복지과, 건설행정과, 치수방재과, 도로교통과, 건축행정과, 환경정책과 등의 실·과장, 그리고 보건환경연구원 조사과장이 포함된다. 행정지원단장은 기획관리실장이 맡아 도정 전반을 조정할 수 있도록 했다.

이처럼 전라북도에서는 운영위원회 산하에 4개 위원회를 두고 있는데, 기업실행위원회, 도민실행위원회, 그리고 별개로 행정지원단 등 실천 주체별로 구성하여 의제의 작성 및 실천 과정에서 각 주체들이 각자의 추진 과제를 인식하고 세부 실천 활동을 벌여 나가도록 했다. 그리고 교육 및 홍보 기능을 분리하여 교육홍보위원회를 만들었고, 기획조정위원회 산하에 환경문제의 주제별로 자연환경, 생활환경, 사회경제환경분과위원회를 두고 있다.

제2절 파트너십의 구성

지방의제 21 추진을 명시한 의제 21의 네 개 부문 중 '주요 그룹의 역할 강화' 부문은 9개 주요 그룹의 참여를 강조하고 있다. 이러한 참여 주체들을 기초-광역 자치단체 여부와 도시 성격별로 구분하여 〈표 5-2〉와 같이 정리할 수 있다. 이는 각 사례 지역에 따라 참여자들의 구성이 달리 나타날 수 있음을 보여주는 것이다.

<표 5-2> 지방의제 21 작성 및 실천과정에서의 주요 참여 집단

구 분			참여범위
공공부문	광역·기초 자치단체	행정 부서	환경 관련 부서, 산업·경제·농림·수산 부서
		시·도 의회	관련 상임위원회 등
	광역자치단체	산하 기초 자치단체	의회, 자치단체 행정 부서, 자치단체 협의회 등
		인근 자치단체*	광역 생활권에 포함되는 인근 지역 대표, 또는 자치단체협의회
민간부문	민간단체		민간 환경단체, 청년단체, 여성단체 등
	일반 시민		일반 시민(도시 빈민 포함), 주민자치회 등
	사용자단체		기업 대표, 상공회의소, 공단관리위원회 등
	노동자단체		단위 사업장 노동조합 대표, 지역에 소재한 산별 노동단체 대표
	관련 전문가		환경 정책, 도시 계획, 농·어·산촌 개발, 관광 개발 등 분야별 전문가
	기 타		광역시별 기능과 특성에 따른 참여대상
	군 지역	농 촌	각 작목반, 농민 후계자, 농업 법인의 대표, 부녀회, 기타 상공인 번영회 대표
		어 촌	어촌계장, 수협·선주 대표, 어민 후계자 대표
		산 촌	임협 혹은 영림서 직원, 독림가 대표, 사찰 대표

자료: 김병완(1997: 342), 환경부(1997: 88, 108, 124)에서 재구성.
　주: *는 사안별로 특별히 필요한 경우에 한함.

1. 제천시

제천시 환경관리과 환경기획팀은 1998년 4월부터 청정제천 추진협의회를 구성하기 위해 관내 기관 단체장들을 중심으로 협의회 위원 위촉을 준비한다. 이에 따라 환경기획팀은 추진협의회, 실무추진위원회, 기획위원회를 구성하기로 하고 1998년 4월 10일 추진협의회 29명을 위촉했다. 그리고 실무추진위원회 46명, 기획위원회 17명을 위촉하기로 했다.

제천시의 경우 시민·사회단체, 특히 민간 환경단체가 적어 환경관리과에서 기관 단체장들을 위주로 협의회 위원으로 위촉하였고, 실무추진위원회와 기획위원회 위원은 기관단체 임직원으로 배정하였다.[8] 하지만 청정제천 21 수립까지 환경기획팀이 기획과 실무, 기초 조사를 전담했기 때문에 실제 활동은 환경기획팀이 청정제천 21 초안을 작성한 뒤 연석회의에 참석한 것뿐이다.

또한 이광진 농협시지부장을 회장으로 위촉한 뒤 부회장으로 제천시장, 제천교육청교육장, 제천시의회 의장 등 3인을 위촉하기로 하여 협의회 위원은 32명이 되었고,[9] 제천환경운동연합 정책실장을 사무국장으로 제천환경운동연합 간사를 협의회 간사로 위촉하였다. 청정제천 21 수립 단계의 추진협의회 구성은 〈표 5-3〉과 같다.

〈표 5-3〉 청정제천 21 수립 단계의 청정제천 21 추진협의회 구성

구 분	공무원	시의회	교 수	기업인	NGO		
					환경단체	종교단체	사회단체
인원	2명	3명	2명	2명	23명(71.9%)		
(비율)	(6.3%)	(9.4%)	(6.3%)	(6.3%)	2명(6.3%)	3명(9.4%)	18명(56.3%)

자료: 청정제천 21 준비위원회(2000)에서 재구성.

---

8) 협의회 위원은 소위 지역 유지들이 소외되지 않도록 적절히 안배되었다(제천시 환경관리과 H팀장과의 인터뷰, 2002. 4. 16).

9) 제천시장의 경우 초기에는 큰 관심을 두지 않다가 협의회의 구성과 의의를 보고 부회장으로 참여하기로 했다고 한다(제천시 환경관리과 H팀장과의 인터뷰, 2002. 4. 16).

주로 기관단체로 구성되어 있음에도 불구하고, 형식적으로는 공무원, 기업인, 환경단체, 여성단체, 노조, 농민, 사회단체들을 대부분 포괄하고 있어 유엔이 권고한 주요 참여 집단들이 포함되어 있다고 할 수 있다.[10]

2. 인천광역시

인천의제 21의 작성에는 총 187명이 참여했다. 이들은 모두 공동대표, 이사회, 집행위원회, 실무위원회, 총괄조정위원회, 각 분과위원회에 참여하여 인천의제 21의 작성을 위해 노력했다. 인천의제 21 실천협의회의 각 위원들은 깨끗한 인천 만들기 시민협의회에 참여한 시민·사회단체들이 협의하여 추천하고, 인천광역시장이 임명했다. 인천의제 21 수립 단계에서의 인천의제 21 실천협의회 구성을 정리하면 〈표 5-4〉와 같다.

표에서 볼 수 있듯이 환경·사회·종교단체 등 NGO가 전체의 35.8%인 67명이 참여하고 있고, 전문가 그룹으로 교수가 26.2%인 49명이 참여하고 있다. NGO 중에서는 사회단체 구성원이 20명(10.7%)으로 가장 많고, 환경단체와 종교단체에서 각각 15명씩(8.0%) 참여하고 있다. 기업인도 7.5%인 14명이 참여하고 있고, 인천시립 연구원인 인천발전연구원의 연구원들이 5명 참여하고 있다. 이 밖에 주부, 의사, 문화예술인, 대학원생 등이 참여하고 있다. 그리고 대부분의 위원들이 분과위원회 활동에 참여하고 있는 것으로 나타나 명목상으로 이루어진 협의회 구성이 아님을 알 수 있고, 협의회의 운영

---

10) 여기에 참여한 기업인은 아세아시멘트공장장, 기업인협의회장이며, 그 밖의 참여 단체장은 불교연합회장, 기독교연합회장, 가톨릭연합회장, 제천시농업협동조합장, 제2건국추진위원장, 새마을지회장, 바르게살기지회장, 자연보호협의회장, 노인회장, 생활체육협의회장, 민주평통협의회장, 여성단체협의회장, 환경운동연합상임의장, 문화원장, 예총, 민예총, 내재문화, 농업인단체협의회장, 노총, 리통장 협의회장, 청년회의소장, 음식업시지부장 등이다.

이 분과위원회 중심으로 이루어지고 있다고 할 수 있다.

〈표 5-4〉 인천의제 21 수립 단계의 인천의제 21 실천협의회 구성

구 분	계	NGO 환경단체	NGO 사회단체	NGO 종교단체	NGO 기타	언론인	교수	교사	기업인	의회 시의회	의회 구의회	인천발전연구원	공무원
계 (비율: %)	187	15 (8.0)	20 (10.7)	15 (8.0)	17 (9.1)	7 (3.7)	49 (26.2)	9 (4.8)	14 (7.5)	8 (4.3)	5 (2.7)	5 (2.7)	23 (12.3)
공동대표	3		1						1				1
이사회	15	2	3	4			2		2	1			1[1]
집행위원회	6	1	1				3						1
실무위원회	9	3	2	2	2[2]								
총괄조정위	17[3]	2					11		1			1	2
분과위원회	137	7	13	9	15	7	33	9	10	7	5	4	18
대 기	17	1		1	2[4]	1	5	2	2	1			2
물환경	15		2		2[5]		5	1	1	1	2		1
생 태	16	4	1	1	1[6]	1	4	1		1			2
폐기물	18	2	2		1[7]	1	3		3	1	2	1	2[8]
에너지	16				2[9]	2	5	2					5[10]
교 통	13		2	3	1[11]	1	2		1	2			1
도시계획	17		2		1[12]	1	5	1	2		1	1	3
문 화	10		1		5[13]		1	1				1	1
복 지	15		1	4	2[1]		3	1	1	1		1	1

자료: 인천의제 21 실천협의회(1999)에서 정리.
주: 1) 인천시교육청 부교육감
2) 인천의제 21 추진협의회 사무국 간사 1인, 다인아트갤러리 관장 1인
3) 총괄, 행정, 기업, 시민단체 각 1인, 전문위원 3인, 분과위원장 10인(폐기물분과 2인 공동 위원장)
4) 주부 1인, 전의원 1인
5) 주부 2인
6) 인천의제 21 추진협의회 의제추진부장 1인
7) 대학원생 1인
8) 한국자원재생공사 인천사업소장 1인 포함
9) 인천의제 21 추진협의회 사무국 간사 1인, 의사 1인
10) 인천시 계양구청장, 에너지관리공단 인천지사 관리부장 1인 포함
11) 인천택시노조본부장 1인
12) 전의원 1인
13) 문화기획자 1인, 문필가 1인, 소설가 1인, 갤러리 관장 2인
14) 인천여성노동자회 1인, 어린이집 원장 1인

인천의제 21 수립 단계에서는 시민, 기업, 시의 대표 각 1인이 공동대표를 맡았는데, 김옥조 전 인천방송 사장, 오경환 인천경제정의실천시민연합 공동대표, 이철규 인천광역시 정무부시장 등이다.

이처럼 행정, 기업, 시민 각 부문의 인사들이 1년여 동안 인천 지역의 지속가능한 발전을 위한 목표를 수립하는 데 참여했다는 것은 지방의제 21의 추진을 계기로 민-관 파트너십의 새로운 모형을 창출해 갈 수 있는 하나의 제도적 조건으로 작용할 수 있을 것이다. 이러한 사실은 인천광역시에서 설치하고 있는 다른 위원회들과 비교해 보아도 두드러진다. 즉 인천광역시의 69개 위원회 가운데 '제2의 건국범국민추진위원회'(111명), '지방건설기술심의위원회'(108명), '도시철도자문위원회'(91명) 등의 대규모 위원회들보다도 훨씬 많은 인원이 인천의제 21 실천협의회에 참여하고 있는 것이다(인천광역시 2001b 참조: 1999. 1. 1-2001. 6. 30까지 기준). 더욱이 인천의제 21 실천협의회에는 행정, 기업, NGO, 의회, 전문가들이 조직적으로 참여하고 있다는 점에서 기존 위원회들과 차별성을 가진다고 할 수 있다.

3. 전라북도

〈표 5-5〉는 푸른약속 전북 21 추진협의회의 분과위원회별 구성 현황이다. 이 가운데 NGO가 26명(36.6%)으로 가장 많고, 전문가 그룹으로 교수 19명(26.8%)이 참여하고 있다. 기업인도 13명(18.3)이 참여하고 있고, 시·군·도 의회에서 6명(8.5%)이 참여하고 있다.

분과별로 보면, 자연환경분과위원회가 22명(31.0%)으로 가장 많고, 생활환경분과위원회 20명(28.2%), 사회경제환경분과위원회 17명(23.9%), 교육홍보위원회 12명(16.9%)으로 이루어져 있다.

〈표 5-5〉 푸른약속 전북 21 수립 단계의 푸른약속 전북 21 추진협의회 구성

구 분		계 (비율: %)	자연환경 분과위원회	생활환경 분과위원회	사회경제환경 분과위원회	교육홍보 위원회
계		71(100)	22(31.0)	20(28.2)	17(23.9)	12(16.9)
NGO		26(36.6)	11	4	6	5
	환경단체	7	4	1	2	
	사회단체	15	5	3	3[2]	4
	종교단체	2	1		1	
	기 타	2	1[1]			1[3]
교 수		19(26.8)	4	8	7	
기업인		13(18.3)	2	6	3	2
교 사		3(4.2)	3			
의회	시군의회	6 (8.5)	3	1		1	1
	도의회		3	1			2
공무원		4(5.6)		2		2[4]

자료: 푸른약속 전북 21 추진협의회(2002c)에서 정리.
　주: 1) 명예환경감시원
　　　2) 농업경제인전북연합장 포함
　　　3) 전주의제추진협의회 사무국장
　　　4) 도교육청 장학사 포함

NGO는 주로 자연환경분과위원회(11명, 50%)와 사회경제환경분과위원회(6명, 35.3%)에 참여하고 있는 것으로 나타났다. 반면 생활환경분과위원회에는 교수 그룹이 가장 많이 참여하고 있고(8명, 40%), 사회경제환경분과위원회에서도 교수 그룹이 참여가 가장 높다(7명, 41.1%). 그리고 기업인은 주로 생활환경분과위원회에 참여하고 있었다(6명, 30%).

이 밖에 행정지원단으로 전라북도 내 14개 시·군 환경과장[11]과 전라북

---

11) 전주시 환경위생과장, 군산시 환경위생과장, 익산시 환경관리과장, 정읍시 환경관리과장, 남원시 환경위생과장, 김제시 환경과장, 완주군 환경위생과장, 진안군 환경보호과장, 무주군 자연환경과장, 장수군 환경보호과장, 임실군 환경보호과장, 순창군 환경산림과장, 고창군 환경보호과장, 부안군 환경보호과장

도청 18개 실·과장[12], 보건환경연구원조사과장 등이 참여하였고, 9명의 고문[13], 2명의 감사[14], 그리고 기타 운영위원 2명[15] 등이 참여했다. 3명의 공동의장은 신균정 팬아시아페이퍼코리아 공장장, 이영조 여성단체협의회장, 강재수 전라북도 정무부지사가 맡았는데, 신균정 공장장이 상임의장을 맡고 있다. 그리고 오정례 전주시 의회 의원이 사무처장을 맡았다.

인천광역시와 마찬가지로 행정, 기업, 시민 각 부문의 인사들이 1년여 동안 조직적으로 참여했다는 것은 민－관 파트너십의 발전에 밑거름이 될 수 있을 것이다. 그간 전라북도에서는 자연공원법, 환경분쟁조정법, 환경정책기본법, 그리고 조례에 따라 몇 가지 환경 관련 위원회를 구성했다(〈표 5-6〉 참조). 이러한 위원회들과 비교해 보면, 푸른약속 전북 21 추진협의회의 경우 행정, 기업, NGO, 의회, 전문가 등 훨씬 더 다양한 주체들이 참여하고 있음을 알 수 있다.

---

12) 기획관리실장, 자치행정과장, 농업정책과장, 농산유통과장, 해양수산과장, 산림행정과장, 경제행정과장, 기업진흥과장, 투자통상과장, 수질보전과장, 보건위생과장, 사회복지과장, 여성복지과장, 건설행정과장, 치수방재과장, 도로교통과장, 건축행정과장, 환경정책과장
13) 한국예총 전북지회장, 애향운동본부 총재, 전라북도의회 의장, 전라북도 교육청 교육감, 전주대학교 총장, 자연보호중앙회 전북협의회장, 전북대학교 총장, 한국청소년 전북연맹 총장, (사)한국음식업중앙회 전라북도 지회장
14) 전라북도기자협회장, 전북경제정의실천연합 상임의장
15) 전라북도 약사회장, 호원대 산업디자인학과 교수

〈표 5-6〉 전라북도 환경관련위원회 현황

구분	전라북도립공원위원회	전라북도지방환경분쟁 조정위원회	전라북도환경보전 자문위원회
설치 연도	1978. 1. 18	1991. 2. 21	1991. 5. 1
설치 근거	·자연공원법 제19조 동시행령 제13조 ·전라북도립공원 관리조례 제8조	·환경분쟁조정법 제4조 ·전북환경분쟁조정에관한 조례	·환경정책기본법 제37조 ·전라북도환경보전자문위 원회조례
설치 목적	-	환경오염으로 인한 도민의 건강 및 재산상 피해 구제	환경보전에 관한 기술 자 문
기능	·도립공원계획 결정 ·공원보호구역 지정 ·공원구역·공원계획 변경 및 공원유지관 리 사항 심의	환경오염 피해로 인한 분 쟁의 알선·조정	·환경보전 대책에 따른 기본계획 수립 ·환경기준, 특별대책지역 지 정에 따른 특별종합대책 ·기타 도지사가 부의하는 사항 등의 심의
구성	15명 (공무원 6, 교수 8, 기 타 1)	20명 (도의원 1, 공무원 7, 교 수 4, 변호사 1, 협회·단 체 6, 기타 1)	10명 (공무원 5, 교수 3, 협 회·단체 1, 기타 1)

자료: 전라북도(2000: 437-442)에서 재구성.

4. 소 결

지방의제 21 수립 단계에서 각 사례 지역 추진 기구의 체계를 비교해 보면, 〈표 5-7〉과 같이 정리할 수 있다. 표에서 보는 바와 같이 인천광역시와 전라북도는 행정, 기업, NGO 대표가 공동대표 혹은 공동의장을 맡아 그중 1인이 회장 혹은 상임의장을 맡았던 데 반해 제천시에서는 기관 단체장들이 회장과 부회장을 맡았다.

〈표 5-7〉 지방의제 21 수립 단계의 체계 비교

구 분	제천시	인천광역시	전라북도
회장단	회장 1인, 부회장 2인 (기관단체장)	회장 1인, 부회장 2인[1)] (행정-기업-NGO 대표)	공동의장 3인 (행정-기업-NGO 대표)
조직체계	기능별 조직	기능별·대상별 조직	기능별·분야별·주체별 조직
분과위원회	기획위, 실무추진위	환경문제 대상별 9개 분과	환경문제 분야별 3개 분과
분과위 운영	환경관리과	분과위원장, 간사단체	분과위원장
행정의 역할	기획·추진	당연직 공무원 참여	당연직 + 행정지원단

주: 1) 실천협의회 구성 단계에서는 공동대표 3인으로 시작되었다가 조례 제정 때 회장 1
인, 부회장 2인 체제로 변화되었다.

  조직 체계를 보면, 기본적으로 운영위원회와 분과위원회 체계로 이루어져 있다. 그런데 인천광역시의 경우 분과위원회가 많아 분과위원회의 활동을 조정하기 위해 실행위원회, 총괄조정위원회 등 기능별 조직들을 두게 되었다. 전라북도 역시 기획조정위원회와 교육홍보위원회 등 기능별 조직들이 설정되어 있지만, 행정지원단(행정), 기업실행위원회(기업), 도민실행위원회(시민) 등 실천 주체별 조직도 두고 있는 것이 특징이다. 인천광역시의 경우 NGO 주도로 추진되면서 각 분과위원회별 간사단체들이 활동을 조율해 나가는 것과 대조된다.

  분과위원회의 경우 인천광역시에서는 환경문제 대상별 9개 분과로 이루어져 있었고, 전라북도는 3개 환경문제 분야별로 분과를 구성하였다. 인천광역시의 경우 환경문제가 심각하다는 점에서 구체적인 환경문제 대상별로 분과위원회를 구성할 필요도 있었지만, NGO 중심의 운영에 따라 해당 문제 대상별로 특성화된 NGO들을 배치할 수도 있었다. 제천시의 경우는 기획위원회와 실무위원회를 두고 환경관리과가 기획·추진을 전담하다시피 했다.

  지방의제 21 수립 단계에서 각 사례 지역 추진 기구의 인적 구성을 비교해 보면 〈표 5-8〉과 같이 정리할 수 있다.

〈표 5-8〉 지방의제 21 수립 단계의 인적 구성 비교

구 분	제천시	인천광역시	전라북도
공무원	6.3%	12.3%	5.6%
의 회	9.4%	7.0%	8.5%
전문가	6.3%	26.2%	26.8%
기 업	6.3%	7.5%	18.3%
NGO	72.0%	35.8%	36.6%

표에서 보는 바와 같이 지방의제 21 추진 기구의 인적 구성은 세 지역 모두 NGO의 비율이 가장 높은 것으로 나타난다(제천시 72.0%, 인천광역시 35.8%, 전라북도 36.6%). 이 중 제천시의 NGO 비율이 특히 높게 나타난 것은 수립 단계에서 기관단체 임직원들을 명목상으로 위촉했기 때문이다.

인천광역시와 전라북도의 경우 전문가들의 비율이 각각 26.2%, 26.8%로 높은 편이다. 지방의제 21 수립 단계에서 현안 분석과 목표 수립을 위해 전문가들이 많이 참여한 때문이라고 할 수 있다.

공무원들의 비율이 인천광역시의 경우 12.3%인 것으로 나타났는데, 전라북도는 도청 공무원들과 관내 시·군 환경 담당 부서 공무원들을 '행정지원단'으로 구성해 놓았지만 당연직 위원은 도청 환경 관련 부서 공무원들뿐이라 5.6%로 나타나는 것이다. 전라북도의 경우는 기업인의 비율이 18.3%로서 제천시와 인천광역시에 비해 훨씬 높은 비율이다.

제3절 지방의제 21의 수립 내용

1. 청정제천 21

청정제천 21 추진협의회는 1999년 12월 5일 수립되어 공포된 청정제천 21
이 지니는 의미를 다음과 같이 두고 있다(제천시, 1999: 5). 첫째, '제천환경
헌장'[16]을 근거로 만들어진 21세기 제천 환경 보전행동계획이라는 것이다.
둘째, 제천 환경의 현주소를 시민, 기업, 제천시가 진단해 보았다는 것이다.
셋째, 지금까지의 환경 보전의 성과를 확인하고 평가하여, 한 단계 높은 목
표를 세웠다는 것이다. 넷째, 시민, 기업, 제천시로 구분하여 행동주체별 실
천 지침을 마련하였다는 것이다.

청정제천 21의 기본 이념과 목표는 의제 21에 제시된 지속가능한 발전을
제천 지역에 적용함으로써 제천의 실정에 맞는 효과적인 활동을 찾아 동참
하는 것이며 21세기의 환경 위기에 대비한 '제천의 환경비전'이라는 구성원
들의 환경 보전 실천 지침이라고 한다. 즉 환경적으로 건전하고 쾌적하며
'지속가능한 청정도시'로서의 새로운 제천시를 건설하고 계획하는 데 목적을
두고 있다.

청정제천 21이 중점 추진하기로 한 항목들을 정리하면, 〈표 5-9〉와 같다.
이들 항목은 물, 대기, 폐기물, 교통, 생태, 문화, 복지, 환경 정보 교육 등 8

---

16) 제천환경헌장은 청정제천 21을 공포할 때 선포된 것으로서 청정제천 21의 기본 방
　향을 설정하는 것이다. 제천환경헌장이 정한 기본 방향은 다음과 같다. 첫째, 산수
　경관이 조화를 이룬 환경 도시 건설을 최우선으로 삼는다. 둘째, 환경문제의 발생
　을 사전에 막거나 줄이고 자연 생태 보전에 앞장선다. 셋째, 오늘의 편리함보다는
　내일의 환경을 생각하고 녹색 소비 생활을 실천한다. 넷째, 환경에 대한 감시자로
　서의 책임과 의무를 다한다. 다섯째, 국내외 다른 도시들과 협력하여 지구촌 환경
　보호에 적극 동참한다(제천시, 2001: 16).

가지 항목으로 나뉘어 있다. 또한 각 항목들은 어린이들이 맘껏 물장구칠 수 있는 수질, 맑고 깨끗한 공기 마음껏 숨쉴 수 있는 제천, 쓰레기를 줄이고 자원으로 재활용하는 제천, 걷고 싶은 거리·인격 있는 교통 문화 정착, 자연 그대로의 생태 보존, 포근한 정을 이웃과 나누는 살기 좋은 제천, 소외된 계층이 살기 좋은 제천, 환경 교육과 주민 참여 및 협력 강화 등의 목표를 정하고 있으며 구체적인 실천 내용들을 담고 있다.

청정제천 21 추진협의회는 1999년의 단위 실천 계획을 '환경정화식물 가꾸기운동'으로 선정하고 추진한 데 이어 2000년에는 '깨끗한 도시 만들기'를 단위 실천 계획으로 선정하였다. 이를 위해 연중 사업으로 '꽃으로 덮인 아름다운 도시 제천 만들기'를 추진했다. 2001년에는 실천 사업 2차 연도를 맞이하여 사업 홍보를 강화하고, 참여 주체 간 유기적인 협조와 실천체계를 확립하며 시민 교육과 홍보에 주력하기로 사업의 방향을 설정하였다. 중점 사업으로는 회원 모집과 회비 납부 체계 정비, 소식지 발간, '가정의제 21' 시민 실천 사업, 음식쓰레기 분리수거에 대한 홍보, 환경 교육 체계 구축과 추진 등을 선정하고 추진하고 있다.

<표 5-9> 청정제천 21의 구성과 내용

항목	목 표	내 용
물	어린이들이 맘껏 물장구칠 수 있는 수질	·물놀이 할 수 있는 수질 유지 ·1인당 물소비량 줄이기 ·충주호 수질 보전 ·환경기초시설 확충 ·의림지 보호
대기	맑고 깨끗한 공기 마음껏 숨쉴 수 있는 제천	·에너지 사용량 줄이기 ·쾌청한 하늘 유지 ·자동차 운행거리 줄이기 ·소음 줄이기 ·호흡기질환자 줄이기
폐기물	쓰레기를 줄이고 자원으로 재활용하는 제천	·쓰레기 줄이기 ·재활용비율을 높여 소각 필요 줄이기 ·음식물쓰레기 줄이기
교통	걷고 싶은 거리, 인격 있는 교통문화정착	·보행환경 개선 ·교통문화수준 높이기 ·편리한 대중교통 만들기 ·교통사고 줄이기 ·자전거이용 늘리기
생태	자연 그대로의 생태보존	·훼손된 자연 복구 ·하천을 생명이 숨쉬는 자연공간으로 ·환경농업 실천 ·도로변 특색조림 확대
문화	포근한 정을 이웃과 나누는 살기 좋은 제천	·공동체 의식함양과 자연친화적 생활 ·친숙한 문화프로그램과 문화공간 확대 ·도시녹화와 주택개량으로 산뜻한 환경조성 ·농촌을 살기 좋은 문화정주권으로
복지	소외된 계층이 살기 좋은 제천	·장애인 편의시설 늘리기 ·어린이, 청소년 밝게 키우기 ·노인들의 취미, 오락을 활성화 ·여성의 사회참여 확대 ·매장 위주의 장례문화 개선
환경정보교육	환경교육과 주민참여 및 협력강화	·환경교육 강화 ·환경정보시대 열기 ·환경보전활동 자율실천 ·국내외 도시와 환경협력

자료: 제천시(2000)에서 재구성.

2. 인천의제 21

1998년 10월 22일 수립되어 공포된 인천의제 21은 살기 좋고 활기찬 인천을 만들기 위해 '환경오염 억제 및 자연환경 보전', '순환적이고 절약하는 도시 구축', '삶의 멋이 넘치는 사회 조성'이라는 세 가지 기본 방향을 설정하고, 그 기본 방향을 달성하기 위해 대기, 물, 생태, 폐기물, 에너지, 교통, 도시 계획, 문화, 복지 등 9개 분야로 나누어 행동 목표를 정하고 있다. 이를 정리한 것이 〈표 5-10〉이다.

또한 이러한 기본 방향과 행동 목표를 실천하기 위한 실천 원칙 네 가지도 명시되어 있다(인천의제 21 실천협의회, 1999: 112).

첫째, 인천시민과 시민·사회단체들이 진행하고 있거나 하고 싶어 하는 일들에 대하여 덮어쓰기나 대신하기가 아니라 '끌어주기' 방식으로 추진한다는 것이다(끌어주기).

둘째, 인천광역시가 현재 추진 중에 있거나 추진을 구상하고 있는 일들에 대하여는 의제 21의 일과 중복되지 않도록 하고 정책 건의나 합동 조사 및 자료 제공 등을 도와주고 새로운 정책의 필요성을 공유하는 '밀어주기' 방식으로 추진한다는 것이다(밀어주기).

〈표 5-10〉 인천의제 21의 구성과 내용

기본 방향	분 야	비 전	행동 목표
환경오염 억제 및 자연환경 보전	대 기	청명한 하늘 싱그러운 갯내음, 인천	·스모그 없는 신선한 공기 ·먼지가 없어서 맑고 푸른 하늘 ·아늑하고 조용한 삶의 터전
	물	물잠자리와 친구하며, 바다와 어우러지는 인천	·그대로 마실 수 있는 맑은 물 ·물잠자리와 함께 숨쉬는 하천 ·노을을 즐길 수 있는 해변
	생 태	푸른숲, 풍요로운 바다가 자랑스러운 인천	·때까치와 함께 하는 도심 녹지 ·생명의 갯벌 생산의 갯벌 생활의 갯벌 ·활기차고 풍요로운 바다
순환적이고 절약하는 도시 구축	폐기물	줄이기와 재활용: 폐기물 없는 인천	·줄어드는 쓰레기 불어나는 가정살림 ·음식물쓰레기는 자원 ·사업장폐기물 자원화로 만들어진 환경산업 도시
	에너지	에너지를 바르게 사용하는 인천	·에너지 절약으로 깨끗한 도시 ·효율적인 에너지 사용 무공해에너지 사용이 몸에 밴 도시
	교 통	대중교통이 편리하고 걷는 것이 즐거운 인천	·가고 싶은 곳 언제나 빠르게 ·신나는 자전거 가벼운 발걸음 ·교통사고 없는 안전한 도시 ·교통문화수준이 높은 도시
삶의 멋이 넘치는 사회조성	도시 계획	인간, 자연, 바다, 그리고 역사를 존중하는 인천	·시민이 살기 좋은 우리 삶터 ·뱃고동 소리 은은한 항구도시
	문 화	언제 어디서나 만나는 문화도시 인천	·문화와 관광이 어우러지는 도시 ·쉽고 친근하게 만나는 문화 ·열려있는 문화공간 수준 높은 문화예술 ·문화예술인들이 사랑하는 도시
	복 지	더불어 사는 건강한 도시, 인천	·몸과 마음이 함께 건강한 아동과 청소년 ·장애인이 불편 없이 살 수 있는 도시 ·노인이 건강하게 살 수 있는 도시 ·남녀가 평등하게 살 수 있는 도시

자료: 인천의제 21 실천협의회(1999)에서 재구성.

셋째, 기업들이 해야 할 일은 매우 중요하고 주변 환경에 직접적인 영향을 주기도 하지만 기업들이 타율에 의하여 강제되고 규제받기보다는 의제 21 운동에 자발적으로 참여하도록 하는 여러 가지 고려가 필요하므로 '유도하기' 방식으로 추진한다는 것이다(유도하기).

넷째, 의제 21의 실천계획 중 대다수의 시민들이 참여하여 함께 해야 할 일에 대해서는 일방적인 동원이나 편의주의적인 교육 실시를 지양하고 시민들에게 실익이 있고 재미있는 프로그램들을 제공하는 '함께하기' 방식으로 추진한다는 것이다(함께하기).

이 밖에도 인천의제 21은 교육계, 지역 언론, 시의회에게도 인천의제 21의 실천에 협력해 줄 것을 구체적으로 요청하는 행동 지침을 명시하고 있다.

인천의제 21 실천협의회는 1999년 '인천의제 21 조직 결속의 해', 2000년 '인천의제 21 내부 파트너십 강화의 해', 2001년 '인천의제 21 시민사회로의 확산의 해', 2002년 '인천의제 21 기업으로의 확산의 해'라는 목표를 걸고 실천 사업을 수행해왔다.

인천의제 21 실천협의회는 2000년의 경우 5개 분과위원회 분과위원 120여 명이 총 180여 회의 분과회의와 행사를 하면서 실천 사업을 수행해왔다. 1개 분과가 월 평균 3회 정도의 모임과 활동을 한 셈이며 분과위원회 중심의 활동은 전국적으로도 모범적인 활동이었다는 평가를 받고 있다(인천의제 21 실천협의회, 2001a).

2001년도 각 분과위원회 추진 사업 역시 대통령 직속 지속가능위원회 (PCSD)로부터 '우수'하다는 평가를 받았다. 하지만 출범 초기와 비교해서 점차 기업의 참여가 미흡해지고 있으며 행정 부문의 참여가 좀 더 강화될 필요성이 제기되고 있다. 그럼에도 불구하고 물·생태·도시계획분과위원회의 '인천시민바다되찾기' 사업, 에너지·폐기물 분과위원회의 자연에너지 교육 및 홍보, 교육분과위원회의 주부환경자원활동가 양성 사업, 송도 신도시 철책선 일부 개방 등 일부 구체적인 성과를 얻어냈다(인천의제 21 추진협의회, 2002a).

2002년은 '리우＋10회의'가 개최되는 시기를 맞아 국제적 지속가능성 동향과 국내의 동향, 국가 정책 등을 파악하여 인천의제 21에 접목시킬 수 있는 사업을 추진하기로 했다. 또한 행정과 기업 부문의 참여를 강화시키기 위한 다양한 시도와 방법을 수립할 계획이다. 그리고 지방의제 21을 시민들에게 더 확산시키기 위해 '기초의제 21'과의 관계를 정립하는 데 노력하기로 했다(인천의제 21 실천협의회, 2002a: 8-9). 〈표 5-11〉은 2001년 실천 사업을 중심으로 2002년 사업 완료, 계속 추진 여부를 정리한 것이다.

〈표 5-11〉 인천의제 21 실천협의회 2001년 실천 사업

구 분 / 분 과	사업추진결과	
	사업명	결 과
홍보·교육분과	·환경교사/시민단체/공무원 워크샵	사업완료, 개념전환 / 계속시행
	·환경친화적 기업만들기 실천 운동	계속 추진
물·생태·도시 계획분과	·인천시민 바다 되찾기 운동	일부 성과 / 계속 추진
	·인천지역 녹지확충 및 숲 살리기	계속 추진
	·장/만수천 사랑, 승기천 살리기 운동	하천살리기 병행 / 계속 추진
대기·교통분과	·교통문화 및 보행환경 개선사업	계속 추진
	·계양산 등 관찰일수 모니터링과 면지우심지역 관리방안 연구	계속 추진
에너지·폐기물 분과	·자연 에너지 및 에너지절약 알리기	사업방식 변경 / 계속 추진
	·폐기물 감량화 및 자원화를 위한 환경교육 프로그램 개발 및 운영	환경월드컵과 연계 / 계속 추진
문화·복지분과	·문화의 집 활성화 운동	사업종료
	·문화/생태 관광코스 및 지도 만들기	사업종료
	·청소년 의제 21 실천	사업축소 / 기독교종합사회복지관사업으로
공통사업	·CD TITLE 등 홍보물 제작	사업완료
	·인천의제 21 생태학습관 운영	보강 후 계속 추진
	·환경의 날 등 시민참여 행사 지원	사업종료
	·인천의제 21 홍보 간담회	사업완료
	·기초의제 21 작성 및 실천 지원	사업완료 / 계속 추진
	·환경월드컵 추진	사업축소, 에너지·폐기물 분과 사업으로

자료: 인천의제 21실천협의회(2002. 3: 7).

3. 푸른약속 전북 21

푸른약속 전북 21 추진협의회는 전라북도의 지속가능한 발전을 위하여 자연환경 분야, 생활환경 분야, 사회경제환경 분야, 교육홍보 분야로 나누고 각 분야별로 다시 산림, 하천, 연안, 수질, 대기, 폐기물, 마을, 농촌, 환경 교육 등 9개 분야로 나누어 논의하였다. 이를 정리한 것이 〈표 5-12〉이다.

2002년 1월 29일 수립되어 공포된 푸른약속 전북 21은 각 분과와 위원회에서 각 분과위원회의 활동 방향을 함축적으로 표현할 수 있는 비전을 담고 있다. 각 분야에 대한 전라북도의 현실을 파악하여 문제점과 전망이 기술되어 있으며, 비전에 제시된 소주제와 연관된 목표가 설정되었다. 구체적으로 실행되어야 하는 내용들 위주로 작성되었으며, 각 목표를 달성하기 위해 민·관·기업이 실천해야 할 사항들을 다양하게 열거하여 각 주체들이 전체적으로 또는 일부만이라도 세부실천활동을 진행할 수 있도록 하였다(푸른약속 전북 21 추진협의회, 2002b).

푸른약속 전북 21 추진협의회는 2002년도 실천 사업 원년을 맞아 푸른약속 전북 21에 담긴 내용들에 대한 실천 사업을 진행하고, 분과위원회별로 보고서의 보완 작업을 수행하기로 하였다. 또한 지방의제 21에 대한 홍보와 교육을 강화하여 지방의제 21 정신이 각 영역에 확대·적용되도록 노력하기로 했다. 그리고 광역 지방자치단체로서 도 내 시·군 의제 간 네트워크 기능을 강화하여 지방의제 21 추진 기구의 제도적 안정화와 의제 작성 지원에도 힘쓰기로 했다.

푸른약속 전북 21 추진협의회는 2002년도의 중점 실천 사업을 '만경강살리기'로 정했다. 만경강은 전라북도를 가로지르는 '전북의 젖줄'로서 일부 시·군의 노력으로는 살리기 어려운 사업으로 파악되었다.[17]

---

17) '푸른온고을 21 추진협의회' 김재병 의제총괄팀장은 '만경강 살리기'를 두고 '참 좋

〈표 5-12〉 푸른약속 전북 21의 구성과 내용

기본 방향	세부 내용	목 표
자연과 공존하는 생활철학	만경강을 전라북도의 젖줄로 되살리자	・친환경적 만경강의 자산적 가치를 도민들과 함께 인식하자 ・만경강을 아름답게 보존하여 후세대에게 물려주자
	생명의 서식처 아름다운 숲 가꾸기	・숲이 생명의 중요한 서식처임을 인식하고 숲을 생태적으로 온전하게 가꾸는 것이 우리와 우리 후손들을 위한 것임을 인식한다. ・숲을 가꾸고 보존하는 일이 생활 속에서 매우 유익한 것이라는 것을 인식하여 도시인들로 하여금 생태친화적인 생활을 할 수 있도록 한다.
	친환경적인 새만금 가꾸기	・새만금 지역을 전라북도에서 가장 온전하고 친환경적인 공간으로 만든다. ・새만금사업 추진과정에서 자율적이고 합리적인 토론과 합의가 이루어지도록 한다.
Eco-life 운동의 활성화	맑은 물 풍부한 자원	・깨끗한 물과 함께 살아가는 삶의 터전을 만든다. ・어디서나 살아 숨쉬는 물을 마실 수 있도록 한다. ・조상으로부터 물려받은 맑은 물을 복원한다. ・후손들에게 물려줄 재산, 깨끗한 지하수를 보전한다.
	환경을 생각하는 생활, Eco-Life	・Eco-life 모델공간에서는 언제나 쾌적하고 맑은 공기가 흐르게 한다. ・Eco-life 모델공간에서는 마을 속에 새들이 날아드는 푸른 숲을 만든다.
	깨끗한 공기 쾌적한 도시	・언제나 쾌적하고 맑은 도시로 만든다. ・맑고 투명한 자동차 배기가스로 쾌적한 도로가 되도록 한다. ・자연과 어우러진 푸른 고을을 만든다. ・알뜰한 살림으로 에너지를 아껴 도시를 가꾼다.
살기 좋은 환경과 마음이 있는 자랑스런 우리 마을	자랑스런 우리 마을 만들기	・전통과 문화가 어우러진 마을 ・마을공동체로 뭉쳐진 사회 ・우리 마을에 대한 자긍심 ・우리 마을 문화여가 환경의 조성
	도시와 농촌의 사랑나누기	・하나가 되는 전북의 도시와 농촌 ・도시와 농촌 간 빈번한 교류 ・잘사는 지역농촌 건설 ・도시와 농촌이 공감하는 문화여가 환경의 조성
푸른약속 운동실천을 위한 네트워크 구축	환경교육은 평생교육	・환경교육의 질을 높여 도민들의 환경보전의식을 함양한다. ・환경교육 범위를 넓히고 횟수를 늘려, 각계각층이 환경교육을 받을 수 있도록 한다. ・체계적이고 지속적인 환경교육을 가능하게 한다.
	푸른약속운동의 확대	・푸른약속운동을 시・군 의제까지 전파하여 전라북도 내에서 동시 다발적으로 추진할 수 있도록 한다. ・각 시・군이 연계하여 추진할 수 있는 사업은 네트워크를 구성하여 조정할 수 있도록 한다.

자료: 푸른약속 전북 21 추진협의회(2002. 1)에서 재구성.

은 활동이다' 하는 생각이 들었다고 한다. 광역의제다운 활동이기 때문이라는 것이다. 푸른온고을 21 추진협의회에서도 전주천과 삼천에 관심을 두고 활동하고 있지만 만경강을 다루기는 어려웠다는 것이다(「푸른약속」, 2001년 겨울호).

이에 따라 '전북도민과 조화될 수 있는 만경강 만들기'를 장기적 과제로, '만경강 기초자료조사 및 데이터베이스화, 만경강에 대한 도민의 관심과 애정 고취, 만경강 관련 기구들의 네트워크화'를 단기적 과제로 삼게 되었다. 이를 위해 각 분과위원회는 '만경강살리기운동 도민참여프로그램 구축'(자연환경분과위원회), '상류지역 상수원살리기운동 전개'(생활환경분과위원회), '만경강유역 자랑스런 우리 마을만들기 조성'(사회경제환경분과위원회), '만경강 관련 교육프로그램 운영'(교육홍보위원회) 등의 실천 과제를 수행하기로 했다(〈그림 5-4〉 참조).

또한 푸른약속 전북 21 추진협의회는 2002년 환경교육프로그램 개발을 위한 '민-관협력 환경 교육 시범 사업'을 공모 사업으로 정해 전라북도 소재의 기관이나 단체를 대상으로 참신하고 효과적인 환경교육프로그램을 공모하기로 했다.

<그림 5-4> 푸른약속 전북 21 추진협의회 2002년 중점 실천 사업

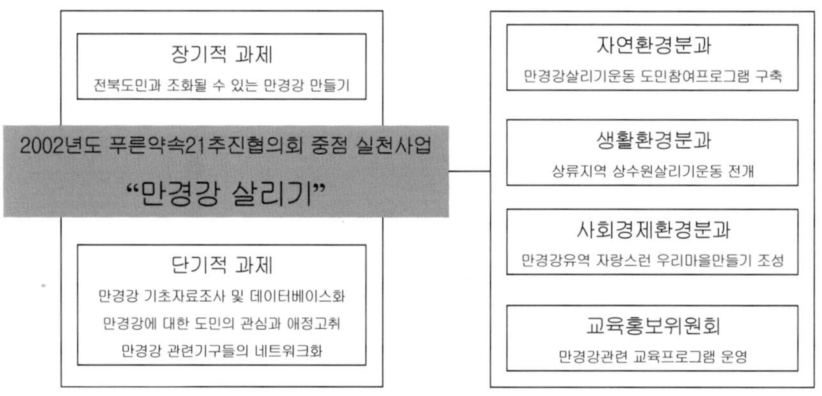

자료: 지방의제 21 전북지역협의회(2002).

4. 소　결

　이상의 논의를 정리하면 〈표 5-13〉과 같다. 청정제천 21, 인천의제 21, 푸른약속 전북 21은 각각 행정, 기업, 시민이 지방의제 21을 실천하기 위한 구체적인 행동 지침을 따로 제시하고 있다는 점에서 공통적이지만, 서로 비교되는 몇 가지 특징을 띠고 있다.

　우선 청정제천 21은 환경문제와 관련된 8개 대상을 중점 추진 항목으로 두고 목표와 내용을 담고 있다. 이 가운데 물, 대기, 폐기물, 교통, 생태, 문화, 복지 등 7개 항목은 인천의제 21과 겹치는 내용이다. 청정제천 21은 제천시에 있는 '의림지 보호'와 인접한 '충주호 수질 보전'을 물 항목에 담고 있다. 그리고 도농통합시로서의 성격을 살려 생태 항목에서 '환경농업 실천', 문화 항목에서 '농촌을 살기 좋은 문화정주권으로'라는 항목을 담고 있다.

　인천의제 21은 위의 7개 항목 이외에도 에너지, 도시 계획 항목을 가지고 있으며 세 가지 분야씩 묶어 기본 방향을 제시하고 있다. 즉 '환경오염 억제와 자연 환경을 보전'한다는 기본 방향을 두고 대기, 물, 생태 분야의 비전을 제시했고, '순환적이고 절약하는 도시 구축'이라는 기본 방향을 두고 폐기물, 에너지, 교통 분야의 비전을 제시했으며 '삶의 멋이 넘치는 사회 조성'이라는 기본 방향을 두고 도시 계획, 문화, 복지 분야의 비전을 제시했다.

〈표 5-13〉 지방의제 21 내용의 비교

구　분	제천시	인천광역시	전라북도
도시 구분	도농통합시	광역자치단체	광역자치단체
추진 방식	정부 주도	NGO 주도	정부 - 기업 - NGO
환경문제	보　통	심　각	보　통
특　징	일반적	세부적	시 · 군 공동 사업
특성 반영	4개 항목	5개 항목	4개 항목

특히 항구도시라는 특성을 살려 물 항목에서 '노을을 즐길 수 있는 해변', 생태 항목에서 '생명의 갯벌 생산의 갯벌 생활의 갯벌', '활기차고 풍요로운 바다', 도시 계획 항목에서 '뱃고동 소리 은은한 항구도시' 등의 항목을 담고 있다. 또한 공업 도시로서 폐기물 항목에 '사업장폐기물 자원화로 만들어진 환경산업도시' 항목을 두고 있다.

환경문제가 심각한 편이고, NGO가 주도하여 작성된 인천의제 21은 그만큼 세부 항목을 많이 설정하였고, 구체적인 실천에 대한 평가 지표도 많아 총 28항목, 82개 지표를 설정했다. 이는 아직 민－관 파트너십이 성숙되지 않은 상태에서 각 실천 주체별로 지키기 힘든 목표였고, 실천 상황을 평가하기에도 어려움이 있어 '실천상황평가'를 통해 총 14개 항목, 21개 지표로 다시 조정되는 과정을 겪게 되었다.

푸른약속 전북 21의 구성과 내용을 보면, 네 가지 기본 방향과 10가지 세부 내용을 담고 있다. 푸른약속 전북 21의 경우는 '광역의제 21'로서의 성격을 잘 반영하고 있는 것으로 볼 수 있다. '만경강을 전라북도의 젖줄로 되살리자', 항목과 '친환경적인 새만금 가꾸기' 항목은 전라북도 내 대부분의 시·군과 관련되는 문제로서 푸른약속 전북 21 추진협의회가 중심적으로 추진하려는 내용이다. 또한 '푸른약속 운동의 확대'는 지방의제 21을 각 시·군 의제까지 전파하고 각 시·군이 연계할 수 있는 네트워크를 구성하도록 목표를 세우고 있는 것이다.

제6장 지방의제 21 실천 사업 단계

이 장에서는 각 사례 지역에서 수립된 지방의제 21이 구체적인 실천 사업으로 펼쳐지는 단계를 분석하기로 한다. 우선 각 사례 지역의 지방의제 21 추진 기구들은 실천 사업을 수행하기 시작하면서 체계와 구성의 변화를 겪었고, 지방의제 21의 내용을 수정하기도 했다. 또한 실천 사업을 위해 예산의 체계도 확립되기 시작했다. 실천 사업은 참여 대상과 참여 정도에 따라 구분하여 분석하기로 한다.

제1절 파트너십 체계와 구성의 변화

1. 파트너십 체계의 변화

각 지역에서 지방의제 21이 수립되고 나면 수립되어 공포된 지방의제 21을 구체적으로 실천하는 실천 사업이 전개된다. 지역의 현황을 분석하고 개선 목표를 세워 실천 의제들을 개발하는 수립 단계에서는 기초 자료 조사 및 분석과 다양한 주체들의 의견 수렴 등이 중심이 되었다. 실천 단계에서는 실천 사업을 중심으로 역할 분담 체계가 형성됨으로써 수립 단계의 체계와 약간의 변화를 보인다.

1) 제천시

제천시의 경우 청정제천 21의 공포를 앞두고 제천시 환경관리과 환경기획팀은 향후 실천 사업을 위해 청정제천 21 추진협의회 체제를 재정비할 필요성을 인식했다. 이미 1999년의 단위 실천 과제로 정한 '환경정화식물가꾸기'를 진행하면서 보다 체계적으로 실천 사업을 수행할 필요를 느끼게 되었다.[1]

이에 따라 1999년 10월 청정제천 21 추진협의회는 추진협의회 재정비를 위한 준비위원회를 구성하고, 2000년 5월 25일 청정제천 21 추진협의회의 공식적인 창립총회를 개최하여 운영 정관을 개정했다.

1차 운영 정관 개정에 따르면, 협의회를 '50인 내외'로 구성한다는 조항에서 50인 내외라는 구절을 삭제하였다(제4조 협의회 기구와 임원 제1항). 회장단에서 '부회장 2인'으로 되어 있던 조항을 '부회장 3인'으로 수정하였다(제3항).[2] 그리고 '3-5명의 고문을 둔다'라고 되어 있던 조항을 '약간명의 고문을 두며'로 수정하였고 '회계와 사업을 감사할 2명의 감사를 둔다'라는 조항을 신설하였다(신설 제6항).

운영위원회 역시 '5인 이내의 당연직 위원과 영입직 위원으로 구성하되 60인 이내의 위원으로 한다'라는 조항이 '회장단, 각분과위원장, 간사, 사무국장, 당연직위원을 포함하여 구성한다'라고 수정되었다(제5조 운영위원회의 구성 제1항).

지방의제 21 수립 단계가 지방정부에 의해 주도되면서 현실적인 역량을 고려하기보다는 외형적인 체계와 구성을 기획하다보니 무리하게 설정된 것

---

1) 더욱이 청정제천 21의 완성 이후 실천 사업 단계에서는 협의회 구성 단체들의 적극적인 참여가 필요했고 더 많은 시민들이 참여하는 사업을 추진할 계획이었다(제천시 환경관리과 H팀장과의 인터뷰, 2002. 4. 16).
2) 협의회를 공식 창립하면서 부회장을 정할 때, 지역 내 시장, 교육청교육장, 시의회의장 등 3인을 같은 직위로 대우할 필요가 있었다(제천시 환경기획팀 H팀장과의 인터뷰, 2002. 4. 9).

들이 현실적인 목표로 조정된 것이라고 볼 수 있다.

　분과위원회의 경우 '기획홍보위원회, 협력위원회, 연구위원회를 둔다'(제9조 분과위원회 제1항)라는 조항을 '기획실행위원회, 협력위원회, 연구위원회를 둔다'라고 수정하였다. 지방의제 21 수립 단계에서는 기획위원회와 실무추진위원회로 운영하였지만, 현실적으로 제천시 환경관리과 환경기획팀이 기획과 실무를 모두 담당해왔기 때문에 이를 통합하여 기획홍보위원회로 되어 있던 것을 기획실행위원회로 변경한 것이다. 이 때문에 제9조의 1, 제9조의 2, 제9조의 3조항들을 신설하여 기획실행위원회, 협력위원회, 연구위원회를 구체화하였다.

　기획실행위원회는 환경 관련 전문가, 환경 관련 부서 공무원, 기업체의 임직원, 시민·환경단체 임직원, 각 종교계, 민간단체, 각 직능단체, 교육계, 언론계 및 본회에 참여하고자 원하는 일반 시민 등으로 구성하기로 했다(제9조의 1 기획실행위원회 제1항). 기획실행위원회는 사업의 총괄 기획, 총회 및 홍보 계획 수립과 추진, 사업 각 부문에 시민 실천 운동으로서의 참여, 토론회·공청회·캠페인 등의 사업 계획을 수립·추진하는 기능을 수행한다(제9조의 1 기획실행위원회 제2항).

　협력위원회는 각종 기업체, 금융 기관, 봉사단체, 그리고 각 직능단체 등의 임원으로 구성하기로 했고, 추진 사업의 원활한 운영을 위한 각종 지원을 하도록 했다(제9조의 2 협력위원회). 협력위원회는 이후 각종 추진 사업을 후원했고, 청정제천 21 추진협의회에 후원금을 지원했다(제천시 환경관리과 H팀장과의 인터뷰, 2002. 4. 16).

　연구위원회는 다음과 같은 분야의 전문가 및 관련자로 구성하여 각 분야별 사업을 기획·연구하여 '실천가능한 계획'을 수립하여 운영위원회에 상정하도록 했다(제9조의 3 연구위원회). 하지만 실제 운영에서 각 분야별로 세분화되지는 않았다.

① 대기, 소음·진동, 수질, 폐기물, 자연 생태 분야

② 자원, 에너지, 산업, 경제, 환경 경영, 공원 녹지 분야

③ 환경 교육, 생활 개선, 관광, 토지 이용, 도시 계획, 교통 분야

1차 정관 개정을 통해 재정비된 청정제천 21 추진협의회의 기구도는 〈그림 6-1〉과 같다.

<그림 6-1> 청정제천 21 실천 과정의 청정제천 21 추진협의회 기구도

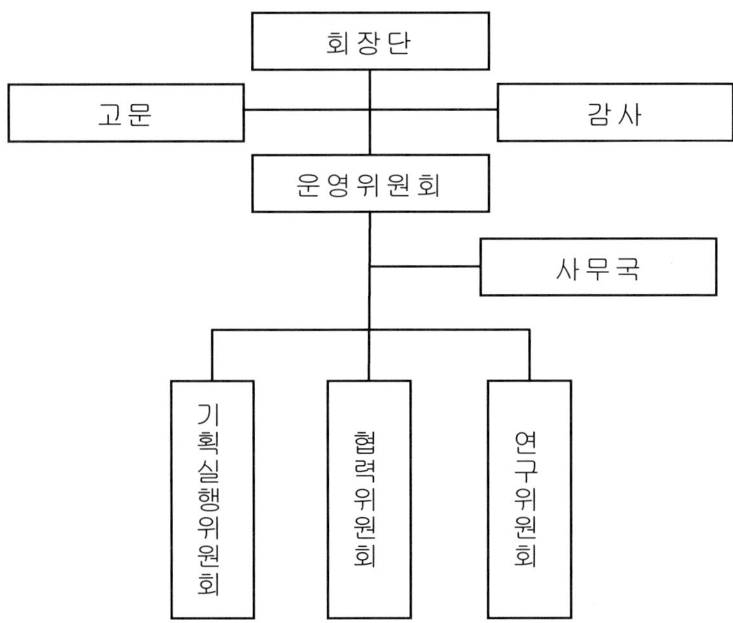

자료: 청정제천 21 준비위원회(2000).

2) 인천광역시

인천의제 21 실천협의회도 실천 단계에서 추진 체계를 정비했다. 우선 수립 단계에서 내렸던 인천의제 21의 정의를 세분화하여 제2조 정의 제2항을 신설했다. 이 항목에서 지속가능한 발전의 의미를 명시했는데, '미래 우리 후손의 욕구를 충족시킬 수 있는 능력과 여건을 저해하지 않으면서 현 세대의 욕구를 충족시키는 개발을 말한다'라고 정의했다.

협의회의 기능도 실천 단계에 맞게 구체화하였다. 1999년 2월 22일 제정 당시와 2000년 3월 27일 개정 때의 항목을 비교한 것이 〈표 6-1〉이다(제3조 사업).

표에서 볼 수 있는 것처럼, 수립 단계에서의 기능은 시민·기업·시의 참여 유도를 위한 방안을 제시하고 정책 대안을 건의하며 각종 환경오염 행위 감시 활동 및 환경 보전 시민운동을 전개하는 것으로 되어 있었다. 실천 단계에서는 수립된 인천의제 21을 효율적으로 실천하는 것을 주 기능으로 삼았고, '환경적으로 건전하고 지속가능한 개발'을 위한 정책대안을 제시하는 것으로 수정되었다.

한편 운영위원회의 기능에서는 인천의제 21 실천에 대한 종합평가에 관한 사항을 신설했다(제6조 운영위원회 제6항). 인천의제 21 실천협의회는 인천의제 21을 수립하면서 2000년, 2003년 2008년 시민·기업·인천시 종합 보고회를 개최하여 실천성과를 평가하고 인천의제 21을 수정하기로 했기 때문이다(인천의제 21 실천협의회, 1999: 119).

인천의제 21 수립 단계에서 대기, 물환경, 생태, 폐기물, 에너지, 교통, 도시계획, 문화, 복지 등 9개 분과였던 분과위원회는 실천 단계에서 대기·교통분과위원회, 문화·복지위원회, 물·생태·도시계획분과위원회, 에너지·폐기물분과위원회 등 4개 분과위원회로 통합·조정되었고, 홍보·교육분과위원회가 신설되었다. 실천 단계에서는 현실적으로 역량을 집중할 필요가 있었던 것이다. 운영위원회, 실행위원회, 각 분과위원회의 기구도는 〈그림 6-2〉와 같다.

<표 6-1> 인천의제 21 실천협의회의 기능 수정

항목	제정시	개정시
①	'인천의제 21'의 효율적인 실천 추진 및 시민·기업·시의 참여 유도를 위한 **방안 제시**	'인천의제 21'의 효율적인 실천추진
②	환경적으로 지속가능한 개발을 위한 **정책대안 건의**	환경적으로 건전하고 지속가능한 개발을 위한 **정책대안 제시**
③	각종 환경오염행위 **감시활동 및 환경보전 시민운동** 전개	기타 '인천의제 21'과 관련한 사항
④	'인천의제 21'의 실천에 대한 평가와 계획 수정	'인천의제 21' 실천에 대한 계획과 평가
⑤	시민·기업·시의 '인천의제 21' 실천사업에 대한 협조체제 구축	'인천의제 21' 실천사업에 대한 시민·기업·시의 협조체제 구축
⑥	국·내외 지방자치단체 또는 이와 유사한 기관과의 파트너십 형성 및 지방의제 21 관련 정보의 교류 추진	국내·외 지방자치단체 또는 이와 유사한 기관과의 파트너십 형성 및 지방의제 21 관련 정보의 교류 추진

<그림 6-2> 인천의제 21 실천 과정의 인천의제 21 실천협의회 기구도

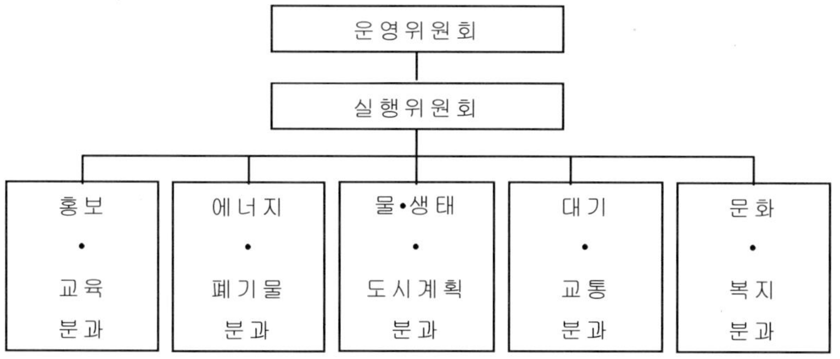

자료: 인천의제 21 실천협의회(1999: 111).

3) 전라북도

전라북도의 경우 2002년 1월 29일 푸른약속 전북 21을 수립하면서 실천 사업을 시작하는 단계여서 특별한 추진 체계의 변화는 없었다. 다만 '푸른약속 전북 21 추진협의회 운영회칙'에 '제2장 사무처운영'을 신설하여 첫째, 협의회 각종 사업의 집행 및 관련된 업무의 수행, 둘째, 협의회의 예산관리 및 집행, 셋째, 기타 협의회의 목적 달성에 필요한 사업의 기획 및 진행 등의 기능을 명시했다. 그리고 수립 단계에서는 분과위원회의 일에 참여했던 기업 실행위원회와 도민실행위원회 위원들의 활동이 본격적으로 시작될 것으로 기대된다.

2. 파트너십 구성의 변화

1) 제천시

청정제천 21 추진협의회는 수립된 청정제천 21을 본격적으로 실천하기 위해 2002년 5월 25일 청정제천 21 추진협의회 창립총회에서의 1차 정관 개정을 통해 운영위원회를 기획실행위원회, 협력위원회, 연구위원회로 세분화하였다. 조직 재정비 이후의 구성을 정리하면 〈표 6-2〉와 같다.[3]

---

3) 분과위원으로는 단체에서 중소기업인회 총무, 여성단체협의회장, YWCA 총무, 농업경영인연합회장, 실업극복협의회 사무국장, 청년회의소 회장, 바르게살기운동협의회 총무, 새마을협의회 사무국장, 음식업지부 사무국장, 산림조합장, 축협조합장, 축산기업조합장, 의사회장, 치과의사회장 등이 참여하였고, 기업에서 기업인협의회장, 그린주유소 사장, 홈마트 사장, 신우건설 대표, 동국환경, 대진환경, 대림요업, 청록환경 대표 등이 참여하였다. 이 밖에 건축설계사, 환경미화사 등이 참여하고 있다.

<표 6-2> 청정제천 21 실천 단계의 청정제천 21 추진협의회 구성

<table>
<tr><td rowspan="2">구 분</td><td colspan="2" rowspan="2">계(비율: %)</td><td colspan="3">기획실행위원회</td><td colspan="3">연구위원회</td><td colspan="3">협력위원회</td></tr>
<tr><td>위원장</td><td>간사</td><td>위원</td><td>위원장</td><td>간사</td><td>위원</td><td>위원장</td><td>간사</td><td>위원</td></tr>
<tr><td>계</td><td colspan="2">38(100)</td><td>1</td><td>1</td><td>9</td><td>1</td><td>1</td><td>12</td><td>1</td><td>1</td><td>11</td></tr>
<tr><td>공무원</td><td colspan="2">11(28.9)</td><td></td><td>1</td><td></td><td></td><td>1</td><td>9</td><td></td><td></td><td></td></tr>
<tr><td>시의회</td><td colspan="2">-</td><td></td><td></td><td></td><td></td><td></td><td></td><td></td><td></td><td></td></tr>
<tr><td>교 수</td><td colspan="2">2(5.3)</td><td></td><td></td><td></td><td>1</td><td></td><td>1</td><td></td><td></td><td></td></tr>
<tr><td>교 사</td><td colspan="2">1(2.6)</td><td></td><td></td><td></td><td></td><td></td><td>1</td><td></td><td></td><td></td></tr>
<tr><td>기업인</td><td colspan="2">8(21.1)</td><td>1</td><td></td><td>1</td><td></td><td></td><td></td><td>1</td><td>1</td><td>5</td></tr>
<tr><td rowspan="3">NGO</td><td rowspan="3">14
(36.8%)</td><td>환경
단체
1
(2.6)</td><td></td><td></td><td></td><td></td><td></td><td></td><td></td><td></td><td></td></tr>
<tr><td>종교
단체
1
(2.6)</td><td></td><td></td><td>1</td><td></td><td></td><td></td><td></td><td></td><td></td></tr>
<tr><td>사회
단체
12
(31.6)</td><td></td><td></td><td>7</td><td></td><td></td><td></td><td></td><td></td><td>5</td></tr>
<tr><td>기 타</td><td colspan="2">2(5.3)</td><td></td><td></td><td></td><td></td><td></td><td>1[1]</td><td></td><td></td><td>1[2]</td></tr>
</table>

자료: 청정제천 21 추진협의회, 「'청정제천 21 추진협의회' 회의록」.
주: 1) 건축설계사
    2) 환경미화사

표에서 볼 수 있듯이 청정제천 21 추진협의회 분과위원회의 구성은 환경·사회·종교단체가 14명(36.8%)이고, 공무원이 11명(28.9%), 기업인이 8명(21.1%)으로 나타났다. 사회단체에 포함된 위원들이 대부분 기관 단체장임을 고려해 본다면, 청정제천 21 추진협의회는 주로 공무원으로 구성되어 있다고 할 수 있다. 제천 지역 NGO의 역량이 미약하다는 것을 감안하더라도 실천 단계에서 역시 시정부가 주도하고 있는 것으로 볼 수 있다.

기업인들은 주로 협력위원회에 속해 정책 기능이나 실천 활동보다는 후원 형태로 소극적인 참여를 보이고 있음을 알 수 있다. 또한 시의회의 경우 분과위원회에 참여하는 의원이 없는 것은 지방의제 21이 지방의 구성 주체들의 참여를 통해 추진되는 것임을 의회에서 아직 깊이 인식하지 못하고 있기 때문인 것으로 풀이된다(제천시 환경관리과 H팀장과의 인터뷰, 2002. 4. 9).

2) 인천광역시

〈표 6-3〉은 인천의제 21 실천 단계의 인천의제 21 실천협의회 구성을 정리한 것이다. 인천의제 21 실천 단계에서도 환경·사회·종교단체 등 NGO가 전체의 39.1%인 52명으로 가장 많다. 대신 공무원이 19.5%(26명)로 많아졌고, 전문가 그룹의 교수가 16.5%인 22명으로 줄었다. NGO 중에서는 사회단체 구성원이 전체의 16.5%인 22명이고, 환경단체가 전체의 12.0%인 16명이다. 다음으로 기업인이 전체의 10.5%인 14명이 참여하고 있다. 구성비의 변화는 기초 조사 및 목표 설정 등 연구 작업이 많은 수립 단계에 참여했던 연구 전문가들이 줄었기 때문이다.

표에 정리되어 있는 운영위원 중에는 회장인 이종인 인천상공회의소 상근부회장, 부회장인 오경환 인천경제실천시민연합 공동대표, 남기명 인천광역시 행정부시장이 포함되어 있다.

<표 6-3> 인천의제 21 실천 단계의 인천의제 21 추진협의회 구성

| 구 분 | 계
(비율: %) | NGO | | | | 언론인 | 교수 | 교사 | 기업인 | 의회 | | 인천발전연구원 | 공무원 |
		환경단체	사회단체	종교단체	기타					시의회	구의회		
계(비율: %)	133(100)	16 (12.0)	22 (16.5)	7 (5.3)	7 (5.3)	2 (1.5)	22 (16.5)	4 (3.0)	14 (10.5)	3 (2.3)	1 (0.8)	9 (6.8)	26 (19.5)
운영위원	18(13.5)	2	3	2		1	3		2	1		1	3[1]
실행위원	18(13.5)	3	3	1	1[1]		5			1		1	3
분과위원회	97(72.9)	11	16	4	6	1	14	4	12	1	1	7	20
홍보·교육	19	3	4		1[2]		1	1	6				3[3]
물·생태·도시계획	20	4	2			1	3	1	1		1	2	5
대기·교통	14	2	1	2			1		2	1		2	3
에너지·폐기물	18	2	2		2[4]		3	2	3			1	3
문화·복지	26		7	2	3[5]		6					2	6

자료: 인천의제 21 실천협의회(2002b)에서 정리.
주: * 2001년 기준임.
    1) 인천여성노동자회 회장
    2) 소설가 1인
    3) 과학담당장학관 1인 포함
    4) 전 인천시 전문위원 1인, 국회의원 특보 1인
    5) 예술인 3

3. 인천의제 21의 수정

지방의제 21 추진의 일반적인 절차는 수립 체계를 확립하고, 지역 사회의 문제를 분석하고, 실천 계획을 하여 실천 사업을 집행한 후 평가와 환류 단계를 거치게 된다. 전라북도의 경우 2002년 들어서야 본격적인 실천 사업 단계에 접어들었지만, 제천시는 2년간의 실천 사업을 펼쳤음에도 불구하고 아직 평가와 환류 작업은 없었다.

반면 인천의제 21 실천협의회는 인천의제 21 수립 단계에서 2000, 2003, 2008년에는 인천의제 21 실천상황과 시민 인지도를 평가하여 대 시민, 기업,

인천시에 보고하도록 명시했었다. 이에 따라 평가 추진팀을 구성하여 1999년 6월부터 2000년 6월까지의 인천의제 21 실천 상황을 시민인지도 조사, 내부 평가, 참여 위원 의견 조사, 외부 전문가 평가 등으로 구분하여 평가하였다 (〈표 6-4〉 참조).

〈표 6-4〉 인천의제 21 실천 상황 평가 일지

기 간	추진 사항
2000. 11. 6 -2000. 11. 18	·평가항목 선정 및 구체화 ·내·외부평가별 평가주체 선정
2000. 11. 13 -2000. 11. 25	·평가항목별 평가주체 및 방법 결정 (준비단 기획팀 워크샵 시행)
2000. 11. 20 -2000. 12. 5	·평가틀 내부적으로 잠정 확정 ·여론조사 관련계획 성안 및 행정절차 추진
2000. 12. 10 -2000. 12. 30	·평가틀 확정 및 자문을 위한 포럼 개최(12. 14) (분과 간사 및 분과위원장 주도적 역할 수행)
2000. 12. 6 -2001. 2. 20	·평가틀 포럼결과에 따른 평가틀 수정 ·내외부 여론조사 실시(인터넷을 통한 사이버 조사 및 의견수렴)
2001. 2. 10 -2001. 3. 20	·인천의제 21 작성과정 참여자 의견 조사 ·인천의제 21 참여 각 분과위원 의견 조사
2001. 2. 1 -2001. 4. 30	·내부평가 실시, 내부평가 1차 보완 의뢰·재취합·종합정리 ·평가실무팀의 계량화 / 확인절차 및 내부회람 / 여론조사 결과보고
2001. 4. 1 -2001. 5. 30	·실행위원 및 운영위원 의견조사
2001. 4. 20 -2001. 5. 10	·평가결과 취합 및 의제 수정 사항의 안건화 ·평가결과 수정, 보완
2001. 5. 1 -2001. 6. 5	·의제 수정 사항에 대한 실천협의회 내부 토의 ·실행위원회 및 운영위원회 상정
2001. 5. 20 -2001. 6. 20	·외부 전문가(자문위원) 평가
2001. 6. 20 -2001. 7. 10	·평가결과 종합정리
2001. 7. 13	·보고대회 개최(대시민 / 기업 / 인천시 보고회)

자료: 인천의제 21 실천협의회(2001b: 18).

인천의제 21 실천협의회는 이 평가 결과로 2001년 7월 13일 평가보고대회를 가졌으며, 평가 결과와 평가보고대회에서 제시된 사항들을 기초로 하여 보다 구체적인 논의를 위하여 '평가 추진팀'을 '평가 결과 추진팀'으로 개칭하고 6번에 걸친 회의와 워크샵을 통하여 구체적인 결과들을 취합하였다.

그 결과 첫째, 인천의제 21 내용의 대대적인 축소와 내용 수정을 합의하였고, 둘째, 인천의제 21 실천협의회 주요 운영 방향 및 조직의 변화 등은 지속적으로 논의하기로 하였다. 첫 번째의 경우 인천의제 21의 실천 항목이 너무 방대하여 논의와 지표 달성도 평가에 어려움이 많다는 이유로 꼭 필요한 부분만을 남기고, 확인이 어렵거나 중요성이 덜한 부분은 과감히 정리하여 중점 방향을 설정해 나가기로 합의하게 되었다.

〈표 6-5〉는 조정 결과를 정리한 것이다. 인천의제 21이 처음에 설정한 항목들을 대기 2개 항목 3개 지표, 교통 2개 항목 2개 지표, 물 2개 항목 4개 지표, 생태 1개 항목 1개 지표, 도시계획 1개 항목 1개 지표, 에너지 1개 항목 3개 지표, 폐기물 1개 항목 2개 지표, 문화 2개 항목 3개 지표, 복지 2개 항목 2개 지표 등 총 14개 항목 21개 지표로 수정하였다(인천의제 21 실천협의회, 2001. 10).

〈표 6-5〉 인천의제 21 실천 항목의 변화

분 야	기존 항목	기존 지표수	변경 항목	변경 지표수
대 기	3	14	2	3
물	3	14	2	4
생 태	3	8	1	1
폐기물	3	11	1	2
에너지	2	4	1	3
교 통	4	6	2	2
도시계획	2	6	1	1
문 화	4	9	2	3
복 지	4	10	2	2
계	28	82	14	21

자료: 인천의제 21추진협의회(2001c. 10).

4. 소 결

　지방의제 21 추진 단계에서 각 사례 지역 추진 기구의 체계를 비교해 보면, 〈표 6-6〉과 같이 정리할 수 있다. 표에서 보는 바와 같이 인천광역시에서는 공동대표제를 회장 1인과 부회장 2인 체제로 정비하였다. 효율적인 실천 사업을 추진하기 위해서이다. 제천시에서도 실천 사업 추진을 위해 조직을 재정비했는데, 회장단의 부회장을 3명으로 늘렸다. 실천 사업 단계에서 참여를 확대하기 위해 기관 단체장을 안배했기 때문이다.

〈표 6-6〉 지방의제 21 실천 단계의 체계 비교

구 분	제천시	인천광역시	전라북도
회장단	회장 1인 부회장 2인 → 회장 1인, 부회장 3인 (기관단체장 안배)	공동대표 3인 → 회장 1인, 부회장 2인 (책임 명확화)	-
재정비 이유	실천 사업 추진	효율적인 실천 추진	-
분과위원회	기획실행위, 협력위, 연구위 (공무원 및 NGO, 기업, 전문가 등의 역할 분담)	9개 분과위 → 4개 분과위로 축소 홍보교육분과 신설	-
개편 이유	참여 확대	실천사업 집중	-

　분과위원회의 변화를 보면, 제천시는 기획실행위원회, 협력위원회, 연구위원회 등 3개로 개편하고, 기획실행위원회는 공무원과 NGO, 협력위원회는 기업, 연구위원회는 전문가 등을 중심으로 배치하였다. 인천광역시는 실천 사업의 집중력을 높이기 위해 9개 분과위원회를 4개 분과위원회로 축소·조정하고, 홍보교육분과위원회를 신설하였다.

　정부 주도형 추진 과정을 보이고 있는 제천시의 경우 실천 사업 단계에서 분과위원회를 개편했음에도 불구하고 여전히 기능별 조직 구조를 보이고 있어 적극적인 참여 확대와 실천 사업의 다각화에는 한계가 있었던 것으로 분석된다. 반면 NGO 주도형 추진 과정을 보이고 있는 인천광역시의 경우는 실천 사업의 효율성을 기하기 위해 분과위원회를 개편하였는데, 수립 단계에서 9개 분과위원회가 분과위원회별 간사단체 중심으로 운영된 것이 참여 확대에 제약 요인으로 작용했기 때문인 것으로 분석된다.

지방의제 21 실천 단계에서 각 사례 지역 추진 기구의 인적 구성은 〈표 6-7〉과 같이 정리할 수 있다. 전라북도의 경우에는 인적 구성의 변화가 없다.

표에서 보는 바와 같이 제천시와 인천광역시에서 공무원의 비율이 늘고 전문가의 비율이 줄었다. 제천시의 경우 수립 단계에서는 6.3%였던 것이 실천 단계에서 28.9%로 늘었다. 수립 단계에서와 마찬가지로 실천 단계에서도 지방의제 21의 추진은 환경관리과 환경기획팀이 전담하고 있지만, 수립 단계에서 기관단체 임직원들을 형식적으로 위촉했다가 실천 사업 단계에서 실제 위촉한 위원들의 수가 줄었고 관련 부서 공무원들을 배치했기 때문인 것으로 분석된다. 기업인의 비율은 6.3%에서 21.1%로 높아졌는데, 분과위원회를 개편하면서 협력위원회에 기업인을 많이 참여시켰기 때문이었다.

인천광역시의 경우도 수립 단계의 12.3%에서 실천 단계로 들어와 19.5%로 늘었다. 반면 전문가의 비율은 26.2%에서 23.3%로 줄었다.

〈표 6-7〉 지방의제 21 실천 단계의 인적 구성 비교

구 분	제천시	인천광역시	전라북도
공무원	6.3% → 28.9%	12.3% → 19.5%	5.6%
의 회	9.4% → 0%	7.0% → 3.1%	8.5%
전문가	6.3% → 5.3%	26.2% → 23.3%	26.8%
기 업	6.3% → 21.1%	7.5% → 10.5%	18.3%
NGO	72.0% → 36.8%	35.8% → 39.1%	36.6%

제2절 지방의제 21 추진 예산 분석

각 지방정부들은 지방의제 21 추진 기구에 대한 재정 지원을 명시하고 있다. '청정제천 21 추진협의회 운영 정관'은 '제15조 사업비 제1항'에서 시민·기업체의 성금, 회비, 기관단체의 지원금, 시의 보조금으로 사업비를 충당하도록 하고 있다. '인천광역시의제 21 실천협의회구성 및 운영조례'는 '제19조 사업비 확보'에서 시장이 협의회의 사업계획서를 검토 분석하여 인천의제 21 실천을 위하여 필요하다고 인정될 경우에는 소요사업비를 예산에 반영할 수 있도록 했다. '전라북도지방의제 21 추진협의회설치 및 운영규정'에서도 '제15조 재정지원'에서 도지사가 협의회의 사업계획서를 검토·분석하여 지방의제 21 실천을 위하여 필요하다고 인정될 경우에는 예산의 범위 안에서 소요 경비를 지원할 수 있도록 하고 있다.

〈표 6-8〉, 〈표 6-9〉, 〈표 6-10〉은 사례 지역 각 추진 기구의 예(결)산 내역을 정리한 것이다. 〈표 6-8〉에서 보는 것처럼, 청정제천 21 추진협의회의 예(결)산은 운영비, 인건비, 사업비 등 크게 세 항목으로 분류되어 있다. 분과위원회가 세분화되어 있지 않고, 기능별로 구성된 추진 체계를 반영하는 것이라고 볼 수 있다.

그런데 청정제천 21 추진협의회의 2002년 예산은 아직 미확보된 금액으로서 시정부 지원액으로 현재 책정된 것은 예산의 4분의 1 정도라고 한다.4) 지방의제 21의 추진이 정부 주도로 진행되는 상황에서 이 같은 지원 예산의 삭감은 사업의 축소 및 단절로 나타날 것이라는 우려가 높다(청정제천 21 추진협의회 P간사와의 인터뷰, 2002. 4. 9).

반면 〈표 6-9〉에 나와 있는 인천의제 21 실천협의회의 예산은 사업비, 회

---

4) 예산 삭감은 2002년의 지방선거 실시 영향이 크다고 한다(청정제천 21 추진협의회 H위원과의 인터뷰, 2002. 4. 16).

의비, 운영비 등 크게 세 항목으로 분류되어 있지만, 각 항목은 분과위원회별로 나뉘어 있다. 분과위원회 위주의 활동을 엿볼 수 있다.

<표 6-8> 청정제천 21 추진협의회 연도별 예(결)산

(단위: 원)

분 류	항 목	2001년	비 고	2002년	비 고
운영비	전기료	447,000			
	비품구입비				
	사무용품비	414,200		400,000	
	임대료	2,081,600		2,100,000	
	신문구독료	246,000		200,000	
	정보통신료	1,059,720		1,100,000	
	연료비	380,000		400,000	
	기타잡비	34,300		500,000	
	소 계	4,662,820	9.4%	4,700,000	10.6%
인건비	상근비	8,400,000		8,400,000	
	식 비	1,100,000			
	활동비	2,000,000			
	업무추진비	176,900		3,600,000	
	소 계	11,676,900	23.6%	12,000,000	27.1%
사업비	인쇄비	5,947,600		6,000,000	
	발송비	912,750		1,000,000	
	조사연구비	3,523,700		1,000,000	
	현안대처비			1,000,000	
	대외사업비	1,363,150		1,500,000	
	자료구입비	445,800			
	전국협의회비			1,500,000	
	행사비	16,160,200		15,300,000	
	회의비	530,200		1,500,000	
	예비비			59,685	
	소 계	28,883,400	58.4%	27,559,685	62.3%
이월금		4,259,685			
합계		49,482,805	100%	44,259,685	100%

자료: 청정제천 21 추진협의회(2002. 1).
주: 1) 2001년은 결산임.
  2) 2002년 예산은 미확보된 금액임.

〈표 6-9〉 인천의제 21 실천협의회 2001-2002년도 총예산

(단위: 원)

대분류	소분류	2001년	비 고	2002년	비 고
사업비	홍보·교육분과	30,000,000		40,000,000	
	물·생태·도시계획분과	37,500,000		40,000,000	
	대기·교통분과	27,000,000		35,000,000	
	에너지·폐기물분과	34,000,000		35,000,000	
	문화·복지분과	37,500,000		40,000,000	
	공통사업비	68,000,000		164,000,000	
	소 계	234,000,000	78%	354,000,000	79%
회의비	운영위원회	2,400,000		3,000,000	
	실행위원회	2,400,000		3,000,000	
	분과위원회	9,000,000		18,000,000	
	소 계	13,800,000	5%	24,000,000	5%
운영비	일반운영비	7,800,000		6,400,000	
	여 비	8,000,000		39,000,000	
	인건비(제세공과금)	14,000,000		3,600,000	
	업무추진 및 급양비	22,400,000		23,000,000	
	소 계	52,200,000	17%	72,000,000	16%
계		300,000,000	100%	450,000,000	100%

자료: 인천의제 21 실천협의회(2000. 12, 2001. 10)에서 재구성.

〈표 6-10〉 푸른약속 전북 21 추진협의회 2000-2002년 예(결)산

2000년	항 목	수 입	지 출	내 용
추진협의회 집행	도비지원	13,500,000원	13,498,670원	
	사무국설치운영		8,669,780원	- 집기 구입 - 직원수당 및 운영비
	워크샵		1,488,000원	- 홍보 및 만찬
	명칭·심벌공모		1,360,890원	- 우수상 시상 및 제작
	홈페이지구축		1,980,000원	- 홈페이지 제작
도집행	도예산	24,200,000원	24,200,000원	- 창립총회 행사 - 사무국수리·분담금 - 운영위원회·기획조정위원회 운영 - 사무국 수리 및 분담금 지급 - 지방의제 21 전국협의회/전국대회 - 영·호남 공동평가회 및 심포지엄 - 워크샵 개최 - 홍보자료 구입 등
총 계		37,700,000원	37,698,670원	

2001년	세부계획	항 목	예 산	결 산	증감비율(%)
사업비	위원회운영비	운영위원회 운영	1,600,000원	1,610,000원	101
		3개위원회 운영	3,000,000원	3,030,000원	101
	교류사업비	시군 의제 지원	1,000,000원	1,240,000원	120
		전국협의회	5,000,000원	11,203,900원	224
	의제작성 사업	의제발굴 조사연구	28,000,000원	22,672,620원	81
		정기총회 개최	1,000,000원	624,050원	62
일반운영비	사무처 운영	사무처 운영	30,000,000원	30,052,630원	100
	기타 운영비	전국협의회 분담금	500,000원	500,000원	100
		정보화사업, 홈페이지관리	4,700,000원	3,902,800원	83
총 계			74,800,000원	74,800,000원	100

2002년	항 목	예 산
자연환경분과	소계	15,000,000원
	만경강 도민 실천사업	7,000,000원
	생명의 숲	3,000,000원
	운영비 / 홈페이지 관리	5,000,000원
사회경제환경분과	소계	15,000,000원
	자랑스런 우리 마을 만들기	3,300,000원
	도시와 농촌사랑 만들기	3,200,000원
	사례발표회	3,300,000원
	마을사랑 캠페인	1,200,000원
	운영비	4,000,000원
생활환경분과	소계	15,000,000원
	상수원청결운동	3,000,000원
	빗물모으기 워크샵	5,000,000원
	Eco-life 교육 및 지원	3,000,000원
	운영비	4,000,000원
교육홍보위원회	소계	19,800,000원
	환경교육공모 및 실천사업	5,400,000원
	홍보사업	8,600,000원
	운영비	4,000,000원
	시군협의회사업	1,800,000원
참석수당		5,000,000원
교류사업비	전국협의회 회비	700,000원
	전국협의회 출장	1,200,000원
사무처 운영비	활동비·운영비·장비구입	31,100,000원
의제보고서 발간		7,000,000원
합 계		109,800,000원

자료: 푸른약속 전북 21 추진협의회(2001: 10, 2002: 11)에서 재구성.

그런데 2002년 예산에서 사업비 가운데 공통사업비와 운영비 가운데 여비가 전년도에 비해 크게 늘어난 것으로 나타났다. 분과별 활동에 따른 실무 집중력 저하를 극복하기 위해 공통 사업을 늘리고, 외부나 '기초의제 21' 추진협의회들과의 연대 사업을 강화하고자 한 것으로 풀이된다.

〈표 6-10〉에 정리된 푸른약속 전북 21 추진협의회 2000-2002년 예산을 보면, 추진 과정의 진화를 볼 수 있다. 2000년 푸른약속 전북 21 추진협의회를 구성하는 단계에서 홈페이지 구축, 사무실 운영, 창립총회·워크샵·전국협의회 참가 등의 사업이 수행되었다. 그리고 2001년에는 주로 운영위원회, 분과위원회, 정기총회 등의 각종 회의와 의제 발굴을 위한 조사·연구 작업이 수행되었다.

2002년 실천 단계에 접어들어서는 각 분과위원회별로 예산이 책정되었고, 자랑스런 우리 마을 만들기, 도시와 농촌사랑 만들기, 상수원 청결운동, 빗물 모으기 워크샵, 환경 교육 공모 사업 및 실천 사업, 홍보 사업 등 실천 과제별로 예산이 배정되고 있다.

전체적으로 볼 때, 제천시의 경우는 시정부가 주도하여 지방의제 21을 추진하고 있으면서도 예산 확보가 안정적이지 못하고 예산 구조가 체계적이지 못한 것으로 보인다. 많은 추진 기구 참여자들이 지적하는 것처럼, 추진 예산의 확보 여부를 떠나서 예산 배정의 규모나 지속성이 지방정부의 정책 결정자들의 의지에 달려 있는 측면이 크기 때문에 지방의제 21 추진 사업의 지속가능성 자체에 대한 검토가 필요한 실정이라 할 것이다. 즉 일시적이고 일회적인 사업으로 종료되지 않고 지방정부의 지속가능한 발전 정책으로 공식화될 수 있는 방향으로 나아가는 것이 필요하다는 것이다.

그럼에도 불구하고 인천광역시의 경우는 분과위원회별로 예산이 배정되어 각 분과위원회별 활동을 지원하고 있는 것으로 볼 수 있다. 이는 2002년 예산이 증액되었음에도 사업비, 운영비, 회의비 등 대분류 항목의 비율에서 거의 차이를 보이지 않고 있다는 사실에서도 반영된다. 전라북도의 경우는 지방의제 21 추진 과정이 진행될수록 점차 체계를 잡아가고 있고, 특히 2002년 실천 사업 단계의 예산은 푸른약속 전북 21 각 중점 추진 과제에 맞춰 분과별로 배정되어 있는 것으로 나타났다.

제3절 지방의제 21 실천 사업 분석

1. 개 괄

각 지방의제 21 추진 기구들은 지방의제 21 수립을 전후로 실천 사업에 들어갔다. 청정제천 21 추진협의회의 경우 1999년 12월 청정제천 21이 수립되기 이전부터 1999년의 중점 추진 사업으로 '환경정화식물가꾸기운동'을 전개하기도 하였으며, 푸른약속 전북 21 추진협의회는 2002년 1월 푸른약속 전북 21을 발표하기 이전인 2001년 '만경강 어린이 물투어' 사업을 진행하기도 했다. 인천의제 21 실천협의회는 1998년 말 인천의제 21을 공포하고, 1999년부터 본격적인 실천 단계에 들어가 실천 사업을 수행하고 있다.

각 지방의제 21 추진 기구가 수행해온 실천 사업은 설문 조사에서부터 백일장, 강연회, 공청회, 토론회, 생태학교, 자전거대행진 등 다양한 형태로 나타난다. 물론 각 지방의제 21에는 행정, 기업, 시민 각 부문의 구체적인 목표들이 제시되어 있기도 하지만, 측정 가능한 지표화 된 것이 적고 주관적인 질적 지표가 많다. 더욱이 환경문제의 경우도 사업의 성과나 정책의 효과가 단시일 내에 나타나기란 어려운 일이기 때문에 구체적으로 나타나는 실천 사업은 주로 기초 조사 및 토론회, 시민·기업이 함께 하는 환경 의식 제고 프로그램 등이다.

이 책의 연구 목적에 비춰볼 때, 각 지방의제 21 추진 기구들이 벌여왔던 실천 사업은 추진 기구 내부의 협력을 준비하거나 파트너십을 강화하는 데 도움이 되는 사업인지 지속가능한 발전에 대한 인식을 일반 시민에게 확산시키는 데 도움이 되는 사업인지가 분석의 대상이 된다.

이러한 목적에 맞춰 각 지방의제 21 추진 기구들의 실천 사업을 분석하기 위해서는 분석의 틀이 필요하다. 우선 각 실천 사업이 추진 기구 구성원들이 주로 참여 대상이 되는 사업인지 추진 기구 외부의 일반 시민들 혹은 타 지방자치단체 등이 참여 대상이 되는 사업인지 여부에 따라 구분할 수 있다. 다음으로 추진 기구 구성원 혹은 일반 시민들이 직접 적극적으로 참여하여 함께 하는 사업인지 간접적인 대상이 되어 소극적으로 참여하는 사업인지 여부에 따라 구분할 수 있다.5) 이러한 분석의 틀을 〈그림 6-3〉과 같이 정리해 볼 수 있다.

첫째, 파트너십 준비형 사업은 추진 기구 구성원들이 실천 사업의 참여 대상이 되지만, 기초 자료 조사 사업처럼 분과위원회 일부 위원들이 참여하여 다른 실천 사업의 준비를 하는 사업이다. 다른 실천 사업의 기초가 되는 사업이라고 할 수 있다.

<그림 6-3> 지방의제 21 실천 사업 분석의 틀

참여 대상 참여 정도	내 부	외 부
직 접	파트너십 강화형	참여 확대형
간 접	파트너십 준비형	참여기반 조성형

---

5) 이와 유사하게 Foster-Fishman et al.(2001)은 파트너십의 역량을 평가하기 위해서는 구성원들의 역량, 구성원들 간의 관계 역량, 파트너십 조직 구조의 역량, 파트너십 프로그램의 역량 등을 살펴보아야 한다고 했다.

둘째, 파트너십 강화형 사업은 추진 기구 구성원들이 실천 사업의 참여 대상이 되면서 전체 구성원들이 참여하거나 어느 분과위원회가 추진하더라도 분과에 관계없이 참여 가능한 사업이다. 지방의제 21의 발전 방향에 관한 워크샵이나 지방자치단체장과의 간담회와 같은 사업은 지방의제 21의 추진을 강화·발전시키는 데 도움이 되는 사업이라고 볼 수 있다. 또한 대부분의 추진 기구 위원들이 참여함으로써 지방정부－기업－NGO 각 주체들 간의 협력 의지와 역량을 발전시킬 수 있는 사업이다.

셋째, 참여 기반 조성형 사업은 추진 기구 외부의 일반 시민이나 기업, 타 지방정부 관계자 등이 사업의 대상이 되지만, 소식지를 발간하거나 각종 환경 캠페인을 벌여 지방의제 21에 대한 인식을 제고시키고 그 취지를 알리는 사업이라고 할 수 있다. 이를 통해 지방의제 21의 의의와 실천 사업에 대한 공감대를 넓힐 수 있는 사업에 해당된다. 하지만 추진 기구 외부인들이 직접적으로 사업에 참여하는 것은 아니다.

넷째, 참여 확대형 사업은 추진 기구 외부의 일반 시민이나 기업, 타 지방정부 관계자 등이 참여 대상이 되면서 시민, 기업, 타 지방정부 관계자들이 직접 참여하여 프로그램을 공유하는 사업이라고 할 수 있다. 환경 담당 교사 세미나, 시민 공청회, 생태교실, 걷기 대회와 같은 사업이 여기에 해당된다. 환경문제에 대한 문제의식을 더욱 확산시키는 데 기여할 수 있고, 장기적으로는 일반 시민들의 문제 해결 역량을 키우는 데 도움이 될 수도 있을 것이다.

분석의 틀을 적용하여 청정제천 21 추진협의회, 푸른약속 전북 21 추진협의회, 인천의제 21 실천협의회의 추진 사업을 다음 그림들과 같이 나타낼 수 있다. '직접' 쪽에 가까울수록 '녹색가정만들기', '청소년 의제 21'처럼 행동 주체들이 자신의 생활 방식을 변화시키거나, '환경담당교사회의' 혹은 '생태교실'처럼 참여자들이 교육을 받거나 논의의 장에 참여하는 사업에 해당한다. 그리고 '외부' 쪽에 가까울수록 더 많은 참여자들 참여시킨 사업에 해당한다.

〈그림 6-4〉, 〈그림 6-5〉, 〈그림 6-6〉, 〈그림 6-7〉, 〈그림 6-8〉을 전체적으

로 볼 때, 각 지방의제 21 추진 기구들의 실천 사업은 참여 확대형 사업이 많았다는 것을 알 수 있다. 정부, 기업, 시민 세 부문이 공동으로 참여하는 종합적인 환경 계획과 실천으로서의 지방의제 21로 나아가지 못한 이벤트성 사업이 주를 이루고 있다는 비판이 있을 수도 있지만, 각 추진 기구들은 보다 많은 시민들과 함께 하는 사업에 우선순위를 두고 있었다고 볼 수 있다.

<그림 6-4> 청정제천 21 추진협의회의 실천 사업

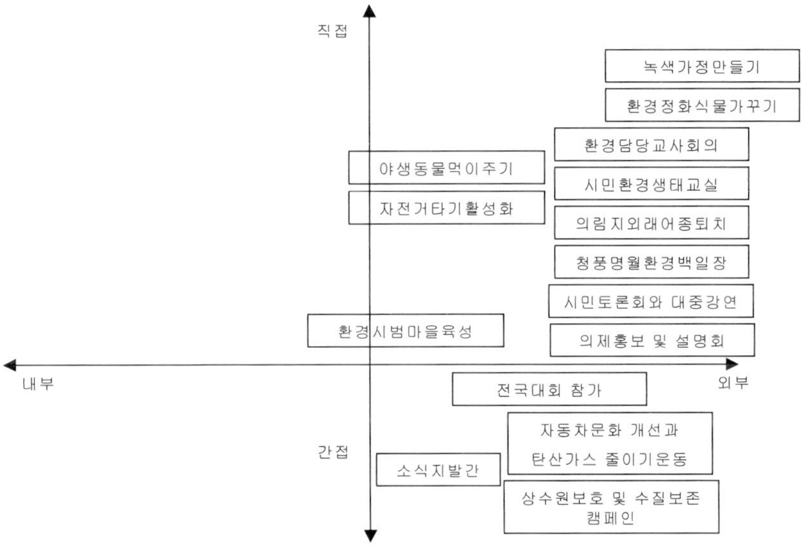

222

<그림 6-5> 푸른약속 전북 21 추진협의회의 실천 사업

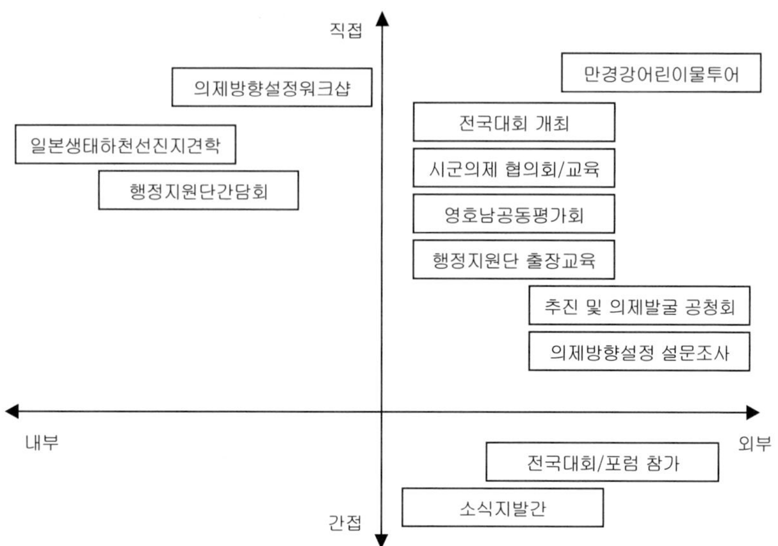

<그림 6-6> 인천의제 21 실천협의회의 실천 사업(1999년)

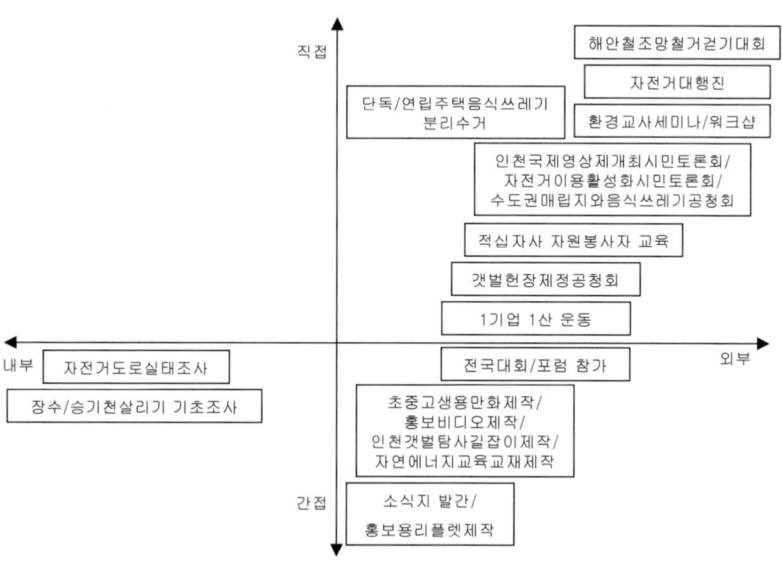

<그림 6-7> 인천의제 21 실천협의회의 실천 사업(2000년)

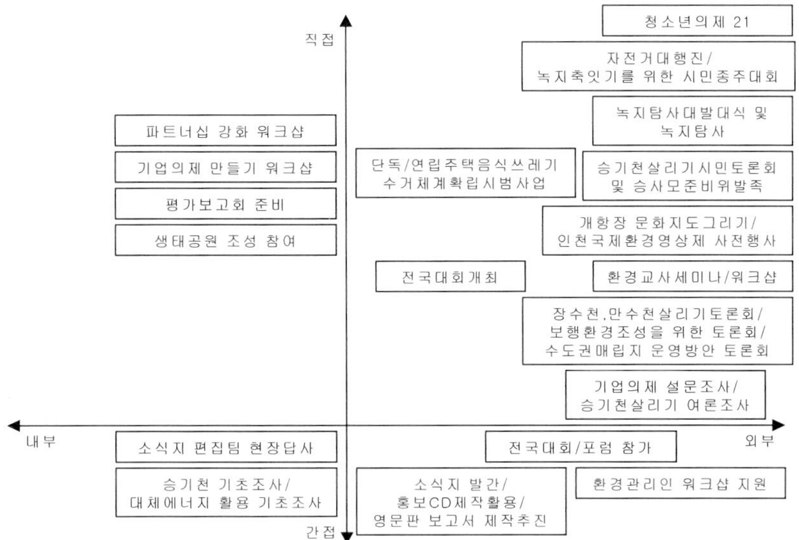

<그림 6-8> 인천의제 21 실천협의회의 실천 사업(2001년)

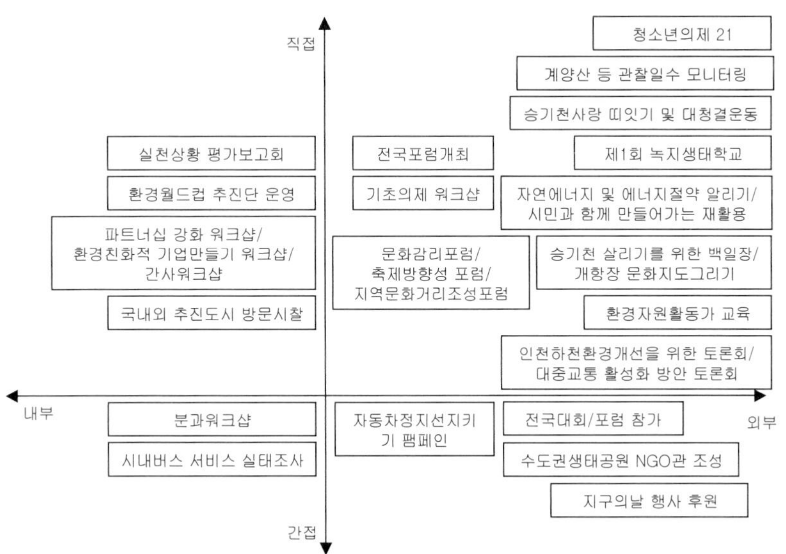

아직은 지방의제 21 실천 단계의 초반이라 교육과 홍보가 중요하기도 하고 환경 실천 활동의 시작은 환경에 대한 관심과 이해를 높일 필요가 있기 때문에 교육 및 홍보 사업이 많은 것도 사실이다. 그럼에도 불구하고 가정의제, 마을의제, 청소년의제, 광역협의회 등 각 실천 단위별로 지방의제 21을 확산시켜 나가는 노력이 지속되고 있는 점은 주목할 만하다. 하지만 실천 주체별로 볼 때는 기업 부문이 참여하는 사업이 거의 없었던 점도 특징이라 할 수 있다.

인천의제 21 실천협의회의 경우 1999년부터 2001년까지 3개년의 실천 사업을 보면, 사업 연도가 더해질수록 참여 확대형 사업 이외에도 파트너십 강화형 사업이 늘고 있음을 알 수 있다. 1999년 '인천의제 21 조직 결속의 해', 2000년 '인천의제 21 내부 파트너십 강화의 해', 2001년 '인천의제 21 시민 사회로의 확산의 해', 2002년 '인천의제 21 기업으로의 확산의 해' 등 매년 중점 실천 사업의 목표를 정해 실천해왔던 노력이 반영되었다고도 볼 수 있을 것이다. 특히 공통 사업 이외에도 환경문제의 대상별로 구성되어 있는 각 분과위원회 차원에서 분과의 특징을 살린 사업들을 펼쳐온 결과로 보인다.

청정제천 21 추진협의회의 경우 파트너십 강화형 실천 사업으로 분류된 사업이 없는 것은 지방정부가 주도하여 지방의제 21을 추진해왔던 특징을 그대로 반영하는 것이라고 할 수 있다. 청정제천 21 수립 단계에서는 물론 실천 단계에서도 서로를 결속시키는 사업은 거의 없었던 것이다. 반면 기관 단체들이 주관하여 벌인 실천 사업이 많았던 것으로 분석된다.

푸른약속 전북 21 추진협의회는 2002년 들어서야 실천 단계로 접어들게 되지만, 행정, 기업, 시민 세 부문이 긴밀하게 수립 단계를 준비해오면서 지속적으로 결합하여 워크샵, 행정지원단 간담회, 견학 등의 사업을 진행하고 있다.

2. 파트너십 준비형 사업

각 지방의제 21 추진 기구들은 지방의제 21의 수립을 준비하면서, 그리고 실천 사업을 준비하면서 지역 내 환경문제의 현황을 분석하거나 각종 실천 사업의 사전 조사를 수행했다.

인천의제 21 실천협의회는 '장수천 및 승기천 살리기' 실천 사업을 준비하면서 물·생태·도시계획 분과위원회가 주관하여 장수천의 인공호 및 유지 수량 확보 방안 조사, 승기천의 생태 조사 등을 수행하였다. 또한 대기·교통분과위원회는 인천광역시의 시내버스 서비스에 대한 실태 조사를 수행하기도 하였다. 그리고 문화·복지위원회는 강화도에 있는 '문화의 집' 등 인천광역시 관내 문화의 집을 활성화하기 위한 사업을 준비하면서 국내외 '문화의 집' 운영 실태를 조사하였다.

에너지·폐기물분과위원회에서는 2000년에 대체에너지 활용을 위한 기초 조사를 수행했는데, 자연에너지 이용 실태를 조사하는 사업에 대해 공모 사업의 형식으로 인천녹색연합이 진행하였다. 이에 따라 10월부터 12월까지 자연에너지 사용자들을 대상으로 자연에너지 사용 실태를 직접 방문 조사함으로써 보다 구체적인 효과를 파악하고 발전 방향을 모색했다.

에너지·폐기물분과위원회는 이 밖에 2001년 5월 독일 프랑크푸르트 등 6개 도시를 방문하여 독일의 폐기물 처리 시설 및 자연에너지 시설을 견학하고 관련 정책을 청취하였다. 소식지 편집팀에서도 2000년 4월 강화도 주천 지역을 답사하는 등 관련 실천 사업을 준비하였다.

청정제천 21 추진협의회와 푸른약속 전북 21 추진협의회도 지방의제 21 수립을 위해 기초 자료 조사나 현장 조사를 수행하기도 했지만, 실천 사업을 위한 기초 조사는 특기할 만한 사업을 발견할 수 없었다. 제천시의 경우는 청정제천 21 관련 조사 업무가 환경관리과의 일상 업무와 중복되었기 때문인 것으로 풀이된다. 반면 전라북도의 경우는 '광역의제 21'로서의 성격을 살려 직접적인 조사보다는 전라북도 각 시·군을 포괄할 수 있는 기획이나 비전 제시의 역할을 수행하고자 했던 것으로 볼 수 있다.

3. 파트너십 강화형 사업

푸른약속 전북 21 추진협의회는 지방의제 21을 수립하고 실천 사업을 준비하는 단계에서 지방의제 21 홍보 및 교육을 위한 추진협의회 운영위원 워크샵(2001년 3월 28일)을 개최하였고, 행정지원단 간담회(2001년 3월 22일)를 열기도 했다. 또한 '의제실무소위원회'를 운영하면서 2001년 12월 18일에는 '전북의제 21 추진 및 의제 발굴 공청회'를 개최하였다. 그리고 2002년 중점 추진 사업으로 '만경강 살리기'를 준비하면서 2001년 5월에는 일본 시즈오카현의 생태하천을 견학하여 관계 자료를 수집하고 민간 교류를 추진하였다.[6] 이들 사업은 대부분 '광역의제 21'로서의 전체적인 기획이나 비전을 발굴하기 위한 시도였다고 볼 수 있을 것이다.

인천의제 21 실천협의회는 행정, 기업, 시민이 공동으로 실천 사업에 적극 나설 수 있도록 1999년부터 매년 '인천의제 21 파트너십 강화 워크샵'을 개최하였다. 2001년 9월에는 '활동강화와 운영방향 설정을 위한 간사 워크샵'을 실시하여 분과위원회의 활성화와 위원회 간 교류 및 향후 주요 운영 방향을 모색하기도 했다.

2000년에는 지방의제 21 추진 과정을 평가하고 수정하기 위한 평가보고회

---

6) 자료 수집을 위한 해외 견학은 파트너십 준비형 사업으로 분류할 수 있지만, 인천의제 21 실천협의회 에너지·폐기물분과위원회의 독일 방문은 분과위원회 차원으로 이루어진 것이고, 푸른약속 전북 21 추진협의회의 일본 방문은 추진협의회 전체 차원으로 이루어진 것이어서 파트너십 강화형 사업으로 분류하였다. 더욱이 일본 스즈오카현과의 민간 교류 확대도 논의되었다.

를 위해 '평가 준비단'을 구성하여 평가틀을 만들고 포럼을 개최하거나 시민 여론 조사 및 내부 평가를 수행하였다. 이를 통해 2001년 7월 13일에는 '인천의제 21 실천상황 평가보고회'를 개최하여 평가 결과를 공유하였고, 구체적인 후속 방안을 지속적으로 논의하고 있다.

한편 2001년에는 '인천의제 21 환경월드컵 추진단'을 구성하여 각 환경단체와 사회단체 실무자들이 '쓰레기 없는 인천 월드컵'을 목표로 시민들에 대한 홍보, 정크아트 전시회, 쓰레기 시범 분리수거 등의 행사를 전개하기로 했다.

홍보·교육분과위원회에서는 2000년 '기업의제 만들기 워크샵'을 개최하여 '기업의제 21'을 추진하기로 하고, 인천광역시 관내 600개 기업을 방문하여 기초 조사를 수행하고, 2001년에는 인천의제 21의 홍보 포스터를 기업체에 배부하였다. 또한 2001년 4월에는 인천광역시, 분과위원, 인천지방환경청 등을 포함하는 간담회를 개최하여 기업의제 21 시범 기업을 선정하기로 했다.

물·생태·도시계획분과위원회는 생태학습의 일환으로 소래에 있는 수도권생태공원 내에 'NGO관'을 조성하기로 하고, 2000년 인천의제 21 실천협의회에 참여하고 있는 NGO들과 협력하여 생태학습관으로 활용하기 위한 틀을 마련하였다.

4. 참여 기반 조성형 사업

각 지방의제 21 추진 기구들은 보다 많은 시민들이 참여할 수 있는 기반을 조성하기 위해 우선 「청정제천 21」, 「함께하는 사람들」, 「푸른약속」 등의 소식지를 발간하였다. 이들 소식지는 3,000부에서 5,000부까지 발행되어 단체와 학교, 시민들에게 배부되었다.

또한 지방의제 21을 홍보하거나 환경 교육을 위한 홍보용 리플렛, CD, 비디오 등을 제작되기도 했다. 특히 인천의제 21 실천협의회는 초·중·고 학생들을 위한 만화를 제작하여 각급 학교에 배부하였다. 그리고 청정제천 21 추진협의회와 인천의제 21 실천협의회는 지방의제 21의 영문판을 제작하여 유엔에 제출하였다. 각 추진 기구의 홈페이지 또한 시민 참여의 저변을 확대하는 데 중요한 수단이 되었다.[7) 각 지방정부에서는 「환경백서」 발간으로 기여하였다.

인천의제 21 실천협의회에서는 물·생태·도시계획분과위원회가 주관하여 '인천갯벌탐사'를 준비하면서 1999년 11월 '인천갯벌탐사 길잡이'를 발간하였다. 또한 에너지·폐기물분과위원회에서는 '자연에너지 교육' 사업의 일환으로 1999년 12월 어린이들에게 자연에너지를 교육하기 위한 교재를 제작하였고, 과학영재센터 학생들을 대상으로 자연에너지 실험 모형 만들기를 진행하기도 했다.

또 다른 사업으로는 환경 보전과 관련된 각종 캠페인을 들 수 있다. 청정제천 21 추진협의회는 '상수원 보호 및 수질 보존 캠페인'을 연중 벌여왔고, 인천의제 21 실천협의회는 2001년 12월 대기·교통분과위원회 주관으로 '자동차 정지선 지키기 캠페인'을 진행하였다.

---

7) 인천의제 21 실천협의회의 홈페이지 주소는 http://www.inchon-agenda21.or.kr 였다. 홈페이지는 '의제 21의 소개', '의제 21의 내용', '2001년 사업계획', '기초의제 21', '자유게시판', 'Internet 홍보실', '자료실', '조직구성', '만인위원회' 등으로 구성되어 있는데, '새 소식', '공지사항', '분과위원회 소식'을 초기 화면에 띄우고 있다. 푸른약속 전북 21 추진협의회의 홈페이지 주소는 http://ja21.org/이다. '협의회 소개', '실천의제', '자료실', '소식지', '시군소식', '게시판' 등으로 구성되어 있는데, 공지사항인 '알립니다'와 '활동일지'가 초기 화면을 구성하고 있다. 청정제천 21 추진협의회의 홈페이지는 당시 따로 존재하지 않았고, 제천시청 홈페이지에서 '환경관련 정보·상식'으로 연결된 http://www.okjc.net/excp-environment/index.htm에서 HTML 문서로 청정제천 21에 대한 소개를 받을 수 있을 뿐이다. 여기에서는 '환경이란?' 항목의 '지방의제 21, 청정제천 21?', '청정제천 21의 항목별 추진', '평가 및 환류', '환경오염이란?' 항목의 '대기오염', '수질오염', '소음공해', '악취공해', '지하수오염', '폐기물오염', 그리고 '환경 관련 정보' 항목의 '환경개선부담금', '배출부과금', '생활쓰레기 안내', '대형폐기물 안내', '쓰레기투기신고 포상금제', '환경관련 용어해설', '민원신고', '환경백서' 등의 정보를 얻을 수 있다.

한편 2000년부터 소래 수도권생태공원 내에 인천의제 21 실천협의회에 참여하고 있는 NGO관을 조성해왔던 인천의제 21 실천협의회는 2001년 5월 1일 NGO관을 개관하였는데, 홍보·교육분과위원회가 자원활동가 교육을 완료하고, 인천녹색연합, 인천환경운동연합, 가톨릭환경연대, 녹색소비자연대 등 4개 단체 자원활동가들이 활동을 시작했다. 이들은 소래 수도권생태공원의 해양생태공원 내방자들에게 인천의제 21을 홍보하며 생태교육을 진행하여 시민환경의식을 고취시켰으며, 2001년만 해도 연인원 8,700여 명이 교육을 받았다고 한다.

참여 기반을 조성하는 또 다른 실천 사업으로는 각종 정책포럼, 워크샵에 적극적으로 참여하는 것이었다. 〈표 6-11〉은 각 지방의제 21 추진 기구들이 참가한 주요 대회와 정책포럼을 정리한 것이다.[8] 개별 지방 단위에서 느끼는 여러 가지 문제점과 현안들을 분석하고 사례를 전파하는 데 기여한 것으로 볼 수 있다.

이 밖에 인천의제 21 실천협의회는 2000년 5월 25일-26일에 열린 '환경관리인 워크샵'을 지원하였고, 에너지·폐기물분과위원회는 2001년 5월 10일 인천광역시가 주관하는 '자연에너지 정책 토론회'에 참가하기도 했다.

---

8) 인천의제 21 실천협의회와 푸른약속 전북 21 추진협의회는 이러한 전국 대회와 정책 포럼에 적극 참여하였다. 하지만 청정제천 21 추진협의회는 주로 전국 대회에만 참여했다고 한다. 지역 실정에 적용할 실질적인 도움을 받지 못했기 때문이라고 한다(제천시 환경관리과 H팀장과의 인터뷰, 2002. 4. 16).

<표 6-11> 지방의제 21 관련 주요 대회

일 시	개최지	대회명	주 제
1999. 9. 2-9. 4	제주	제1회 지방의제 21 전국대회	새 희망, 푸른천년을 준비하는 지방의제 21
2000. 9. 27-9. 29	인천	제2회 지방의제 21 전국대회	새천년의 선택, 지방의제 21
2001. 9. 5-9. 7	전주	제3회 지방의제 21 전국대회	힘찬 도약, 모두 한걸음 더 나가자
2001. 5. 10-5. 11	화순	제1회 지방의제 21 정책포럼	지방의제 21과 시민 참여
2001. 5. 24-5. 25	서울	제2회 지방의제 21 정책포럼	친환경적 2002 월드컵대회 개최를 위한 D-365일 합동토론회
2001. 7. 5-7. 6	서울	제3회 지방의제 21 정책포럼	광역과 기초 자치단체의 역할
2001. 8. 16-8. 18	제주	제4회 지방의제 21 정책포럼	PCSD의 추진 현황과 지방자치단체 CSD 구성방안
2001. 11. 15-11. 16	인천	제5회 지방의제 21 정책포럼	지방의제 21을 통한 주민자치센터 활성화
2001. 12. 7-12. 8	대전	여성환경포럼	지방의제 21과 여성

5. 참여 확대형 사업

1) 실천 단위와 주체의 확대

참여 확대형 사업으로 가장 중요하게 들 수 있는 것은 가정의제, 청소년의제, 기업의제 등 구체적인 실천 단위와 실천 주체로 지방의제 21을 확대시키는 것이었다. 무엇보다도 각 실천 주체들이 환경문제 해결에 대한 의지를 가지고 직접 체험하는 것이 중요할 수 있기 때문이다.

청정제천 21 추진협의회는 2001년 6월부터 가정의제 21 추진의 일환으로 시민들을 대상으로 '녹색가정 만들기', '시민실천 사업'을 수행했다. 우선 물과 전기를 비롯한 에너지 소비 절약 실천을 통해 지역과 가정 경제를 회복하고 환경 보전에 기여한다는 것을 사업의 목적으로 삼았다. 그리고 6월부터 8월까지 홍보를 통해 총 21개 단체 794세대를 모집하여 8월 28일 참여 가정 150여 명이 모여 '시민실천단'을 발족시켰고, 물과 전기 아끼기, 쓰레기 줄이기 및 재활용하기, 가족과 대화하기 등의 내용으로 '녹색가정 만들기' 실천 방법에 대한 교육을 실시했다. 10월 23일에는 하수종말처리장, 고암동 쓰레기매립장, 상수도사업소 등 환경 기초 시설을 견학하고, 생활쓰레기와 음식물쓰레기처리에 관한 교육을 실시하는 '녹색주부 환경여행'을 실시하였다. 9-10월의 실천 기간 동안 분야별 '녹색 체크리스트'를 작성하도록 하고, 수도 요금과 전기 요금 영수증을 첨부하도록 하여 전년도 동월 대비 납부 내역을 비교·평가하도록 하였다. 이를 통해 12월에는 우수 실천 가정을 선정하여 시상하였고, '물은 생명'이라는 주제로 교육도 실시하였다. 이 사업은 이후에도 지속·확대하여 실시하기로 했다.

인천의제 21 실천협의회는 문화·복지분과위원회가 주관하여 2000년 4월부터 청소년의제 21 사업을 수행하고 있다. 인천의제 21 실천협의회는 교육청을 통해 인천광역시 관내 중학교 3학년, 고등학교 1-2학년 총 124명을 추천 받아 청소년 의제 21 작성을 위한 모임을 결성하고, 5개조로 나누어 현장 체험, 자료 조사, 토론회 등을 통해 청소년의 눈으로 바라본 사회 문제와 해결 방안으로서의 청소년 의제 21을 작성하도록 했다.[9] 이 사업의 결과 청소년의 시각으로 본 청소년 문제를 정립하도록 했고, 청소년 문제에 청소년 스스로 접근하도록 유도했으며, 청소년의 책임감을 고취하고 인천의제 21을 시민들에게 홍보한 효과를 얻었다는 결론을 내리게 되었다. 이후 이 사업을 지속적으로 진행하기로 했고, 청소년의제 21 실천 모임의 지속적인 유지, 타

---

9) 청소년의제 21의 주요 내용은 첫째, 청소년 시설에 관한 사항, 둘째, 청소년 유해 환경에 관한 사항, 셋째, 청소년 문화 축제에 관한 사항, 넷째, 청소년 봉사 활동 실태와 개선에 관한 사항, 다섯째, 청소년 제도 개혁에 관한 사항 등이다.

분과위원회와의 사업 연계, 졸업생과의 연계 등을 논의하고 있다.

청정제천 21 추진협의회가 1999년 중점 실천 사업으로 추진한 '환경정화 식물가꾸기운동'은 각 기관단체, 기업, 환경·시민단체, 공공기관 등이 망라 된 범시민운동으로 전개되었다. 환경정화식물인 해바라기와 미나리를 심어 친환경적 환경오염물질처리방식을 확산시키자는 취지를 두고 환경기획팀에서 기획·제안하였고, 추진협의회와 각 운영위원회에서 구체적인 실천 방안과 역할 분담을 논의하여 추진하였다.[10] 각 기관단체와 기업들까지 앞장서는 캠페인성 사업으로서 참여율이 높았고 호응도 좋았다고 한다(제천시 환경관 리과 H팀장과의 인터뷰, 2002. 4. 9). 도시 미관을 아름답게 하는 조경 기능 과 시민들의 정서 안정에도 기여하고 밝은 도시의 이미지를 제고하는 데 도 움이 된다는 판단 아래 이후 연중 진행하기로 결정된 사업이다. 또한 어린이 날을 전후하여 치러지는 '환경잔치' 행사 때, 해바라기로 '가족꽃밭만들기', '꽃묘 나눠주기', '해바라기꽃길 건강 걷기대회', '해바라기꽃 전국 사진 공모 전', '한버들 해바라기 축제' 등이 병행하여 추진되었다.

인천의제 21 실천협의회의 대기·교통분과위원회가 추진한 '계양산 등 관 찰일수 모니터링' 사업도 실천 단위와 실천 주체를 확대시키고자 한 사업이 라고 할 수 있다. 이 사업은 공모 사업으로 정해 인천발전연구원과 시립인천 전문대에서 진행 중이다. 우선 대기 오염과 시정 거리와의 관계를 규명하기 위한 틀을 마련하고, 시민들이 먼지 우심 지역을 직접 관찰하여 그 결과를 규명하는 작업을 할 수 있도록 했다. 12가구 48명의 자원활동 가구를 모집하 여 2001년 5월부터 6월까지 교육을 마쳤고, 2002년 7월까지 모니터링을 실 시할 계획이다.

물·생태·도시계획분과위원회가 추진하고 있는 '장수천 및 만수천 사랑운 동'과 '승기천 살리기 운동'의 경우 분과위원회 차원으로 각 하천별 현황 조

---

10) 예를 들어 농협제천시지부에서는 꽃씨 28,000봉을 지원하기로 약속하였다(동양일 보, 2000. 3. 2).

사가 수행되었고, 인천광역시에 하천 살리기를 위한 제안이 완료된 상태에서 행정, 기업, 시민, 전문가가 함께 하는 사업으로 발전되고 있다. 하천 살리기의 일환으로 물·생태·도시계획분과위원회가 이미 생태공원 조성에 참여하였고, 시민, 기업, 행정, 전문가가 함께 하는 '승기천 사랑 모임(승사모)'을 결성하였다. 2000년부터 하천 살리기를 위한 여론 조사와 현장 조사, 토론회가 진행되었고, 월드컵 등과 연계하여 본격적인 실천 운동을 전개할 계획을 세웠다. 2001년에는 홈페이지(www.mul.re.kr)를 개설하고, 홍보 리플렛을 발간했으며, 3월 22일에는 물의 날 기념 '승기천 사랑 시민 띠잇기 및 대청결 운동'을 전개하였다. 그리고 12월 19일에는 원인재에서 '승기천 살리기를 위한 백일장'도 개최하였다.

2) 환경 교육

또 다른 실천 사업 유형으로는 환경 교육과 관련된다. 청정제천 21 추진협의회는 '찾아가는 환경교실'이라는 프로그램을 통해 2001년 10월부터 12월까지 제천시 관내 중·고등학교 4개 학교를 방문하여 환경교육을 실시하였다. '녹색지구를 꿈꾸며'라는 주제로 다큐멘터리를 상연하였고, 강연을 통해 청소년의 환경 의식을 고양시키고자 하였다. 이와 더불어 '환경담당교사회의'도 진행되었다.

인천의제 21 실천협의회에서도 홍보·교육분과위원회가 주관하여 각종 환경교육·세미나·워크샵을 진행하였다. 1999년 12월 4일에는 인천교육청, 환경보전실천교육회와 연대하여 '환경교사 세미나'를 개최하고, 환경교과목 담당 교사들을 대상으로 환경교육을 실시하였다. 또한 1999년 12월 21일에는 '환경교사 워크샵'을 열어 환경교육방법에 대한 교육을 실시하였다. 2000년 4월부터 5월까지는 환경교사, 시민단체 실무자, 공무원들을 대상으로 4차례의 워크샵을 개최했는데, 인천대공원, 소도매립지 등을 견학하여 이론과 현장

234

교육을 병행하였다. 그리고 1999년 12월 17일에는 적십자사 자원봉사자들을 대상으로 한 '적십자사 자원봉사자 교육'을 수행하였고, 2001년 4월에는 해양 생태공원과 인천대공원에서 해양생태공원 자원봉사활동가, 환경교사, 일반 시민들을 대상으로 이론과 현장 교육을 실시하였다. 특히 이 교육의 이수자는 생태학습관 운영과 연계하여 해양생태공원 자원봉사활동가로 활동하고 있다.

물·생태·도시계획분과위원회도 2001년 5월부터 7월까지 '제1회 녹지생태학교'를 열고, 인천 지역 녹지 확충 및 숲 살리기 운동을 확산시키고자 노력하였다. 문학산 일대와 백학 초등학교에서 주말을 이용하여 이론 및 현장 교육을 실시하였는데, 인천광역시 녹지조례 제정을 제안하기 위한 소포럼을 준비하기로 했다.

에너지·폐기물분과위원회에서도 '자연에너지 및 에너지 절약 알리기', '시민과 함께 만들어 가는 재활용' 등의 사업을 수행하였다. 우선 2001년 5월부터 7월까지 진행된 '자연에너지 및 에너지 절약 알리기' 사업을 통해 어린이들에게 자연에너지 및 에너지 절약을 알리기 위해 제작된 교재와 실험 도구를 활용하여 8개구의 초등학교에 대한 방문 교육을 진행하였다. 그리고 자연에너지 시범단지 및 폐기물 재활용 센터 견학과 실험 교육이 병행되었다. '시민과 함께 만들어가는 재활용' 사업을 위해서는 쓰레기 재활용 방법을 구체적으로 홍보하기 위한 멀티미디어 교육 교재가 제작되었고, 8차례에 걸쳐 매립지와 쓰레기 재활용 지역에 대한 견학 교육이 실시되었다.

3) 시범 사업

인천의제 21 실천협의회는 에너지·폐기물분과위원회가 주관하여 1999년부터 '시민들과 함께 하는 음식물찌꺼기 분리 시범 사업'을 진행하고 있다. 우선 1999년 12월 15일 '수도권 매립지와 음식물쓰레기 처리 공청회'를 열었고, 220여 가구의 단독주택과 연립주택 음식물쓰레기 분리수거 시범 가구를 모집하였다. 단독주택 시범 사업의 경우 2000년도까지만 시행하기로 하고, 효과를 분석한 후 재차 시도하기로 했다. 2000년 들어 6월 29일 '수도권 매립지의 적정한 운영방안 토론회'를 개최하고, 남동구 및 연수구 단독 및 연립주택 50세대를 모집하여 수거체계 확립을 위한 시범 사업을 진행하고 있다.

청정제천 21 추진협의회는 충청북도 지방의제 21인 '청풍명월 21 추진협의회'와 연계하여 '환경시범마을육성' 사업을 시행하고 있다. 충청북도 관내의 마을 중 전통적이고 친환경적인 자연단위 부락을 지정하여 지원하는 사업이다. 청정제천 21 추진협의회는 2000년 자생 산수유나무와 산벚나무가 많은 수산면 상천리와 송학면 오미리 2개를 지정하여 '마을의제 21'로 발전시켜 나갈 계획이다. 이들 마을에는 각각 500만 원씩을 지원하여 환경정화수 식재운동, 쓰레기 분리수거함 설치, 마을쉼터 조성, 배수로 정비, 공중화장실을 설치하도록 하였다.

4) 연대 활동

연대 활동은 지역 간, 광역 – 기초 자치단체 간 회의와 전국 단위의 회의 등으로 전개되었다. 푸른약속 전북 21 추진협의회 등 영호남 지역 지방의제 21 추진 기구들은 2000년 4월 27-28일 광주에서 모여 '영호남 공동 평가회'를 갖고, 지속가능한 지역사회 구현을 위한 작은 실천 사례들을 만들어가기로 했다. 2000년 3월 9-10일에는 부산에서 '지방의제 21 국제심포지엄'을 개최하기도 했다.

푸른약속 전북 21 추진협의회는 2001년 4월 26일 전라북도 내 시·군 의제 관계자들을 모아 워크샵을 개최하는 등 각 시·군에서 출장 교육을 펼쳤다. 이어 2002년 1월 18일 전라북도 내 14개 시·군의 담당자들이 참석하여 각 시·군의 의제 준비 또는 진행 상황에 대해 의견을 나누고, '전라북도 시·군 의제 협의회' 구성과 공동소식지 발간에 대해 논의하였다.[11] 그리고 격월로 정기적인 담당자 회의를 소집하기로 결정했다. 그리고 시군 공동소식지는 사무국이 구성된 협의회를 중심으로 시작하여 점진적으로 확대할 것을 합의했다.

인천의제 21 실천협의회도 2001년 2월 16-17일 '10개 구·군 의제 추진 담당부서장 및 담당자 초청 워크샵'을 개최하는 등 '인천의제 21 시민사회로의 확산의 해'를 맞아 '기초의제 21'을 적극 추진하기로 했다. 특히 홍보·교육분과위원회는 기초의제 21이 구체적으로 추진되기 시작함에 따라 지원을 활성화하기 위하여 국내외 기초의제 21 사례 조사 및 방문 대담을 추진하였다. 이에 따라 12월 17-22일에는 구·군 기초의제 21 담당자들과 함께 일본 후쿠오카, 기타큐수, 시모노세키, 오이타 등을 방문·시찰하기도 했다.

이 밖에 인천의제 21 실천협의회는 2000년 9월 27-28일 제2회 지방의제 21 전국대회를 개최하였다. 여기에서는 행정, 기업, 시민이 합의하여 지방의제 21의 정신을 살려나가자는 '인천선언문'이 채택되었다. 또한 2001년 11월 15-16일에는 제5회 지방의제 21 전국포럼을 개최하고 주민자치센터 활성화와의 연계 방안을 모색했다.

푸른약속 전북 21 추진협의회도 2001년 9월 5-7일 전주시와 공동으로 제2회 지방의제 21 전국대회를 개최하였다. 여기에서는 지방의제 21의 실제적 성과 도출과 제도적 안정화를 결의하는 '전주선언문'이 채택되었다.

5) 시민, 기업 참여 행사

지방의제 21 실천 단계에서는 다양한 행사들이 기획되고 진행되었다. 청정제천 21 추진협의회는 2001년 1월 18일 용두산과 감악산에서 '야생동물 보호 먹이주기 및 덫·올무 수거 캠페인'을 전개하였고, 6월 5일에는 '의림지

---

11) 이에 따라 2002년부터 「전북의제 21」이라는 소식지를 발간하기 시작했다.

외래어종 블루길 베스 퇴치 행사'와 '청풍명월 환경백일장'을 개최하였다. 또한 자전거타기 활성화를 위해 7월 21-25일까지 '자전거타기 활성화를 위한 시민의식 설문조사'를 수행하고, 8월 13일에는 '자전거타기 활성화와 전용도로에 대한 시민토론회'를 개최하였으며 자전거 타기 활성화의 결의를 다지기 위한 행사로서 9월 8-11일 '청정제천 21 실현을 위한 제주도 자전거 행사'를 진행하였다. 그리고 11월 4일에는 '환경사랑의식 고취를 위한 시민 한마음 걷기대회'를 열었다.

푸른약속 전북 21 추진협의회는 2001년 7월 26-27일 '만경강 어린이 물투어'를 개최하여 만경강 탐사, 환경교육, 새만금 견학 등의 활동을 전개했다. 또한 지방의제 21 추진 및 의제 발굴 공청회를 개최하였고, 지방의제 21 방향 설정을 위한 설문 조사도 수행하였다.

인천의제 21 추진협의회는 1999년 10월 30일 홍보·교육분과위원회가 주관하여 '1기업 1산 운동'을 전개하였다. 후지제록스와 연대하여 석남 약수터에서 산 아끼기 행사를 진행하였다. 12월 4일에는 '인천시민 바다 되찾기 운동'의 일환으로 인천 앞바다 철조망 현황을 조사하고, 해안 철조망 철거를 위한 인천시민 걷기 대회를 펼쳤다. 이어 2000년 7월 19일에는 토론회를 열어 구역별 이용 방안을 모색했다. 또한 11월 5일에는 대기·교통분과위원회와 공동으로 주관하여 '인천시민 바다 되찾기를 위한 자전거 대행진'을 진행하였다.

자전거 대행진은 이미 1999년 대기·교통분과위원회가 '자전거 도시 만들기' 사업을 추진해오면서 1999년 11월 7일 개최하기 시작했고, 11월 12일, 12월 10일에는 자전거 도로 실태와 문제점, 그리고 자전거 이용 활성화를 위한 시민 대토론회를 열었다. 2000년에는 6월 9일에는 '보행환경 조성'을 주제로 토론회를 개최하였다.

문화·복지분과위원회는 1999년 9월 7일 '인천국제환경영상제' 개최를 제안하는 시민 대토론회를 개최하였고, 2000년 9월 29일부터 10월 4일까지 인

천종합문화예술회관에서 개최하였다. 이 밖에 2000년 11월 18일에는 '문화/
생태 관광코스 만들기' 사업의 일환으로 '청소년 개항장 문화지도 그리기 대
회'를 열었다. 2001년 2월 17-22일에는 시상식과 함께 시상 작품 전시회도
개최하였다.

물·생태·도시계획분과위원회는 1999년 11월부터 '갯벌지킴이 사업'을 전
개하였는데, 갯벌과 관련된 각종 자료를 수집하고 안내 책자를 발간하였으
며, 12월 22일에는 '갯벌헌장 제정을 위한 공청회'도 개최하였다. 또한 '인천
지역 녹지 확충 및 숲 살리기 운동'을 펼쳐 2000년 4월 29일 '녹지탐사대'
발대식 및 녹지탐사 활동을 전개하였고, 10월 29일 '녹지축 잇기를 위한 시
민종주대회', 12월 8일 '녹지축 잇기 및 숲 확충을 위한 토론회' 등을 개최하
였다. 토론회 결과는 인천광역시에 정책 제안 건의서로 제출되기도 하였다.
그리고 2001년 4월 27일에는 '인천하천 환경개선을 위한 토론회'를 열었다.

이 밖에 대기·교통분과위원회는 2001년 12월 19일 '시내버스 서비스 개
선을 통한 대중교통 활성화 방안 토론회'를 개최하였고, 문화·복지분과위원
회는 2001년 3월 28일, 7월 6일, 12월 12일 세 차례에 걸쳐 '문화의 집 활성
화', '인천 문화 활성화', '지역의 문화 거리 등 조성방안'의 주제로 포럼을 개
최하였다.

6. 소 결

이상의 실천 사업 분석을 정리하면 〈표 6-12〉와 같다. 표에서 볼 수 있듯
이 각 지방의제 21 추진 기구는 주로 참여 확대형 사업을 진행해왔다. 제천
시의 경우 1999년부터 2001년까지 11가지 항목의 참여 확대형, 4가지 항목
의 참여 기반 조성형 사업을 벌여왔다. 하지만 파트너십 준비형, 파트너십
강화형 사업은 없었다.

<표 6-12> 실천 사업 분석 종합

(단위: 사업 항목 수)

구 분	제천시 (1999-2001)	인천광역시			전라북도 (2001)
		1999	2000	2001	
파트너십 준비형	0	2	3	2	0
파트너십 강화형	0	0	4	6	3
참여 기반 조성형	4	8	6	5	3
참여 확대형	11	11	16	16	7
계	15	21	29	29	13

인천광역시의 경우 1999년 이후 파트너십 강화형 사업이 점차 늘어나고 있음을 볼 수 있다. 참여 확대형 사업도 1999년 11가지 항목에서 2000년, 2001년 각 16가지 항목으로 늘어났지만, 정부, 기업, 시민 세 주체의 파트너십을 강조하면서 파트너십 강화형 사업을 꾸준히 펼치고 있음을 알 수 있다.

전라북도는 2002년부터 본격적인 실천 단계에 접어들게 되지만, 파트너십 강화형 사업과 참여 확대형 사업을 준비해왔다.

이러한 실천 사업 분석을 통해 지방의제 21의 저변을 확산시키기 위한 참여 확대형 사업이 주를 이루고 있지만, 이벤트성 사업에 그치지 않고 정부, 기업, 시민 세 부문이 지속적이고 적극적으로 지속가능한 발전을 위해 나서도록 하기 위해서는 이와 더불어 파트너십 강화형 사업을 더욱 확대할 필요가 있음을 알 수 있다.

이러한 사실은 정부 주도형인 제천시의 경우 참여 확대형 사업이 주를 이루고 있지만 파트너십 준비형 혹은 강화형 사업은 거의 없고, 지방정부, 기업, NGO가 공동으로 지방의제 21을 수립해왔고 실천 단계에 접어드는 전라북도의 경우는 참여 확대형 사업뿐만 아니라 파트너십 강화형 사업도 진행시키고 있다는 것을 통해서도 알 수 있다. 실천 사업이 일회적인 행사가 아니라 지방정부 – 기업 – NGO가 지역의 환경문제를 공동으로 해결해 나갈 과

제임을 인식시키는 데 기여하기 위해서는 3자의 파트너십을 발전시키는 사업을 확대할 필요가 있다는 것이다.

제7장 참여자들의 상호작용 분석

이 장에서는 각 사례 지역의 지방의제 21 추진 과정에서 나타난 참여자들의 상호작용을 분석하기로 한다. 여기에는 추진 기구 위원들 간의 상호작용과 추진 기구 외부와의 상호작용 등이 포함된다. 이러한 상호작용은 관련 조례의 제(개)정, 지방정부의 환경(개발) 관련 사업 과정에서 지방의회나 지방정부와의 협력 혹은 갈등으로도 나타난다. 이러한 상호작용들도 따로 분석하기로 한다.

제1절 추진 위원들의 상호작용

1. 추진 위원들의 참여

1) 제천시

제천시의 경우 청정제천 21 수립 과정까지는 환경관리과 환경기획팀이 거의 대부분의 준비를 담당했기 때문에 위원들의 참여는 물론 전체 위원회도 많이 열리지 않았다. 즉 1999년 12월 5일 청정제천 21을 공포할 때까지 공식적으로 회의를 개최한 것은 1998년 11월의 연석회의, 1999년 1월 21일 기획실무위원회의, 1999년 11월 18일 준비모임 등 세 차례에 불과하다.

뿐만 아니라 제천환경운동연합을 제외하고는 기획위원회와 실무추진위원회의 기관단체 구성원들과 긴밀한 연락과 논의가 거의 없었다고 한다. 실천 단계에 접어든 2000년과 2001년에도 전체 회의는 연 1-2회에 불과했다(제천시 환경관리과 H팀장과의 인터뷰, 2002. 4. 16; 청정제천 21 추진협의회 P위원과의 인터뷰, 2002. 4. 15). 환경기획팀이 안건과 추진 방향을 기획하고 조사 항목들을 준비한 뒤 연석회의, 기획실무위원회의에서 추인되는 방식이었다.

그럼에도 불구하고 청정제천 21 추진협의회는 각종 설명회에 구성원들을 참여시켜 청정제천 21을 알리기 위해 노력했다. 즉 청정제천 21 명칭 확정 및 연구보고서 설명회(1998. 12. 18), 시민설명회(1999. 2. 8), 최종 계획에 대한 시민설명회(1999. 11. 24) 등에 각 위원회 위원들이 참여하였다. 또한 중요한 결정을 위해서는 추진협의회 위원들을 참여시키기 위해 노력하였다.[1] 제천시의 지방의제 21 추진협의회 참여 전략은 각 실천 주체들의 능동적인 참여를 유도하기보다는 하향식 접근 방법이었다고 할 수 있다.

2) 인천광역시

인천의제 21 실천협의회는 1999년 이후 분과위원회, 운영위원회, 총회를 포함하여 분과위원회 평균 20-35회, 전체 102회-172회의 모임을 통해 인천의제 21의 실천 사업을 진행하였다(1999년 총 102회, 분과위원회 평균 20회, 2000년 총 172회, 분과위원회 평균 35회, 2001년 총 161회, 분과위원회 평균 32회).

〈표 7-1〉은 1999년 6월부터 2001년 6월까지 인천의제 21 실천협의회의 각 분과위원회 위원들의 회의 및 사업 추진 시 참여 현황을 정리한 것이다. 연간 회의 회수를 보면, 물·생태·도시계획분과위원회와 복지분과위원회가 5회로 가장 낮고, 홍보·교육분과위원회와 문화분과위원회가 각각 28회, 30회로 높게 나타났다.

---

1) 추진협의회의 구성이 주로 기관 단체장으로 되어 있기 때문에 추진협의회 전체 모임에 제천시장이 참여하게 되면 기관 단체장들도 거의 빠지지 않고 참여한다(제천시 환경관리과 H팀장과의 인터뷰, 2002. 4. 9).

회의 개최 시 평균 참여율 역시 물·생태·도시계획분과위원회와 복지분
과위원회가 42.9%로 가장 낮고, 문화분과위원회와 에너지·폐기물분과위원
회의 참여율이 각각 63%, 66%로 높다. 실천 사업 추진 시 위원들의 평균
참여율을 보면, 대기·교통분과위원회가 27%로 가장 낮고, 홍보·교육분과
위원회와 에너지·폐기물분과위원회가 47%, 50%로 높게 나타났다.

〈표 7-1〉 인천의제 21 실천협의회 위원들의 회의 및 사업 추진 시 참여 현황

(1999. 6-2001. 6)

분과위원회	문 화	홍보교육	에너지폐기물	물생태도시계획	복 지	대기교통
연간 회의 회수	30회	28회	18회	5회	5회	18회
회의개최 시 평균 참석인원 (비율)	10명 (63%)	7명 (47%)	12명 (66%)	6명 (42.9%)	6명 (42.9%)	7명 (47%)
사업추진 시 평균 참석인원 (비율)	6명 (38%)	7명 (47%)	9명 (50%)	6명 (42.9%)	6명 (42.9%)	4명 (27%)

자료: 인천의제 21 실천협의회(2001. 7: 77).

이러한 추진 과정은 인천광역시 각종 위원회의 회의 개최 수와 비교해보
면, 활발한 활동을 전개한 것으로 볼 수 있다.[2] 인천광역시의 69개 위원회
중에서 조례규칙심의위원회(1999년 32회, 2000년 39회, 2001년 19회), 인사
위원회(1999년 34회, 2000년 11회, 2001년 36회)(인천광역시, 2001b: 1999.
1. 1-2001. 6. 30 기준) 등만이 활발한 편이었음에 비춰 보면, 민-관 파트
너십의 활성화를 통해 추진한다는 지방의제 21의 추진 과정이 정착되고 있
다고 할 것이다.

---

2) 실행위원장으로 참여했던 박영복(1999)은 '분야별로 책임 간사단체들을 선정하고 이
를 징검다리로 하여 시민들의 참여를 이끌어낸 점과 책임 간사단체들의 헌신적인
협력이 특히 인상적이었다'라고 말한다.

3) 전라북도

전라북도의 경우에도 2001년 한 해 동안 푸른약속 전북 21 작성 시 생활환경분과위원회 4회, 사회경제환경분과위원회 5회, 운영위원회, 교육홍보위원회, 자연환경분과위원회 각 6회 등 총 27회의 회의를 통해 전라북도의 환경문제를 진단하고 지역의 실천 과제를 도출해왔다.

운영위원회, 교육홍보위원회 및 각 분과위원회 회의 참여율은 17.4%에서 76.9%로 나타나 평균 43.8%의 참여율을 보이며 지방의제 21을 수립했다. 이 가운데 자연환경분과위원회의 평균 참여율이 30.4%로 가장 낮고, 생활환경분과위원회의 평균 참여율이 57.1%로 가장 높다(〈표 7-2〉 참조).

이러한 추진 과정은 전라북도의 70개 위원회 중에서 인사위원회(1996년 19회, 1997년 48회, 1998년 37회), 공무국외여행심사위원회(1997년 72회) 등을 제외하고는 전라북도의 각종 위원회들보다 더 활발한 활동을 전개한 것이라고 할 수 있다(전라북도, 1999; 1996. 1. 1-1998. 12. 31 기준). 더욱이 2002년부터 푸른약속 전북 21의 실천 단계에 접어드는 푸른약속 전북 21 추진협의회로서는 더욱 활발한 활동을 기대하고 있다.

〈표 7-2〉 푸른약속 전북 21 추진협의회 위원들의 회의 참여 현황

	계	1차	2차	3차	4차	5차	6차
운영위원회	53.6	58.8	52.9	56.5	55.6	44.4	52.6
교육홍보위원회	43.6	76.9	38.4	37.7	37.7	38.5	46.2
사회경제환경분과	34.2	53.3	33.3	20.0	40.0	25.0	
생활환경분과	57.1	56.3	100	38.9	33.3		
자연환경분과	30.4	43.4	43.4	30.4	26.1	17.4	21.7

자료: 푸른약속 전북 21 추진협의회(2001a: 8).

2. 주체별 참여 수준

지방의제 21 추진이 갖는 가장 큰 의의 중의 하나가 지방정부, 기업, 시민 등 세 부문이 파트너십을 형성하고 발전시켜 간다는 점에 비춰볼 때, 각 주체별로 참여 수준을 살펴볼 필요가 있다. 전체적으로 보면, 참여 위원들의 헌신에도 불구하고 각 부문으로 확산되는 데는 한계가 있었던 것으로 보인다.

지방정부의 경우 제천시와 인천광역시에서 환경 관련 부서의 공무원들은 대부분 적극적으로 참여하고 있지만, 기타 부서 공무원들의 참여는 대체로 저조한 편이었다. 반면 전라북도에서는 기타 부서 공무원들의 참여도 대체로 활발한 편이었다고 한다(푸른약속 전북 21 추진협의회 사무처 P씨와의 인터뷰, 2002. 4. 29). 이는 푸른약속 전북 21 추진협의회의 행정지원단 책임을 전라북도 기획실장이 맡고 있는 것과도 무관하지 않은 것으로 보인다. 총괄·조정 부서가 지방의제 21 추진 기구를 지원하고 있는 셈이기 때문이다.

인천광역시의 경우 인천의제 21에서 규정하고 있는 실천 내용 가운데 인천광역시가 해야 할 일로 정한 155개 항목 중에서 환경 관련 부서의 일은 70개 항이며 나머지는 교통·경제·건설·도시계획·문화예술·복지·여성·자치행정 관련 부서의 일이다. 이 때문에 시정부 전체의 사업 실시 계획을 취합하고 전반적인 평가 기능을 담당할 기획 총괄 부서가 이를 지원하고 확인·평가·조정할 필요성도 제기되었던 것이다(박영복, 1999). 더욱이 인천의제 21 추진 업무의 소관이 정무 부시장이라는 것도 한계라는 지적도 있었다.[3]

그럼에도 불구하고 NGO와의 공동 사업 경험이 있는 실·과장들은 NGO

---

3) 최기선 인천광역시장은 2000년 6월 박상은 전 대한제당 부회장이 비관료 출신으로 정무 부시장에 취임하기 직전인 5월에 송도 신도시 사업의 효율적인 추진을 명분으로 정무 부시장 소관으로 분류되었던 도시계획국, 건설국, 도시개발본부, 종합건설본부 등 관련 부서 대부분을 행정 부시장 소관으로 바꾸었다. 대신 NGO와 갈등을 빚을 수 있는 인천의제 21 추진은 정무 부시장 소관으로 두었다는 것이다(한겨레, 2000. 9. 10).

와 함께 해야 할 기타 사업이 있을 경우 인천의제 21 실천협의회 회의에 참석하거나 NGO대표들에게 자문을 구하기도 했다고 한다(인천의제 21 실천협의회 L전문위원과의 인터뷰, 2002. 4. 10). 이는 민－관 파트너십의 활성화가 당위적인 차원에서의 호소가 아니라 구체적인 실천 사업을 통해 얻는 경험과 신뢰에 바탕을 두고 있음을 말해주는 것이라고 할 수 있다.

전라북도에서도 초기에는 새만금 간척 사업으로 마찰을 빚어오던 전북환경운동연합 등 일부 환경단체들과 전라북도가 불편한 관계를 보이기도 했지만, 푸른약속 전북 21의 추진 과정이 민－관 파트너십의 가능성을 축적해가자 현재는 환경운동연합에서도 푸른 약속 전북 21 추진협의회에 참여하고 있다고 한다(푸른약속 전북 21 추진협의회 P간사와의 인터뷰, 2002. 4. 29, 2002. 5. 8). 예산, 사무실과 집기를 비롯하여 여러 분야의 지원을 받고 있고, 환경 담당 부서 공무원들의 의지도 높은 편이어서 공무원들과도 우호적인 관계를 발전시켜가고 있다는 것이다.

유종근 전북 지사는 간부 회의에서 '행정이 정책을 수립하고 추진하는 과정에서 NGO들을 들러리로 이용한다'는 주장이 제기되고 있는 데 대해 이를 바로잡기 위한 유기적인 협조 체제를 당부하기도 했다(전라북도 공보관실, 2001. 8. 7). 밀어붙이기식 행정 편의주의를 버리고, 정책 수립 단계에서부터 NGO들을 참여시켜 충분한 협의를 거치고 좋은 의견을 수렴하는 한편, 입장의 차이가 있을 때는 서로 진지한 토론을 통해 발전적인 방향을 세우도록 노력하라는 지시였다. 전북시민운동연합 최형재 사무처장은 유 지사의 이러한 '시민단체와 동반자 관계 선언'이 파트너십을 발전시키는 계기가 될 것으로 보았다(푸른약속 전북 21 추진협의회, 2001b: 2).

인천의제 21 실천협의회의 박영복 실행위원장은 2001년 10월 9일 인천광역시 정무 부시장으로 취임한 이후 2002년 1월 15일 인천의제 21 실천협의회에 당연직으로 참여하고 있는 17개 실·과장 및 각 분과위원장과의 간담회를 열어 당연직 위원들의 위원회 필참과 행정, 기업, NGO각 부문의 정확한 역할 분담을 당부하기도 했다.

다음으로 기업 부문의 참여를 보면, 전반적으로 개인적인 참여 수준은 높았지만 소속 기업 내에서의 전파력은 미지수였다(박영복, 1999). 제천시의 경우 기업인들은 주로 협력위원회에 참여하여 후원금을 지원하였지만 위원회 참여율은 낮았다.[4)

〈표 7-3〉에서 보듯이 기업인들과 기관 단체장들이 후원한 금액은 총예산의 8.4% 내지 16.8%를 차지한다.

전라북도의 경우 지역 내 규모가 가장 큰 기업 중의 하나인 '팬아시아페이퍼코리아' 공장장이 상임의장을 맡아 위원회에 적극적으로 참여하였다.[5) 더욱이 팬아시아페이퍼코리아 한 기업이 후원하는 금액도 총예산의 4.5%에 달한다(〈표 7-4〉 참조).

---

4) 청정제천 21도 기업의 실천 과제를 설정하고 있지만, 청정제천 21 설명회나 총회에서는 기업인이나 시민들이 대체로 '지역 개발을 위해 어쩔 수 없는 한계'를 인정하는 분위기였다고 한다(제천시 환경관리과 H팀장과의 인터뷰, 2002. 4. 16). 예를 들어 '스티로폼 사용 줄이기'와 같은 실천 목표를 논의할 때, 지역 경제의 활성화와 환경 보존의 양립 가능성이 상충하는 점을 들어 각 부문이 할 수 있는 작은 실천을 벌여나가자는 결론에 도달하곤 했다고 한다.
5) 푸른약속 전북 21 추진협의회 P간사는 이 측면을 '지역의 특수성'이라고 표현한다. 즉 팬아시아코리아는 1967년 3월 22일 '새한제지'로 출발하여 '전주제지', '한솔제지'로 이름을 바꿨고 현재는 대주주가 외국계로 넘어가 '팬아시아페이퍼코리아'가 되었지만, '종이박물관'을 설립하여 지역 주민들에게 관람시키고 환경 보호를 강조해온 회사라고 한다(푸른약속 전북 21 추진협의회 P간사와의 인터뷰, 2002. 4. 29).

248

<표 7-3> 청정제천 21 추진협의회 연도별 예산 구성비

(단위: 원)

	1999년	2000년	2001년	2002년
총예산	1,300,000	20,220,000	49,482,805	24,259,685
회 비		8,400,000(41.5%)	4,398,017(8.9%)	6,000,000(24.7%)
후원금		3,395,000(16.8%)	4,140,000(8.4%)	4,000,000(16.5%)
시지원금	1,300,000	6,900,000(34.1%)	40,000,000(80.8%)	10,000,000(41.2%)
사업수익금			600,000	
기타 수입			47,108	
전년 이월금			297,680	4,259,685

자료: 청정제천 21 추진협의회. 「'청정제천 21 추진협의회' 회의록」.
주: 괄호 안은 총예산 대비 구성비임.

<표 7-4> 푸른약속 전북 21 추진협의회 2001년도 총예산 집행 내역

(단위: 원)

구 분	수 입	지 출	잔 액
전라북도 보조금	74,800,000(73.7%)	74,800,000(73.8%)	0
2000, 2001년도 결산이자	181,900	0	181,900
기업후원금(팬아시아페이퍼코리아)	4,550,000(4.5%)	4,550,000(4.5%)	0
물투어보조금(수질보전과)	7,000,000(6.9%)	7,000,000(6.9%)	0
일본선진지견학보조금(산림행정과)	15,000,000(14.8%)	15,000,000(14.8%)	0
총 계	101,531,900	101,350,000	181,900

자료: 푸른약속 전북 21 추진협의회(2002: 11).

인천광역시에서는 기업들과의 직접적인 논의를 통해 기업의 사회적 책임과 능동적 대응을 이끌어내는 데 미흡했다는 평가가 나왔다(박영복, 1999). 개별 기업들의 참여를 유도하기보다는 기업 부문의 실천 과제를 상공회의소에 요청하는 수준이었다는 것이다. 이 때문에 인천의제 21 실천협의회는 2002년을 '기업으로의 확산의 해'라는 목표를 세우고 기업의제 21을 적극적으로 추진하기로 했다.

결국 팬아시아페이퍼코리아 신균정 공장장(푸른약속 전북 21 추진협의회 상임의장)의 다음과 같은 말이 기업 부문의 참여에 대한 하나의 대안이 될 수 있다는 평가를 내릴 수 있다.

각 분과 활동이 활성화되어 더 역동적인 모습을 보여주길 바란다. 역동적 분과 활동 속에서만 지역의 기업들이 참여 할 수 있는 동기가 유발되고 함께 하고픈 욕구를 불러낼 수 있는 것이다. 각 회사마다 그 활동을 개별적이 아닌 연대로 풀어낼 수 있도록 우리가 만남과 교환의 장을 마련해줘야 한다(푸른약속 전북 21 추진협의회, 2001a:'푸른약속 전북 21 추진협의회'와의 인터뷰에서).

NGO의 참여 면에서도 세 지역 간의 차이가 나타난다. 제천시의 경우 NGO의 역량이 낮은 편이어서 청정제천 21 실천 단계에서는 제천환경운동연합이 거의 실무를 맡고 있었지만, 실천 사업이 기획된 후 집행 단계에서는 구성 단체들이 적극적으로 참여하는 편이었다.[6] 인천의제 21 실천협의회에 참여한 기관단체들의 활동도 적극적인 편이었다(인천환경운동연합 L국장과의 인터뷰, 2002. 6. 25).

푸른약속 전북 21 추진협의회의 경우는 기관단체들의 참여율이 낮았다고 한다. 많은 NGO들이 적극적으로 참여하고 있음에도 불구하고 각 위원회와 분과위원회의 회의나 모임 때 '고정 결석자'는 주로 기관단체 참여자들이었다고 한다. 푸른약속 전북 21 추진협의회는 이러한 고정 결석자들에 대한 대책을 다각적으로 논의 중이라고 한다.[7]

---

6) 제천환경운동연합은 기관단체들과 실천 사업을 함께 하면서 서로를 이해할 수 있는 계기가 되었다고 평가했고, 기관단체들의 참여가 적극적이었음을 인정한다(제천환경운동연합 P씨와의 인터뷰, 2002. 4. 15).
7) 특히 논의되고 있는 대안은 고정 결석자들을 협의회에서 제외하고 새로운 단체들을 참여시키는 방안이라고 할 수 있다(푸른약속 전북 21 추진협의회 P간사와의 인터뷰, 2002. 4. 29).

인천의제 21 실천협의회는 실천 과정상의 문제점들을 지적한다(박영복, 1999; 인천환경운동연합 L국장과의 인터뷰, 2002. 6. 25). 우선 인천의제 21 수립 단계의 9개 분과위원회를 실천 단계에서 5개 분과위원회로 통합하면서 조직과 실천이 양분되고 충분한 인력을 확보하는 데 한계가 있었다는 것이다. 또한 NGO의 경우 참여자들의 헌신에도 불구하고 소속 단체를 대표하여 참여했다기보다는 개인 자격으로 참여하는 성격이 강해 실천 사업의 실무집중력이 저하되었고, 소속 단체에서 인천의제 21을 충분히 논의하지 못하는 결과를 낳았다고 한다.

이를 극복하기 위해 인천의제 21 실천협의회는 2001년 2월 워크샵을 개최하여 월 1회 간사 회의를 개최하기로 하였고, 간사 소모임을 만들어 각 분과위원회 간사들 간의 협력과 정보 교류 등을 활성화하기로 하였다. 또한 각 분과위원회 간사 중에서 수석간사를 두고 가급적 사무실에 상근하도록 하며 5개 분과위원회의 사업과 회의를 지원하도록 했다(인천의제 21 실천협의회, 2001c).[8]

1999년 6월부터 2001년 6월까지의 실천 사업을 평가한 인천의제 21 실천협의회의 「실천사업 평가 보고서」는 각 부문이 담당한 역할 수행에 대해 시정부의 경우 어느 정도 이행되고 있고, 기업의 역할은 별로 이행되지 않고 있으며 NGO의 경우 이행되고는 있지만 불만족스럽다고 평가하고 있다(인천의제 21 실천협의회, 2001b).[9] 인천의제 21 실천 계획들이 인천광역시의 중점 추진 시책과 '약간' 조화되고 있는 편이고, 실천 사업이나 관련 행사에 인

---

8) 수석간사 수당은 각 분과위원회 간사들에게 지급되는 간사활동비로 충당하기로 했다.
9) 하지만 염태영(2000)에 따르면, 인천의제 21 실천협의회는 세 가지 점에서 큰 잠재력을 가지고 있다. 첫째, 시정부의 예산 지원이다. 인천광역시는 1999년부터 해마다 3억 원 내지 4억 5천만 원에 이르는 예산을 지원해주고 있다. 둘째, 활발한 분과위원회의 활동이다. 수립 단계에서는 9개 분과위원회가, 실천 단계에서는 5개 분과위원회가 활동하고 있는 것이다. 셋째, 참여자 및 단체들의 전문성이다. 각 분과위원회에는 해당 분야 NGO들과 전문가들이 다수 참여하고 있어 타 시·도의 부러움을 사고 있다고 한다.

천의제 21 참여 단체들의 참여 및 협력 정도는 '소극적인 협조 또는 참여'를 보였다는 것이다.

하지만 위원회 회의에 참여한 구성원들은 활발한 토론과 협의를 통해 의사결정에 도달했다는 데 대체로 동의한다(청정제천 21 추진협의회 P간사와의 인터뷰, 2002. 4. 16; 푸른약속 전북 21 추진협의회 C위원, K위원, P위원과의 인터뷰, 2002. 4. 22; 인천의제 21 실천협의회 L전문위원과의 인터뷰, 2002. 4. 10; 인천환경운동연합 L국장과의 인터뷰, 2002. 6. 25). 실천 사업을 결정하거나 '의제'를 산출하는 과정에서 참여 위원 전체가 진지한 논의를 벌이기 때문에 특정 구성원의 영향력이 지배하지는 않는다고 한다.[10]

전체적으로 볼 때, 협의체라는 성격 때문에 논의의 속도도 사업 진행 속도도 느릴 수 있고 의견을 조율하고 합의한다는 것이 어려운 일이기는 하지만, 참여 위원들의 '자원봉사적 마인드'로부터 가속도가 붙고 협의회 조직이 발전할 것이라고 한다(푸른약속 전북 21 추진협의회, 2002a; 푸른약속 전북 21 추진협의회 사무처 P간사와의 인터뷰에서). 그리고 중요한 것은 의견의 차이, 방법의 차이를 어떻게 극복하여 결국 서로가 함께 바라보는 결론에 도달할 것인가 하는 점이기 때문에 파트너십을 형성한 목적을 기억해야 하고, 충분히 논의하고 조율하는 방법을 익혀야 하며, 서서히 더 많은 동참자가 생길 것을 믿어야 한다는 것이다(지방의제 21 전북지역협의회, 2002; 전라북도 환경보건국장의 글에서).[11]

---

10) 물론 운영위원회의 회의 결과에 따른 안건 상정과 분과위원장이나 사무국의 안건 상정이 갖는 영향력을 들 수도 있다(푸른약속 전북 21 추진협의회 C위원과의 인터뷰, 2002. 4. 22). 푸른약속 전북 21 추진협의회 위원으로 참여하고 있는 주부클럽연합회 전북지부 사무처장 K씨는 실제로 논의의 결과가 의사결정자들에게도 어느 정도 반영이 되고 소속 단체 환경 프로그램과 접목할 수 있어 시너지 효과를 얻을 수 있다고 말한다(주부클럽연합회 전북지부 사무처장 K씨와의 인터뷰, 2002. 4. 22).

11) 1999년 6월부터 2001년 6월까지의 실천 상황을 평가한 인천의제 21 실천협의회(2001b)의 보고에 따르면, 인천의제 21 수립 과정에 참여하였으나 현재 참여하지 않고 있는 인사들은 87.5%가 현재 활동에 대해 잘 인지하고 있다고 대답했고 95%는 참여 기회가 주어진다면 참여하겠다고 대답했다. 반면 현재 참여하고 있지

제2절 추진 기구 외부와의 상호작용

각 시·도의 지방의제 21 추진협의회에 직접적으로 참여하고 있는 위원들 외에 지방의제 21 추진협의회와 (잠재적인) 상호작용을 할 수 있는 대상으로는 시·도 의회, 공무원, 기업, 시민, 타 지방정부 등을 들 수 있다.

우선 시·도의회는 시·도의원이 개인적으로 혹은 의회 차원으로 참여하거나 환경기본조례 또는 지방의제 21 추진협의회 관련 조례를 제정 혹은 개정할 때 상호작용 할 수 있다. 시민들은 지방의제 21 추진협의회가 환경 의식 혹은 지속가능한 발전과 관련된 인식 제고를 위한 사업을 추진할 때, 교육·홍보의 대상이 되거나 실천 사업에 참여할 수 있다. 타 지방정부의 경우는 광역 차원의 교류나 협력을 통해 서로 지원이나 협력 활동을 펼칠 수 있을 것이다.

각 추진협의회들은 회원, '만인위원회'와 같은 방식을 채택하여 시민들의 참여를 유도하고 있다. 청정제천 21 추진협의회는 일반 시민들을 청정제천 21 회원으로 받아들였는데, 회원수는 총 300명 규모이며 이들은 실천 사업에 참여하거나 회비를 납부하여 추진협의회의 예산을 지원한다. 〈표 7-3〉에서 보았듯이 청정제천 21 추진협의회 총예산 중에서 회비가 차지하는 비중은 8.9%(2001년)에서 41.5%(2000년)에 달한다. 2001년 현재 회원 구성을 보면, 기업계 55명, 학계 15명, 환경단체 40명, 여성계 98명, 공무원 20명, 교육계 30명, 기타 42명 등이다.[12]

않은 단체에서는 52.5% 정도만이 현재 활동에 대해 긍정적이라고 대답했고, 37.5%는 불만이 있거나 부정적인 의견을 보여 파트너십에 대한 장기적인 관점이 필요함을 알 수 있게 했다.

12) 회원들은 주로 청정제천 21 추진협의회에 참여하고 있는 기관단체들의 임직원들로 구성되어 있지만, 그만큼 청정제천 21에 대한 시민들의 이해를 높일 수 있는 계기가 되었다(청정제천 21 추진협의회 Y씨와의 인터뷰, 2002. 4. 15).

인천의제 21 실천협의회는 시민 참여와 인천의제 21 관련 자료의 접근 및 공개를 위해 홈페이지를 통해 '만인위원회'라는 참여 제도를 만들었다. 만인위원은 인천의제 21의 각종 활동에 대해 이웃을 비롯한 주변에 최대한 홍보하며, 인천의제 21을 실천하는 데 앞장서도록 하고 있다. 만인위원회의 위원장은 인천의제 21 실천협의회의 실행위원장이 겸직한다. 또한 사업 활동을 위해 필요한 경우 만인위원회 안에 특별 팀을 구성할 수 있게 하였다. 인천의제 21 실천협의회 홈페이지 만인위원회에는 2001년 말까지 약 500명이 참여하고 있다.

푸른약속 전북 21 추진협의회는 추진 체계에 도민실행위원회와 기업실행위원회를 두고 있다. 이 기구의 위원들은 푸른약속 전북 21 수립 단계에서는 우선 기획조정위원회에 편성되어 있다. 실천 단계로 접어든 2002년부터는 매 실천 사업 시 도민실행위원회와 기업실행위원회가 도민과 기업의 참여를 유도하기 위한 노력을 할 것으로 기대된다.

다음으로 공무원, 기업, 시민들의 참여를 활성화시키기 위한 방식으로는 교육·홍보·시민참여 행사 등을 들 수 있다. 이는 워크샵, 공청회, 설명회, 교육, 실천 사업 등의 형태로 나타난다. 예를 들어, 제천시 환경관리과 환경기획팀은 청정제천 21 수립 단계에서 1999년 3월 2일 시공무원들을 대상으로 한 교육 및 설명회를 열었는데, 한 달 동안 매주 조회 때마다 환경기획팀이 각 실·과를 돌며 교육과 설명회를 진행하였다고 한다. 또한 제천시 모든 읍·면·동을 순회하면서 공청회를 개최하였다.[13] 그리고 1999년 6월 20일 환경기본조례가 의회에서 통과되기 이전 시의회에서도 의원들을 대상으로 한 교육 및 설명회를 개최하였다(1999년 5월 31일). 이러한 노력은 지방의

---

13) 공무원들의 경우 아직까지는 전반적으로 환경문제에 대한 관심이 낮고 해당 업무 분야가 아니면 적극적으로 나서지 않지만, 최소한 지방의제 21의 개념과 방향성에 대한 인식을 높이는 계기가 되었다. 그리고 순회 공청회에는 주로 읍·면·동장들이 참여하였지만, 여론을 주도하는 위치에 있기 때문에 동원과 전파 면에서 효과가 있었다고 한다(제천시 환경관리과 H팀장과의 인터뷰, 2002. 4. 16).

254

제 21의 인식 제고에 도움이 되었다고 한다.

인천의제 21 실천협의회가 실천상황평가를 수행하기 위해 2000년 12월부터 2001년 2월까지 3개월 동안 시민 525명을 대상으로 실시한 설문조사의 결과에서도 나타난다. 이 조사에 따르면, 인천의제 21이라는 단어를 접해본 시민들이 58.7%(잘 알고 있다 5.5%, 직접 참여해본 경험이 있다 2.7%, 들어본 적이 있다 50.5%)인 것으로 분석되었으며, 개별 실천 사업에 대한 인지도도 10.3%에서 46.9%까지 나왔다(인천의제 21 실천협의회, 2001b: 27).

타 지방정부와의 교류는 주로 먼저 지방의제 21을 수립한 지방정부가 교육을 통해 추진 사례를 전파하고 지역 내 협의체를 구성하거나 상위 지방자치단체가 하위 지방자치단체에 추진 전략과 방법을 교육하는 방식이 많았다. 특히 지역 내에서 공동으로 노력해야만 문제 해결의 실마리를 잡을 수 있는 여러 환경문제에 대해 공동 대처하여 중복 사업을 조정하고 다양한 공동 대처 방안이 필요함을 인식했다(지방의제 21 전북지역협의회, 2002).

예를 들어, 시·군의 기초의제 사업과 상위 지방자치단체인 전라북도의 사업이 서로 원활하게 연계되어야 한다. 자칫 행정력과 기업·시민들의 노력이 서로 중복되어 그 효과가 상쇄될 수 있고 기초 지방자치단체와 광역 지방자치단체의 특성을 살리지 못하고 투입에 비해 보잘것없는 결실이 얻어지거나 중요한 분야를 놓칠 수 있는 공백이 나타날 수도 있다는 것이다(곽동희, 2002: 10).

푸른약속 전북 21 추진협의회는 2002년 핵심 실천 사업으로 '만경강 살리기'를 설정했다. 이렇게 여러 시·군에 걸쳐 있는 문제의 경우 통합적인 측면에서 바라보고 종합적인 대안을 마련해야 하는데, 그에 대한 관련 정보를 얻고, 관련된 사람들이 모여 논의를 할 수 있는 곳이 바로 광역의제 추진기구라는 것이다(푸른약속 전북 21 추진협의회, 2001a; '푸른온고을 21' K팀장과의 인터뷰에서). 이러한 개념을 도식화 한 것이 〈그림 7-1〉이다. 또한 청정제천 21 추진협의회는 충청북도 지방의제 21인 '청풍명월 21 추진협의회'

와 연계하여 2000년부터 '환경시범마을육성' 사업을 시행하고 있다.

<그림 7-1> 지방의제 21 추진 기구의 기초 및 광역의제 간 연계개념도

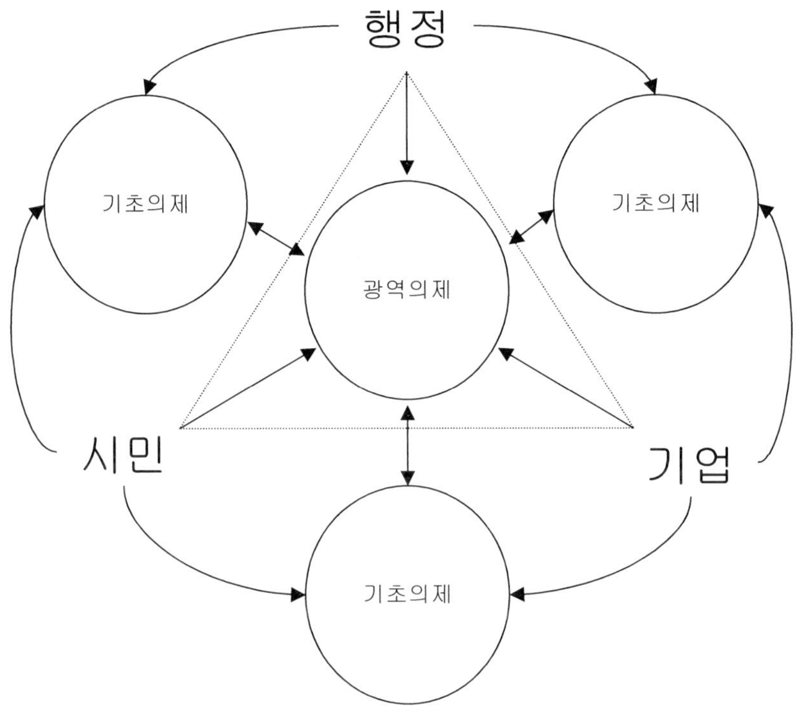

자료: 곽동희(2002: 11).

　　실제로 충청북도의 지방의제 21 추진 기구인 '충북의제 21 추진협의회'는 2002년 5월 10일 청정제천 21 추진협의회를 비롯한 도내 11개 시·군의 지방의제 21 추진 기구 대표자 및 관계자 간담회를 열어 충청북도의 지방의제 21 활성화 방안을 논의했다. 또한 인천의제 21 실천협의회는 2000년 12월 8일 인천광역시 계양구의 지방의제 21 추진 기구인 '계양의제 21 협의회'[14]에서 지방의제 21 추진의 방향에 대해 강연회를 가졌고, 2002년 2월 21일에는 남구 지방의제 21 추진 기구인 '남구의제 21 준비위원회'[15]의 워크샵에 참여하기도 했다. 그리고 푸른약속 전북 21 추진협의회는 2002년 1월 18일 전라북도 내 14개 시·군의 의제 담당자를 초청해 각 시·군의 준비 또는 진행 상황에 대해 의견을 나누고, 전라북도 시·군 의제 협의회 구성과 공동 소식지 「전북의제 21」 발간을 결정하였다.[16]

이 밖에 각 지역 지방의제 21 추진 기구들은 지방의제 21 추진의 활성화를 위해 지난 1999년 출범한 지방의제 21 전국협의회의 각종 정책 포럼 및 총회에 참여하여 수평적 네트워크를 구축하고 있다. 또한 지난 2000년부터 주민 자치와 지역 사회 공동체 실현이라는 취지로 설립되고 있는 '주민자치센터'와 결합하여 지방의제 21을 확산시킴과 동시에 주민자치센터의 활성화를 유도하는 방안도 모색하고 있다.

제3절 조례 제(개)정 과정

지방정부들이 지역의 실정에 맞는 환경 정책의 기준을 정하고 실천해 나갈 수 있는 법률적 기반이 환경조례제정이며, 지방자치 실시에 따른 지역의

---

14) 계양의제 21 추진협의회는 2000년 9월 19일 지방의제 추진 계획을 수립하고, 강연 및 워크샵을 거쳐 2001년 10월 8일 발족식을 가졌다.

15) 남구의제 21 준비위원회는 2001년 9월부터 5개월 간 분과 구성 및 추진 위원 인선을 마무리하고 '남구의제 21'을 수립 중에 있다.

16) 아직까지는 초보 단계일 수밖에 없다. 현재 전라북도 내에서 지방의제 21 추진 기구가 만들어진 것은 전주시의 '푸른온고을 21 추진협의회', 남원시의 '푸른남원 21 추진협의회', 임실군의 '임실환경 21 추진협의회', 장수군의 '장수군 의제 21' 등에 불과하다. 더욱이 전라북도의 도청 소재지가 전주시이기 때문에 푸른약속 전북 21 추진협의회 참여 단체와 푸른온고을 21 추진협의회 참여 단체가 중복되는 경우가 많고 추진 사업 역시 그럴 가능성이 많기 때문에 상호연계성을 줄 수 있는 조정이 절실하다고 할 것이다(푸른약속 전북 21 추진협의회 J간사와의 인터뷰, 2002. 4. 29).

환경 및 생태계 파괴에 대한 우려를 줄일 법적인 안전판 역할을 하게 된다(홍준형, 1996; 정준금 외, 1999: 298에서 재인용). 환경정책기본법 제4조 제2항에서도 '지방자치단체는 관할 구역의 지역적 특성을 고려하여 국가의 환경 보전 계획에 따라 당해 지방자치단체의 계획을 수립하여 이를 시행할 책무를 진다'고 규정하고 있으며, 환경 기준에 관해서도 '서울특별시장, 광역시장 또는 도지사는 지역 환경의 특수성을 고려하여 필요하다고 인정하는 때 환경부 장관의 승인을 얻어 당해 지방자치단체의 조례로 별도의 환경 기준을 설정할 수 있다'고 규정하고 있다(정준금 외, 1999: 298-299).

제천시는 청정제천 21을 추진하면서 제도적인 근거를 마련하기 위해 1999년 6월 21일 '제천시 환경기본조례'를 만들었다. 전라북도에서도 1999년 6월 18일 총 3장 31조의 '전라북도 환경기본조례'를 제정하였고,[17] 2000년 1월 1차 개정을 통해 2000년 1월 환경기본조례를 개정하여 지방의제 21 추진협의회 설치와 운영의 근거를 마련하였다. 제천시와 전라북도는 환경기본조례를 근거로 지방의제 21 추진협의회의 설치 및 운영 규정을 따로 만든 반면, 인천광역시는 실천 단계에서 지방의제 21 추진기구의 구성과 운영을 직접 조례화 하여 1999년 2월 22일 '인천의제 21 실천협의회 구성 및 운영조례'를 제정하였다.

그만큼 제천시와 전라북도에서와는 달리 인천광역시에서는 조례의 제정 과정에서 시의회의 견제를 많이 받았다. 결과적으로는 인천광역시의 조례안 원안대로 통과되어 3개월여 동안 허비했다는 지적도 받았지만, 논란의 여지

---

17) 주요 내용은 전라북도, 시·군, 사업자 및 도민의 책무와 언론기관, 학교 등 사회구성원의 역할을 분담하여 환경보전 실천에 대한 자율 참여를 유도하였다. 환경보전시책의 종합적이고 계획적인 추진을 위하여 전라북도 환경기본계획을 5년마다 수립하여 시행토록 하였으며, 환경보전시책 추진 상황을 매년 의회에 제출하고 환경백서를 발간하도록 했다. 또한 개인 또는 법인의 권리를 침해하지 않는 범위 내에서 필요한 환경 정보를 공개하도록 했으며 지역환경영향을 최소화하고 환경 보전을 위한 시책 사업에 소요되는 재원을 지원할 수 있도록 규정했다(전라북도, 2000: 371-372).

가 있었던 것이다. 가장 크게 논란이 되었던 점은 굳이 새로운 기구를 만들 필요가 있는가 하는 것이었다. 다음과 같은 시의원들의 발언이 논점을 보여 주고 있다.

전○○ 위원: 저는 인천광역시의제 21 실천협의회구성 및 운영조례안을 보면서 이것이 참 옥상옥이라는 어떤, 그런 기분을 떨쳐버릴 수가 없거든요. 제17조하고 제20조를 보면 제17조에 관계기관 등에의 협조요청 해가지고 '협의회는 인천의제 21 실천과 관련하여 필요할 때에는 시 관계 공무원 또는 전문가를 출석하게 하여 의견을 청취하거나 자료 제출 등 협조를 요청할 수 있다.' 인천의제 21에서 관계 공무원들 출석을 요구하게 되면 언제고 나가서 협조를 해야 되는 이런 부분이 있고 또 제20조에 업무협조 '시장은 인천의제 21 실천을 위한 사업을 추진하기 위하여 협의회의 요청이 있을 경우에는 적극 협조하여야 한다'······(중략)······협의회 구성하고 협의회에서는 운영위원회에서 구성해 가지고 회장단 위촉하고 그 다음에는 실행위원회 하고 그 다음에 분과위원회 하고 또 여기에서 임시위원회도 필요에 의해서 언제든 둘 수 있고, 이런 방만한 조직이 어디 있습니까?(인천광역시의회 제3대 산업위원회 제68회 제8차 회의, 1998. 12. 21).

김○○ 위원: (인천의제 21이) 시민운동 차원이기 때문에 이것을 구체적으로 안 해주면 자칫하면 우리가 좀 속된 표현으로 이번에 제2건국위원회 같은 경우도 비슷한 소리를 듣습니다마는 뭐 친위부대다, 제2의 관변단체다 하는 우려를 듣게 되는데 이번 경우에도 그런 것을 명기를 안 해 놓으면 거꾸로, 뭐 여기 보면 좋은 말들 다 있는 것이야 사람들이 그 좋은 말에 해당된다고 했을 때 '아닙니다' 하기에는 힘든 상황이 되거든요(인천광역시의회 제3대 산업위원회 제68회 제8차 회의, 1998. 12. 21).

심○○ 위원: 그 정도의 예산을 환경감시원을 지원하는 한이 있더라도 우리가 환경문제를 다루는 데는 이런 방대한 기구에 지원을 해가지고 일을 하는 것보다는 더 효율적이지 않겠느냐는 생각이 들고 사실상 뭐 지금 인발연(인

천발전연구원)이나 이런 의제 21이나 이것이 특별히 있어야 될 이유가 하나
도 없다고 생각이 되는데요(인천광역시의회 제3대 산업위원회 제68회 제8차
회의, 1998. 12. 21).

이와 같은 지적에 대해 환경녹지국장은 '인천의제 21이 인천의 환경을 위
해 노력한다는 정신을 가지고 있기 때문에 관계 공무원이 의견을 개진하고
경청하는 것을 원활히 하기 위한 규정을 두려는 것'이라고 말했다(인천광역
시의회 제3대 산업위원회 제68회 제8차 회의, 1998. 12. 21). 또한 '사단법
인' 혹은 단순한 '지원조례'의 대안을 검토했지만 오히려 특정 민간단체를 지
원하는 것으로 왜곡될 수 있기 때문에 시행착오를 겪더라도 협의회를 구성
하겠다는 의지를 밝혔다.

실제로 각 지방정부들은 지방의제 21 추진 기구에 대한 지원을 명시해 두
고 있다. '청정제천 21 추진협의회 운영 정관'은 '제16조 관계기관의 업무 협
조'에서 '회장은 각 위원회에서 심의 의결된 사항에 대하여 관련 기관으로
하여금 추진하도록 요청하거나 세부 추진사항을 통보받을 수 있다'(제1항),
그리고 '각 위원회에서는 필요하다고 인정될 때 관련 기관단체에 대한 필요
한 자료를 요청하거나 의견을 들을 수 있다'(제2항)는 항목들을 명시하고 있
다. 사업비의 경우 시민·기업체의 성금, 회비, 기관단체의 지원금, 시의 보
조금으로 하기로 했다(제15조 사업비 제1항).

'인천광역시의제 21 실천협의회구성 및 운영조례'는 제17조 '관계기관 등에
의 협조 요청'에서 '협의회는 인천의제 21 실천과 관련하여 필요할 때에는
시 관계공무원 또는 전문가로부터 의견을 듣거나 자료 제출 등 협조를 요청
할 수 있다'고 정해두고 있다. 그리고 시장은 협의회의 사업계획서를 검토
분석하여 인천의제 21 실천을 위하여 필요하다고 인정될 경우에는 소요사업
비를 예산에 반영할 수 있도록 했다(제19조 사업비 확보). 인천광역시의 경
우 1999년 이후 3억 원 내지 4억 5천만 원의 예산을 인천의제 21 실천협의

회에 지원하고 있는데, 인천광역시의 여타 위원회에 집행된 예산과는 큰 차이를 보이고 있다.[18]

'전라북도지방의제 21 추진협의회설치 및 운영규정'에서도 행정지원단이 협의회의 사업과 업무별로 각 위원회에서 요구하는 각종 자료와 정보 등을 지원해야 하며, 환경을 고려한 각종 시책개발 및 행정 분야 지방의제 실천과제를 추진해야 한다(제14조 행정지원단 2항)고 명시되어 있다. 또한 도지사는 협의회의 사업계획서를 검토·분석하여 지방의제 21 실천을 위하여 필요하다고 인정될 경우에는 예산의 범위 안에서 소요 경비를 지원할 수 있다(제15조 재정지원).

결국 입법부의 충분한 동의와 이해 속에서 지방의제 21 추진 기구가 활동을 시작한 것은 아니지만, 환경문제에 대한 민-관 공동 대처의 필요성을 지방정부가 어느 정도 인식하고 있었음을 알 수 있다.

제4절 협력과 갈등 사례

각 지방정부의 지방의제 21 추진 기구는 행정, 기업, NGO 3자 간의 파트너십으로 구성되어 있다. 이론적 논의에서 살펴보았듯이 민-관 파트너십을 통해 NGO 등은 정부 정책에 대한 적극적인 지원과 참여 또는 순응을 보일 수도 있지만 비판과 퇴출 위협을 통한 압박을 보일 수 있다. 특히 지방정부가 지방의제 21을 추진하면서도 지속가능한 발전과 상충하는 정책을 추진하고 있을 때, 갈등을 빚을 수도 있다. 지방의제 21 추진 과정에서 나타날 수 있는 지방정부와 추진 기구 참여자들 간의 협력과 갈등 사례는 지방정부의

---

18) 인천광역시의 69개 위원회 가운데 1,000만 원 이상의 예산이 지원된 위원회는 한 군데도 없다(인천광역시, 2001b).

참여 전략을 반영할 뿐만 아니라 민-관 파트너십의 발전 또는 제약 가능성을 보여주는 것일 수 있다.

1. 청정제천 21 추진협의회: 상수원보호제천시민대책위원회

청정제천 21 추진협의회는 영월군이 제천시 상수원인 영월 서강 상류 평창강 인접 지역에 쓰레기 매립장 건립을 계획할 때, '상수원보호제천시민대책위원회'를 구성하여 영월군에 항의하고 대안을 제시하여 지난 2001년 쓰레기 매립장 건립 위치를 변경하게 하였다(제천시, 2001: 86-88).

영월군은 1999년 영월군 북면 덕상리 일원에 총 135억 원을 들여 총 면적 6만㎡의 쓰레기 매립장을 조성할 예정이었다. 그런데 이 예정지는 장곡취수장 상류 10km 지점에 위치하여 삼면이 석회암질로 구성된 산간 계곡으로서 골이 깊고 경사도가 급하여 유수량이 많아 우기 및 기상 이변 시 관리 소홀로 인한 침출수 유출 위험이 높은 지역이라는 문제가 제기되었다.

특히 영월군에서 추진하려는 침출수 처리공법은 증발건조식 시스템으로서 대규모 사업장에서는 적용하지 않으며 검증되지 않은 공법이기 때문에 집중호우 시 침출수 과다로 미처리 침출수의 유출 사고 가능성이 있다는 것이다.

이에 따라 1999년 11월 11일 제천환경운동연합은 '영월쓰레기매립장대책실무협의회'를 구성하여 홍보 전단을 제작·배포하였고, 캠페인, 사진 전시회, 영월군청 항의 방문, 국민고충처리위원회 상정, 녹색연합·환경운동연합 등 중앙 환경운동단체들과 연대 투쟁 등을 벌였다.

청정제천 21 추진협의회에서도 2000년 9월 6일 '상수원보호제천시민대책위원회'를 구성하여 11월말까지 영월군 쓰레기 매립장 조성 반대 시민서명운동을 전개했고, 11월 말에는 대통령직속지속발전위원회와 환경부 등에 건의서를 발송하기도 했다. 결국 2001년 1월 9일 영월군은 군과 주민 간 부지

재검토 합의서를 작성해 다른 10곳의 후보지를 재심사하기로 했다.

2. 인천의제 21 실천협의회: 해안도로변 철책 철거 갈등

인천광역시가 2001년 연수구 동춘동 매립지인 송도 신도시의 외곽에 해안도로변에 해안경계용 철책을 설치하려고 하자 시민단체들이 강력히 반발하고 나섰다. 인천의제 21 실천협의회도 5월 30일 운영위원회를 열어 송도 신도시 철책 설치 문제를 정식 의제로 채택하고 대응 방안을 모색했다(문화일보, 2001. 5. 31).

인천의제 21 실천협의회는 이러한 시도가 그간 실천협의회가 추진해온 친수공간 확보 노력과 상반된다고 지적했다. 시와 군부대는 최근 시비 140억여 원을 들여 2001년 6월부터 연말까지 송도신도시 1단계 사업지역인 1·2·4공구 외곽 해안 12km에 높이 2.7m의 해안경계용 철책을 새로 설치키로 합의했다고 밝혔다.

시 관계자는 '송도신도시의 조성공사를 차질 없이 추진하기 위해서는 해안도로변의 기존 철책(3km)을 철거하는 대신 송도 신도시 외곽에 철책을 설치하겠다는 군부대의 요구를 들어줄 수밖에 없다'고 해명했다.

그러나 인천의제 21 실천협의회는 인천경실련 등 시민단체들과 함께 기존 철책보다 4배나 더 긴 철책을 치려는 것은 바다를 가까이 하려는 시민 정서에 맞지 않고, 송도신도시의 외국인 투자와 관광객 유치에 차질을 빚을 것으로 우려되며, 친수공간을 확충하겠다는 시의 방침과도 어긋난다는 점에서 반대 입장을 표시했다. 대신 레이더 등 첨단 경계시설을 설치해야 한다고 주장했다. 결국 일부 지역의 철책을 걷어내기로 하면서 갈등이 해결되었다.

3. 인천의제 21 실천협의회: 만수천 복개 공사

인천광역시 남동구 만수동을 가로지르는 만수천의 복개공사를 놓고 인천의제 21 실천협의회 및 환경단체들과 인천광역시가 마찰을 빚었다. 2001년 인천광역시가 하천에서 발생하는 악취와 해충 등을 막는다며 하천복개공사에 나서자 환경 및 생태계 파괴를 우려하며 공사 중단을 요구하고 나선 것이다(중앙일보, 2001. 9. 26).

이 복개공사는 1997년부터 만수천 인근 시영아파트를 비롯한 지역 주민 1,600여 가구가 하천의 악취와 해충 때문에 불편을 겪고 있다며 민원을 제기해왔기 때문에 복개가 결정된 것이었다. 시에서는 만수천 미복개 구간인 460m를 2002년 말까지 복개한 뒤 체육공원을 조성할 계획을 내세웠다.

만수천은 상류에서 하천으로 유입되는 물의 양이 부족하고 생활하수가 흘러들기 때문에 자정 능력을 잃어버린 상태에 있다. 주택 밀집 지역인 만수천 구간 1,240m 가운데 남동구청 앞과 만수3지구 부근 등 상·하류 구간은 이미 복개가 완료되어 있다.

인천의제 21 실천협의회와 인천환경운동연합 등 환경단체들은 인천광역시가 2000년도에 막대한 예산을 들여 장수천을 생태 하천으로 조성한다고 밝힌 후 장수천과 합류되는 만수천을 복개하기로 한 것은 앞뒤가 맞지 않다는 문제를 제기했다. 또한 하천이 덮이면 자연생태계 파괴는 물론 친수기능을 잃게 된다는 것이다. 복개로 인해 더러워진 만수천의 오·폐수가 장수천을 거쳐 소래포구까지 흘러들어 인천 앞바다가 심각하게 오염되고 있다는 지적이다(중앙일보, 2001. 9. 26: 인천환경운동연합 성혁수 간사와의 인터뷰에서).

인천광역시는 만수천과 장수천은 상황이 다르다고 설명한다. 장수천의 경우 안정적인 자연 수원이 있어서 자정 능력이 있지만, 460m 구간을 제외한 상·하류 구간이 이미 복개된 만수천은 이미 하천 기능을 상실한 채 사실상

하수도로 운영되고 있다는 것이다. 이 때문에 인천의제 21 실천협의회와 인천광역시 간의 논란이 진행되고 있다.

4. 인천의제 21 실천협의회: 인천소래해양생태공원

인천광역시 남동구에 위치하고 있는 소래해양생태공원은 바다가 접하는 지역을 사이에 두고 형성된 염생 습지 지역으로서 1933년 소금 생산을 목적으로 염전을 만든 이후 1997년까지 직접 소금을 생산해오던 곳이었다. 1990년대 이후 염전의 경쟁력을 잃게 된 후 버려진 폐염전 부지와 갯골을 중심으로 자연스럽게 염생 습지들이 대규모로 형성되어 다양한 염생 습지 생태계를 유지할 수 있게 되었다. 그런데 제2경인고속도로, 서해안 고속도로 개통, 인천광역시 남동구의 팽창, 대규모 위락단지 건설, 골프장·화물터미널 건설 등 개발 계획만 끊임없이 제기되고 있는 실정이다(천주교 인천교구 가톨릭환경연대, 2001).

인천광역시 남동구는 1998년부터 소래해양생태공원 조성 기본 계획을 수립하고, 생태계 현황 조사와 공원 조성 계획 설계를 마쳤으며, 염전 지대, 소금 창고, 해양생태 학습관, 갯벌 체험 지역, 휴게 시설, 관찰 탐방로 등을 설치하여 시민들에게 공개하고 있다. 인천의제 21 실천협의회 홍보·교육분과위원회는 가톨릭환경연대, 녹색연합, 인천환경운동연합과 함께 2001년 4월 안내자 양성 교육을 실시하고, 소래해양생태공원 내에 설치한 NGO 학습관을 운영하고 있다.

그런데 인천광역시와 남동구에서는 무관심과 비협조로 일관하고 있을 뿐만 아니라 때로는 체험 교육을 진행하고 있는 자연 안내자에게 노골적인 거부감을 드러내기도 한다는 지적이 많다. 인천광역시와 남동구가 소래해양생태공원을 체계적으로 관리하고 보전 방안의 비전을 제대로 제시하고 있는가에 대해 회의적이라는 것이다(천주교 인천교구 가톨릭환경연대, 2001).

예산과 인력의 부족이라는 현실적인 문제, 소중한 자연 자산이라는 사실에 비춰보면, 시정부와 시민들의 유기적인 협조를 통해 올바른 보전 방안이 도출될 필요가 있다. 그럼에도 불구하고 인천광역시와 남동구, 해양수산부가 서로 관리, 운영의 주도권을 놓고 갈등과 마찰을 빚는가 하면 공원 내 수십만여 평의 사유지를 보유한 모기업에서 골프장 등 기타 용도로 활용하려는 시도를 계속하고 있는 실정이다.

제8장 논의의 종합

제1절 추진 체계와 참여 전략

지금까지의 논의를 〈표 8-1〉과 같이 정리할 수 있다. 제천시, 인천광역시, 전라북도 세 사례 지역에서는 각각 청정제천 21 추진협의회, 인천의제 21 실천협의회, 푸른약속 전북 21 추진협의회와 같은 지방의제 21 추진 기구들이 구성되어 지방의제 21을 수립하고, 실천 사업을 전개해왔다.

1. 지방의제 21 추진의 체계와 구성

각 사례 지역의 지방의제 21 추진 체계를 살펴보면, 청정제천 21 추진협의회는 기획실행위원회, 연구위원회, 협력위원회 등 기능별로 이루어져 있고, 푸른약속 전북 21 추진협의회는 주체별(도민실행위원회 · 기업실행위원회 · 행정지원단), 기능별(교육홍보위원회, 기획조정위원회), 대상별(자연환경분과위원회, 생활환경분과위원회, 사회경제환경분과위원회)로 이루어져 있다. 인천의제 21 실천협의회는 환경문제의 대상별 분과위원회 중심으로 이루어져 있는데, 인천의제 21 수립 단계의 9개 분과위원회가 실천 단계에서는 5개 분과로 축소되었다.

지방정부 주도형인 청정제천 21 추진협의회는 환경 담당 부서가 중심이 된 기획실행위원회가 지방의제 21의 수립과 실천 사업 단계 모두를 주도하였다. NGO가 적극적으로 참여한 인천광역시와 전라북도에서는 기능별 체계 외에도 실천 주체별 체계와 세분화된 분과위원회가 나타났다.

<표 8-1> 사례 분석 종합

		제천시	인천광역시	전라북도
의제명칭		청정제천 21	인천의제 21	푸른약속 전북 21
주무부서		사회경제국 환경관리과	환경녹지국 환경보전과	환경보건국 환경정책과
배경	도시구분	도농통합 기초 자치단체	광역자치단체	광역자치단체
	환경행정	1국 1과 6담당	1국 4과 14담당	1국 2과 7담당
	시(도)정지표	지역개발	환경도시	경제행정
	재정자립도	낮 음	높 음	낮 음
	산업구조	3차 > 1차 > 2차	3차 > 2차 > 1차	3차 > 1차 > 2차
	NGO역량	낮 음	중 간	높 음
	환경상태	보 통	열 악	보 통
제기자		정 부	NGO	정부·NGO
예 산		정부지원, 회비, 후원금	정부지원	정부지원, 후원금
근 거		환경기본조례	환경기본조례·구성조례	환경기본조례
체계	수립단계	기능별	대상별	주체·기능·대상별
	실천단계	기능별	대상별(축소)	주체·기능·대상별
구성	수립단계	기관단체, 공무원, 기업인	NGO, 전문가, 공무원	NGO, 전문가, 기업인
	실천단계	기관단체, 공무원	NGO, 공무원, 전문가	NGO, 전문가, 기업인
추진방식		정부주도	NGO 주도(간사단체)	정부-NGO-기업
파트너십 유형		기부·운영파트너십	공조파트너십	공조파트너십
참여전략		제한된 대화 전략	상향식 전략 Yes……but 전략	상향식 전략
실천사업		참여확대형	참여확대·역량강화형	참여확대형
문제점		NGO 역량부족	실무집중력 저하	고정결석자
극복방안		적극적 홍보 전략	분과연계/기업의제추진	새로운 단체 참여
실천사업		참여확대형	참여확대형, 역량강화형	참여확대형
참여정도·방법	정 부	환경관련부서: 적극적 기타 부서: 소극적 (환경기획팀)	환경관련부서: 보통 기타 부서: 소극적	환경관련부서: 적극적 기타 부서: 보통 (행정지원단)
	기 업	소극적(후원)	소극적(상공회의소)	적극적
	NGO	보 통	적극적	적극적
	시 민	회원, 후원회	만인위원회	도민, 기업실행위원회
상호작용	빈 도	낮 음	높 음	높 음
	협 력	높 음	보 통	높 음
	갈 등	낮 음	높 음	낮 음
	광역-기초	보 통	보 통	강 함

푸른약속 전북 21 추진협의회의 실천 주체별 체계는 지방의제 21 수립 단계에서부터 정부, 기업, NGO 3자가 고루 참여한 결과라고 할 수 있다. 특히 인천의제 21 실천협의회의 경우는 NGO의 주도 이외에도 환경문제가 상대적으로 심각하다는 점이 분과위원회의 활성화 요인이 되었다고 볼 수 있다.

전반적으로 볼 때, 각 추진 기구의 구성은 Langton(1983: 260)이 우려하는 '그 얼굴이 그 얼굴(the same old people)'은 아니었던 것으로 분석된다. 기관단체 위주로 구성된 청정제천 21 추진협의회도 민예총, 노총 등을 포함시키는 등 의제 21이 권고한 참여자 구성을 충족시키고자 했던 것이다. 그리고 세 지역 모두에서 NGO의 구성비가 가장 높았지만, 실천 사업 단계에서는 공무원과 기업인의 비율도 높아진 것으로 분석되었다. 실천 사업 단계에서 각 실천 주체들이 본격적으로 참여하기 시작했음을 알 수 있다. 실천 사업 단계의 인천의제 21 실천협의회 구성에서 연구 중심의 전문가 비율이 낮아진 것도 같은 맥락이라 할 수 있다.

2. 파트너십의 유형과 참여 전략

정부, 기업, NGO들의 전반적인 참여 정도를 보면, NGO들은 적극적이었던 데 반해 지방정부의 참여는 소극적이었고 기업 부문은 미진했다고 할 수 있다. 제천시와 전라북도의 NGO 가운데는 '명예만 좇는 참여자들(glory seekers)'(Huxham and Vangen, 1996: 10)도 일부 존재하는 것으로 나타났지만, 상당수의 NGO들이 주도적으로 혹은 적극적으로 추진 과정에 참여해 '사회적 명망가 중심의 엘리트 운동 성격'(권해수·이민창, 2001)은 점차 벗어날 가능성도 있는 것으로 기대된다. 또한 환경 담당 부서 공무원들은 대부분 적극적인 참여와 추진 노력을 보이는 것으로 나타나 이들이 민−관 파트너십의 활성화에 중요한 역할을 담당할 수 있을 것으로 분석된다. 기업 부문을 보면, 전라북도의 경우처럼 기업 부문의 참여도가 높게 나타나기도 했지만, 제천시와 인천광역시에서는 대부분 후원금 지원이나 상공회의소 차원의 형식적인 협조에 그쳤다.

Kernaghan(1993)의 분류에 따라 각 사례 지역의 파트너십 유형을 분석하면, 청정제천 21 추진협의회는 기부 파트너십과 운영 파트너십의 성격을 가지고 있다고 분석된다. 지방정부 주도 하에 지방의제 21이 추진되었고, 기업의 참여는 주로 후원금을 지원하는 형태로 이루어졌다. 추진협의회원이나 시민들의 참여도 상당 부분 회원으로서의 회비를 납부하는 형태로 이루어진 것이다. 물론 각종 회의에 참여한 구성원들이 안건과 실천 사업에 대해 협의하였지만, 시정부가 상정한 안건을 논의하는 수준에 그쳐 운영 파트너십의 성격이 컸다고 할 수 있다.

반면 인천의제 21 실천협의회와 푸른 약속 전북 21 추진협의회는 공조 파트너십의 성격을 띠고 있다. 분과위원회나 운영위원회에서 안건이 제기되고 협의하여 의사 결정에 이르는 과정을 겪었던 것이다.[1]

다음으로 지방정부들의 추진 기구 참여 전략을 Young(1996)의 분류에 따라 구분하면, 제천시의 참여 전략은 제한된 대화 전략이라고 할 수 있다. 청정제천 21 추진협의회의 의사 결정은 양방향의 과정을 보였지만, 시정부가 사업의 방향과 항목을 정하고 참여자들은 세부 사항에 대한 의견을 제시하는 수준이었기 때문이다.

인천광역시와 전라북도는 기본적으로 상향식 전략을 채택하고 있는 것으로 분석된다. 의제 설정과 의사 결정에서 시(도)정부가 주도권을 행사하지 않았기 때문이다. 그런데 인천광역시의 경우 일부 Yes……but 전략도 나타

---

1) 논란의 여지는 있다. Kernaghan(1993)이 분류한 기준에 따르면, 공조 파트너십은 권력을 공유하고 실질적인 의사 결정에 영향력을 미칠 수 있어야 한다. 지방의제 21 추진 기구들이 지방정부의 환경 정책에 실질적인 영향력을 미칠 만큼 권력을 공유한 것은 아니지만, 추진 기구들의 실천 사업을 결정하는 한에 있어서는 구성원들의 협의를 통해 의사 결정에 도달했기 때문에 공조 파트너십이라고 볼 수 있을 것이다.

났다. 해안도로변 철책 철거, 만수천 복개 공사, 소래해양생태공원 운영 등을 둘러싸고 인천광역시와 인천의제 21 실천협의회 간의 갈등이 발생하기도 했기 때문이다. 이러한 문제는 지방의제 21 수립과 실천 사업 이외에도 지방정부의 개별 환경 정책에 개입할 수 있는 지방 CSD 설치 논의를 불러일으키는 요인이 되기도 한다.

민–관 파트너십의 활성화를 위해서는 파트너들의 적극적인 참여를 보장할 수 있는 상향식 전략을 바탕으로 한 공조 파트너십이 필요함을 알 수 있다. 물론 이는 참여자들의 경험과 성공 사례의 축적을 통한 의식 전환과 지방정부의 적극적인 의지에 달려 있다고 할 수 있다.

제2절 참여의 맥락과 과정

민–관 파트너십에 참여한 참여자들의 상호작용을 Beierle and Konisky (1999)의 '참여적 환경 관리 체계의 변수들'에 비춰 분석해보면, 참여의 맥락을 검토하기 위해 통솔 기관에 대한 태도, 과정에 대한 확신, 문제에 대한 과학적 이해, 관할권의 공유 등을, 그리고 참여의 과정을 검토하기 위해 과업의 범위, 심사숙고 과정, 외부와의 의사소통, 통솔 기관의 관여, 리더십 등을 적용할 수 있다.

1. 참여의 맥락

1) 통솔 기관에 대한 참여자들의 태도

지방의제 21 추진에 대한 제기는 지방정부 혹은 NGO들에 의해 이루어졌음에도 불구하고 각 추진 기구의 통솔 기관은 각 지방정부라고 할 수 있다. 각 추진 기구는 지방정부의 법적·행정적·재정적 지원을 받고 있기 때문이다.

지방정부에 대한 참여자들의 태도는 인천광역시의 갈등 사례에서처럼 잠재적 혹은 가시적 갈등이 존재하고 있다. 그럼에도 불구하고 지방의제 21 추진 과정이 진행됨에 따라 일정한 한계 속에서도 지방정부의 역할이 점차 커질 것으로 기대되고 있다.

한편 중앙정부가 지방의제 21 추진을 규제하거나 일괄적으로 시행하는 것은 아니지만, 소위 '힘없는' 부서인 환경부가 다른 부서의 지원을 거의 받지 못하는 상황에서 지방의제 21 추진을 주관하고 있는 것은 많은 참여자들이 지방의제 21 추진의 지속가능성에 대해 우려하게 만들었다. 이는 지방정부 내에서도 환경 관련 부서들이 지방의제 21 추진을 주관함에 따라 나타나는 문제점이기도 했던 것이다.

2) 과정에 대한 확신

각 추진 기구들은 실질적인 권한이나 직접적인 정책 결정까지 관여하고 있지 못함에도 불구하고, '지방의제 21이 없었으면 못했을 사업'(인천환경운동연합 L국장과의 인터뷰, 2002. 6. 25)들을 다양하게 추진해 왔다.

이 때문에 지방의제 21의 성공 가능성에 대한 비판의 목소리에도 불구하고 지방의제 21의 추진은 지속되어야 한다는 의견이 높다. 즉 파트너십의 초기 과정부터 큰 기대나 실망보다는 파트너십의 지속가능성을 가능하게 할 실마리를 찾을 수 있다면 이를 바탕으로 더 높은 수준의 파트너십을 지향해 나가야 한다는 것이다.

3) 문제에 대한 과학적 이해

참여적 환경 관리에서 참여자들이 환경문제에 대해 과학적으로 이해하는 것이 중요하다. 지방의제 21이 반드시 과학적인 분석을 필요로 하는 것은 아니지만, 지역 실정에 맞는 종합적인 환경 관리 계획을 수립하는 데 지역의 주요 그룹들이 참여하여 아이디어를 모으는 과정이 필요하다고 할 것이다.

지방의제 21 수립 단계에서부터 전문가 집단은 지속적으로 결합하여 지역의 환경문제를 분석하는 데 도움을 주었고, NGO 쪽에서도 환경단체뿐만 아니라 다양한 시민·사회단체들이 참여해 전문가-실무자-시민 간의 문제 이해도 상의 격차를 상당히 좁혀왔던 것으로 분석된다.

4) 관할권의 공유

지방의제 21 추진을 위해 각 사례 지역에서는 조례와 예산 지원의 근거를 마련해왔다. 이는 지방의제 21 추진 과정이 지방의제 21 보고서를 만들고 일회적으로 끝나지 않도록 하는 데 도움이 되었다.

하지만 조례에서도 정책 심의나 결정에까지는 영향을 미칠 수 있도록 권한부여를 충분히 하지 못했고, 예산의 배정이 안정적이지 못하다는 점은 각 추진 기구의 활동에 어느 정도 제약 요인으로 작용했던 것으로 분석된다. 이 때문에 지방정부의 환경 정책과 관련한 의사 결정에 그다지 큰 영향을 주지 못한 것이라고 할 수 있다.

2. 참여의 과정

1) 과업의 범위

각 지방의제 21 추진 기구의 실천 사업은 이벤트·교육·홍보 차원의 사업 위주였던 것으로 분석된다. 이는 충분한 권한부여가 이루어지지 않은 한계 때문이기도 하다.

하지만 다른 측면에서 보면, 과업의 범위가 좁은 편이어서 지방정부-기업-NGO가 많은 잠재적인 갈등 요소들을 부각시키지 않고 실천 사업을 지속적으로 추진할 수 있었던 것으로 볼 수 있을 것이다. 이러한 실천 사업들을 통해 성공 사례를 축적시켜 나가면서 낮은 수준의 민-관 파트너십을 보다 높은 수준의 민-관 파트너십으로 발전시킬 수 있을 것으로 기대할 수 있다.

2) 심사숙고 과정

각 지방의제 21 추진 기구 참여자들은 지방의제 21 수립과 실천 사업 과정에서 참여자들 간의 풍부한 논의를 통해 지방의제 21을 추진해왔다는 데 대부분 동의한다.

참여자들 가운데 논의를 주도하는 지배적인 참여자가 있었다기보다는 각 참여자들이 서로 창의적인 아이디어를 제기하고 충분한 논의를 거쳤던 것으로 분석된다. 특히 환경 담당 공무원들의 참여 의지가 높아 추진 기구 운영에 도움이 되었고, NGO 쪽에서도 서로 다른 단체들이 추진 과정에서 서로를 이해하고 신뢰를 쌓는 계기가 되기도 했다.

3) 외부와의 의사소통

외부와의 의사소통은 기업 부문과 관련해서는 미약했다고 할 수 있지만, 대체로 추진 기구의 내부 구성원들 이외에도 각 추진 기구는 외부의 공무원, 의회, 기업, 시민, 타 지방자치단체 등과 관계를 맺고 있었다.

무엇보다도 시민들을 참여시키기 위해 '회원제', '만인위원회', '기업실행위원회', '도민실행위원회' 등의 제도나 체계를 마련했다. 다른 지방자치단체와의 관계에서도 광역－기초 자치단체들은 서로 교육·워크숍 등을 통해 발전 방안을 논의하고 추진 전략이나 사례를 전파해왔다.

그럼에도 불구하고 아직까지는 추진 기구 구성원들의 소속 단체, 지방정부, 의회, 기업 전반에 지방의제 21 추진 과정이 확산되고 있지는 못하다. 또한 광역－기초 간 상호작용도 유기적이지 못해 구체적인 목표와 실천 사업의 역할 분담 면에서는 미흡했다고 할 수 있다.

4) 통솔 기관의 관여와 리더십

각 지방정부는 지방의제 21 추진 기구에 법적·행정적·재정적 지원을 해왔다. 정부 주도형 사례에서 볼 수 있듯이 실천 사업 단계까지도 대부분 지방정부가 적극적으로 관여하기도 했다.

하지만 환경 담당 공무원들을 제외하고는 지방의제 21 추진 과정에 대부분 소극적인 태도를 보여 '종합적인 환경 관리 계획'으로서의 지방의제 21이 갖는 의의를 살리는 데 한계를 드러냈다. 행정지원단과 같은 체계를 만들거나 평가회를 통해 지방정부 쪽의 실천 상황을 발표하도록 했던 노력에도 불구하고 적극적인 자세를 살필 수 없었다.

이는 각 지방자치단체장의 리더십 요인과도 관련된다고 할 수 있다. 즉 각 지방자치단체장은 중장기 환경 계획을 마련하기도 하고 추진 기구에 대한 적극적인 지원을 약속했음에도 불구하고, 추진 기구의 활동을 의사 결정에까지 반영할 수 있는 제도적 장치를 마련하는 데는 소극적이었다.

이 때문에 환경 담당 부서 이외의 전 부서로 지방의제 21과 관련한 활동이 전파되지 못했다고 할 수 있다. 특히 NGO의 역량이 미약한 곳에서는 추진 예산 확보에도 어려움을 겪었다. 또한 추진 기구의 환경 실천 사업과 관계없이 진행되고 있는 비환경친화적 개발 사업들로 인해 갈등이 야기되고 있는 것으로 분석된다.

이러한 사실은 지방자치단체장들이 시(도)정 지표 등을 통해 환경과 관련된 목표를 제시하고 있기는 하지만, 여전히 지방자치단체장들의 리더십이 개발 지향적인 것으로 나타나기 때문이라고 해석할 수도 있다.

제3절 제도적 배경의 영향

정치·행정적 조건, 사회·경제적 조건 등 제도적 배경은 가운데 파트너십의 체계와 구성, 참여와 상호작용에 가장 큰 영향을 준 것은 정치·행정적 조건의 예산과 재정자립도, 그리고 사회·경제적 조건의 NGO 역량이었다고 할 수 있다.

기초 자치단체인 제천시는 도시 규모가 작고 재정자립도도 상대적으로 낮아 지방의제 21의 물적인 기반을 충분히 제공하는 데는 제약이 있었다. 더욱이 2차 산업의 비중이 낮고 크게 부각되는 환경문제도 없는 편이며 NGO의 역량도 낮아 정부 주도로 추진되어왔다고 할 수 있다. 이 때문에 추진 기구의 체계는 세분화되지 않았고 기관단체 위주로 구성되었다.

인천광역시의 경우 산업화와 도시화가 진척되고 인구도 급증해 환경문제가 상대적으로 심각한 편이어서 환경행정이 세분화되어 있고, 환경문제의 해결에 대한 지방정부의 의지가 시정 지표에 표현되어 있었다. 재정자립도도 상대적으로 높아 지방의제 21 추진 기구의 예산을 전적으로 지원하고 있어 물적인 기반은 어느 정도 확보되어 있었다고 할 수 있다. 또한 추진 체계는 환경문제의 대상별로 나뉘었다. NGO들의 문제제기로 지방의제 21을 재추진하게 되었던 만큼 NGO와 전문가들이 중심이 되어 분과위원회 활동 위주로 추진 과정을 진행하였다.

전라북도에서는 2차 산업의 비중이 낮아 최근의 새만금 간척사업을 둘러싼 갈등을 제외하면 큰 환경문제가 드물었지만, NGO의 역량이 높은 편이어서 보다 체계적인 지방의제 21의 재추진이 제기되었다. 추진 초기부터 행정, 기업, NGO가 고루 참여하였고, 도시 특성이 서로 다른 여러 개의 시·군으로 이루어져 있어 추진 체계는 주체·기능·대상별로 나뉘었다.

예산과 재정자립도가 민－관 파트너십에 직접적인 영향을 미치는 것인지 확인할 수는 없지만, 예산과 재정자립도가 지방의제 21 추진 예산을 안정적으로 확보하는 데 어느 정도 영향을 주었다고 할 수 있다.

하지만 앞서 지적했듯이 이러한 영향에 앞서 지방자치단체장들의 리더십 요인이 추진 예산의 확보에 더 큰 영향을 준다고 파악하는 것이 타당할 것이다. 중앙정부가 구체적인 지침을 통해 일괄적인 추진 과정을 밟지 않았고, 민선 지방자치제 실시 이후 지방정부 예산의 배정이 상당 부분 지방자치단체장의 영향을 받는다고 보아야 하기 때문이다. 그러한 의지는 지방자치단체장이 '환경'과 '개발' 가운데 어느 쪽으로 더 정향되어 있는지에 따라 달리 나타날 것이다.

전체적으로 볼 때, 각 사례 지역의 지방정부, 기업, NGO 등은 정치·행정적 배경이나 사회·경제적 배경에 따라 각각의 고유한 파트너십의 체계와 구성을 갖춰 지방의제 21을 수립하고 실천 사업을 벌여왔다고 할 수 있다. 그리고 각각의 제도적 조건이 다름에도 불구하고 지방정부, 기업, NGO들이 나름대로의 실천 사업을 축적해오면서 3자가 서로 협력과 갈등의 요소들을 경험하였고, 지방의제 21의 추진을 중심으로 파트너십을 발전시켜나갈 잠재력을 키워가고 있다고 할 것이다.[2]

---

2) 이는 실제로 환경부(2001b: 68-69)의 연구 결과에서도 나타난다. 설문 조사에 응한 138개 지방정부의 응답을 분석한 결과에 따르면, 지방의제 21이 추진된 이후 나타난 효과에 대해 첫째, 환경친화적 지방 자치의 강화(23.0%), 둘째, 주민 참여에 의한 환경 운동의 활성화 및 확산(21.2%), 셋째, 다양한 분야와 계층의 민주적인 참여와 의견 수렴(17.9%), 넷째, 공공 부문과 민간 부문 간 상호 이해 및 협력 증진(16.8%), 다섯째, 지역 차원의 직접적이고 구체적인 접근과 해결(12.8%) 등의 답변이 '별 효과가 없다'는 4.0%보다 훨씬 많은 것으로 나타났다. 또한 사회적 효과로서 첫째, 성숙한 시민 의식 확산과 참여의 증대(46.2%), 둘째, 다양한 집단의 파트너십 형성과 갈등 완화(24.8%), 셋째, 지역의 이슈에 대한 관심의 증대와 홍보(22.1%) 등을 들 수 있는 것으로 조사되었다.

제9장 결론 및 전망

제1절 연구의 요약

이 책은 우리나라 지방정부들이 지난 1994년 말부터 추진하기 시작해왔던 지방의제 21이 수립 단계를 넘어 본격적인 실천 사업 단계에 접어든 상태에서 지방의제 21의 핵심적인 추진 양식인 '참여와 파트너십'을 분석하였다. 이 사례 연구를 통해 지방의제 21 추진을 위한 민－관 파트너십 거버넌스의 특징을 분석하고, 민－관 파트너십의 유형들을 구분하며, 참여 과정과 맥락을 검토하여 파트너십을 제약 또는 활성화시키는 요인들을 밝히고자 했다.

그간 규범적인 평가에서부터 설문 조사, 사례 분석, 그리고 평가 지표를 통한 경험적인 분석에 이르기까지 연구가 축적되어왔지만, 파트너십의 제기, 체계와 구성, 상호작용 등을 다루는 실증적인 연구가 필요하다는 문제의식이었다. 지방의제 21이 중앙정부의 계획에 따라 일괄적으로 진행되는 것이 아니라 지방정부, 지역 사회의 기업과 NGO들이 지역 실정에 맞게 추진 기구를 구성하여 지역의 고유한 종합 환경 계획을 수립하고 실천한다는 의의를 갖기 때문에 각자의 조건에 따라 다양한 형태의 파트너십이 나타날 것이기 때문이다.

우선 협력과 파트너십의 등장, 의의에 관해 설명하였다. 시장 실패와 정부 실패에 대한 대안으로 계층제, 시장 양식 이외의 거버넌스 양식이 부각되어 왔는데, 환경문제와 같이 상호의존성이 크고 복잡하며 장기적인 대응이 필요한 경우 특히 파트너십 거버넌스가 활용된다고 할 수 있다. 또한 다자간 관계가 형성되고 발전되는 과정에서 참여자들이 네트워크 방식으로 상호작용하는 네트워크 의의를 살펴보았고, 참여자들 간의 영향력은 어떻게 발휘되는가 하는 이론적 자원들을 논의하였다.

한편 파트너십을 하나의 '제도'로 보았을 때, 지방의제 21 추진 과정에서 만들어지는 체계와 구성, 그리고 참여자들 간의 상호작용 등은 세분화되고 발전되거나 진화하는 양상을 띨 것이다. 이러한 파트너십의 진화 과정과 각 지역의 특정한 제도적 제약들을 검토해 볼 필요성도 제기하였다. 이에 따라 지방의제 21을 추진하기 위한 민-관 파트너십의 형성, 지방의제 21의 수립, 실천 사업 단계 등 단계별로 분석하였고, 제도적 제약들은 참여의 과정과 맥락을 검토하여 분석하였다.

사례 연구의 대상이 되는 지방의제 21 추진 과정은 민관 협력의 거버넌스를 이해하는 데 중요한 분석 대상이 될 것으로 보았다. 지방의제 21이란 1992년 리우 회의에서 세계 정상들이 합의한 의제 21을 지방 단위에서 구현하자는 것이었다. 참여와 파트너십, 그리고 지속가능성 등을 중심 개념으로 삼아 논의되어온 지방의제 21의 수립 체계 확립에서부터 평가 및 환류에 이르는 단계까지 각 지역 사회의 문제의식과 해결 방식에 구체적인 양상은 달리 나타날 수 있는 것이다. 특히 지속가능성 개념은 여전히 논란이 되고 있는 개념으로써 지방의제 21 추진 과정이 지속가능성, 지역 사회, 참여 민주주의를 민-관 파트너십을 통해 연계시켜 그 의미를 구체화하는 데 기여할 것으로 여겨지고 있었다.

이상과 같은 논의를 바탕으로 환경부의 평가 기준을 응용하여 선택된 제천시, 인천광역시, 전라북도에서의 지방의제 21 추진 과정을 분석한 연구 결과를 요약하면 다음과 같다.

첫째, 지방의제 21 추진을 위한 민-관 파트너십의 거버넌스는 기존의 위원회 등 관련 조직들의 운영과는 달리 지방정부, 기업, NGO 3자가 모두 참여하는 구성과 체계를 보였다. 각 사례 지역의 추진 기구는 의제 21이 권고

한 참여 그룹들을 대부분 포함시키고 있었다. 그 가운데 NGO, 전문가 집단, 공무원 등이 주로 참여한 것으로 분석되었다.

둘째, 실제 운영 면에서는 정부 주도형 기부·운영 파트너십(제천시), NGO 주도형 공조 파트너십(인천광역시), 3자 공동형 공조 파트너십(전라북도) 등 서로 다른 유형들이 나타났다. 이는 각 사례 지역의 정치·행정적 조건과 사회·경제적 조건이 반영된 것이라 할 수 있는데, 특히 NGO의 역량과 환경문제의 심각성 등에 따라 그 유형이 달리 나타난 것으로 볼 수 있다. 지방의제 21의 추진을 위해서는 일괄적으로 모든 지방정부에 적용될 수 있는 일반적인 틀보다는 해당 지역의 여러 가지 조건들을 고려해야 함을 알 수 있었다.

각 추진 기구에 대한 지방정부들의 참여 전략도 상이하게 나타났다. 즉 제한된 대화 전략(제천시), 상향식 전략과 Yes……but 전략(인천광역시), 상향식 전략(전라북도) 등 서로 다른 참여 방식을 보인 것이다.

파트너십 유형과 참여 전략에 대한 분석 결과는 지방의제 21 추진 과정의 민-관 파트너십을 평가할 때 좀 더 유의할 필요가 있음을 말해주는 것이라 할 수 있다. 즉 2001년 환경부가 적용한 평가 기준에 따르면, 추진 기반 면에서 제천시가 잘 갖춰진 편이고, 전라북도가 상대적으로 덜 갖춰진 편이라고 볼 수 있었지만, 실제 민-관 파트너십의 운영에 있어서는 추진 기구의 공식적인 추진 기반보다는 NGO의 역량과 지방정부의 의지와 리더십 요인 등 추진 기반의 바탕이 되는 조건이 훨씬 더 중요함을 보여주는 것이다.

셋째, 참여의 맥락과 과정에 대한 분석 결과 민-관 파트너십을 위한 몇 가지 활성화 요인과 제약 요인들을 도출할 수 있었다.

우선 환경 담당 공무원들과 참여 NGO들의 헌신적인 활동을 들 수 있다. 지방정부들이 아직까지 지방의제 21을 지방정부 환경 정책의 일부로 받아들이는 데까지는 나아가지 못하고 있음에도 불구하고, 환경 담당 공무원들은 기업, NGO들과의 파트너십에 적극적으로 나섰다고 볼 수 있다. 이전에 비해 업무량이 많아진 셈이라고 할 수 있지만, 추진 기구의 활동에 적극적으로 나서 최소한 환경 관련 이슈에 대해서는 NGO들과의 파트너십을 정착시키기 위해 노력한 것으로 분석된다. NGO 참여자들 역시 소속 단체의 지원을 받든 개인적인 자격으로 참여하든 소속 NGO가 지향하는 바를 지방정부와의 공식적인 사업을 통해 적극적으로 실현하고자 노력하고, 민-관 파트너십의 경험을 소속 단체에 활용하고자 했다.

또한 지방의제 21의 민-관 파트너십이 정착되는 과정에서 자연 학습, 환경 교육, 홍보 사업 등 지방정부와의 협력이 비교적 용이하고, 시민들도 쉽게 참여할 수 있는 사업들을 위주로 실천 사업을 전개하여 상대적으로 단기간 내에 일정한 성과를 얻을 수 있었다는 것이다. 아직까지는 '이벤트성 사업'이 많았던 편이지만, 이러한 광범위한 실천 활동들을 통해 점차 마을의제, 가정의제, 청소년의제 등 실천의 단위와 주체를 확대해 나가는 데 도움이 되었다고 볼 수 있다.

그럼에도 불구하고, 지방정부, 기업, NGO 3자 간의 파트너십이라고 규정되는 지방의제 21 추진 과정이 3자 가운데 어느 누구에게도 그다지 큰 인센티브를 주지 못하고 있다는 것이 한계점으로 작용하고 있다. 특히 기업에게는 더욱 그렇다. 이는 지방의제 21 추진의 민-관 파트너십이 새로운 경험들을 축적해 나가고 있다는 것은 분명하지만, 각 추진 기구가 실질적인 권한 부여(empowerment)를 받고 있지 못하기 때문이라고 할 수 있다. 조례 제정이나 예산 지원을 통해 추진 기구를 운영하고는 있지만, 지방정부가 적극적으로 정책에 반영하거나 기업이 이해관계를 갖고 적극적으로 참여하거나 NGO들의 지향점이 추진 기구의 활동을 통해 실현되거나 하는 점에 있어서는 많은 한계가 있는 것이다. 이는 또한 추진 기구 참여자들의 헌신에도 불구하고 추진 기구 구성원들의 소속 단체, 지방정부, 의회, 기업 전반에 지방의제 21 추진 과정이 유기적으로 확산되는 데 제약 요인이 된다고 할 것이다.

그리고 재정 지원과 관련하여 자율성과 독립성의 문제에 관련된 NGO의 비판 능력 약화, 정부의 대리인화 문제(vendorism; NGO가 정부로부터 필요한 자원을 확보하기 위해 활동 목적을 바꾸는 것)로 인한 책무성(accountability)의 확보 문제, 조직의 관료화로 인한 유연성 상실이나 내부 관리의 문제(Salamon, 1995; 이근주, 1999에서 재인용) 등도 잠재적인 제약 요인으로 나타날 수 있다. 이러한 문제들은 결국 제도 설계의 문제일 뿐 아니라 지방자치단체장과 NGO 지도자들의 리더십 요인과 관련된다고 할 수 있다. 권한 부여와 책무성의 확보는 이를 위한 제도를 마련하는 것도 중요하지만, 상호 신뢰를 바탕으로 민-관 파트너십의 가능성을 키워갈 필요가 있기 때문이다.

전체적으로 볼 때, 지방의제 21은 예산과 법적 제약 속에서도 다양한 실천 사업의 원동력이 되어왔다. 아직까지는 실천 사업이 다각화되거나 지방정부의 환경 정책에까지 반영되고 있지는 못하지만 민-관 파트너십의 경험이 축적되면서 제약 요인들을 줄여나가고 가능성들을 발전시킨다면, 지방의제 21과 같은 민-관 파트너십은 21세기 지방정부의 중심적인 도구가 될 수도 있을 것으로 본다.

제2절 정책적 함의

우리나라에서 대부분의 지방정부들이 1999년~2000년 이후에서야 지방의제 21을 수립하고 본격적으로 실천 사업을 전개하기 시작했지만, 지방의제 21이 논의되기 시작한 시점은 1994년 말부터였으므로 전체적으로는 이제 10년의 역사를 넘긴 셈이다.

지방의제 21이 갖는 의의에 따라 각 지역 사회의 지방정부, 기업, 시민, NGO들이 파트너가 되어 각 지역의 고유한 실정에 맞게 추진되고 있기 때문에 어떤 의미에서는 획일적인 일반화란 힘든 일이다. 즉 전국적으로 일정한 지표를 정해 평가하거나 기초 자치단체, 광역자치단체, 공업도시, 농업도시, 도농통합형 도시 등으로 구분한다고 해도 일반적인 활성화 요인 혹은 제약 요인을 도출하기란 쉽지 않다. 오히려 지역의 실정을 적극 반영하거나 제약 요인들을 극복한 모범 사례들을 발굴하는 것이 중요할 수도 있다.

이 책에서 분석된 바와 같이 운영 예산의 부족, 각 주체의 참여 의지 미약, 교육과 홍보의 부족 등 일반적인 어려움이 지적될 수도 있다. 하지만 중요한 것은 개별 사례들 속에서 중요한 함의를 찾아내는 것일 수 있다. 멀게는 1999년부터 지방의제 21의 추진을 시작하여 약 2년여의 준비 단계를 거쳐 2002년 실천 단계 원년에 접어든 전라북도와 같은 지역은 타 지방정부의 사례들을 충분히 검토하고 준비하여 실천 사업을 전개할 필요가 있을 것이다.

여러 가지 제도적 조건으로 인해 시정부 주도로 지방의제 21을 추진해왔던 제천시의 경우를 보더라도 참여 확대형 사업을 다양하게 펼쳐와 지방의제 21 정착의 기반은 마련한 셈이다. 이후 전개될 각종 실천 사업 과정에서, 그리고 토론회나 공청회 등에서 지역 실정에 맞는 창의적인 아이디어들이 나타날 수 있을 것이다.

이는 인천의제 21 실천협의회가 수행한 실천 활동 평가에서 도출된 바와 같이 지방의제 21 추진 과정에 참여해본 인사나 단체들이 그렇지 않은 인사나 단체들보다 향후에도 기회가 되면 참여하고 싶다는 의견이 훨씬 더 많다는 것에서도 알 수 있었다. 또한 지방정부의 공무원들 가운데 민-관 파트너십의 긍정적인 효과를 경험해본 공무원들이 지방의제 21 추진 사업과 직접적인 관련이 없는 문제들까지도 논의하고 싶어 하는 경우가 많다는 사실도 주목할 만하다.

지방의제 21 추진 사례를 지방정부들은 정책 과정 일반을 제고하는 데 활용할 필요도 있다고 본다. 역량 강화형 사업을 통해 정책형성 단계에서부터 행정, 기업, 시민 세 주체가 원활하게 의사소통 할 수 있게 하여 창의적인 아이디어를 반영하고, 세 주체의 이해와 합의 속에서 지방정부의 사업을 수행할 수도 있을 것이다. 이를 위해서는 더욱 실질적인 권한 부여가 이뤄져야 할 것이다.

하지만 소위 '관변 파트너십'으로 전락되지 않도록 대안들을 마련할 필요가 있을 것이다. 나아가 공공성, 민주성, 책무성의 균형을 어떻게 맞춰야 할 것인가 하는 것도 지속적인 논의를 필요로 한다고 할 수 있다. 이 책에서 밝혀진 바와 같이 파트너십이란 양방향식 협력 관계임에도 불구하고, 정부 주도형과 NGO 주도형의 유형이 나타나고 있기 때문이다. 지방의제 21 추진 기구를 발전시키거나 별개로 지방정부의 정책을 심의하거나 결정할 수 있는 권한까지 부여하자는 CSD 설치 논의에 비춰보면 더욱 그렇다.

정부와의 밀접한 관계를 유지하면서 참여 NGO의 자율성을 확보하기 위해서는 정부와의 관계를 정립함에 있어서 활동 내용의 특성에 맞게 정부와의 관계를 다양하고 전략적으로 형성해 나가야 할 것이다(이근주, 2000: 304-305). '건전한 비판자'로서의 본래 역할에 충실할 수 있도록 그 활동의 자율성을 구속하지 않는 방식을 마련하거나 다양한 활동 기금을 조성하며 자원봉사자들을 적극 활용하는 등의 방안을 모색해야 한다는 것이다.

파트너십 관련 이론가들이 지적하는 바와 같이 파트너십에 참여하면 기대할 수 있는 효과가 있는 반면, 비용이 수반되기 마련이다. 추진 기구에 참여하면서 NGO 참여자들이 공무원들과의 대면 대화를 통해 거리감을 좁히고 서로를 이해할 수 있는 계기가 되었지만, NGO들의 지방의제 21 참여가 자칫 지방정부와 기업의 개발 지향성에 면죄부를 주는 등 포획 가능성의 우려도 존재한다(정준금 외, 1999). 하지만 추진 초기 단계에서 일시에 신뢰가 쌓일 수는 없을 것이다. 인천광역시와 전라북도의 경우에서처럼 지방의제 21 추진을 계기로 각 부문의 대규모 참여자들이 상대적으로 많은 예산을 가지고 지속적으로 상호작용하면서 환경 의식 제고와 환경 실천 사업을 전개하고 있다는 긍정적인 측면들을 확산시킬 필요가 있다.

오히려 소위 '백화점식으로' 여러 가지 사업을 동시에 전개하고 있어 전문성이 떨어진다는 비판을 받고 있는 환경·사회단체들은 추진 기구의 활동이 소속 단체에 활동이 전파되지 못하고 추진 기구 참여자 개인 수준으로 머물지 않도록 조직의 역량을 결집시키는 노력을 할 필요도 있다. 지방의제 21의 민-관 파트너십에 참여할 인센티브가 미약한 상황에서나 지방의제 21 추진 과정의 주인이 없다는 지적에 비춰보면, 환경 NGO들이 보다 적극적으로 나서 지방의제 21 추진 과정을 주도할 수도 있어야 한다는 것이다.

결국 우리나라의 지방의제 21이 국제적 환경문제와의 연계에 대해서는 소홀한 점이 있었다는 비판에도 불구하고, 각 주체들의 적극적인 참여와 경험을 통한 신뢰 확산 등 민-관 파트너십의 역량을 축적해 나가기 위해서는 지역의 일을 중심으로 지역의 각 주체들이 참여해서 할 수 있는 일들을 잘 발굴하는 것이 우선은 더 중요할 수도 있다. 그리고 '주민자치센터' 사업 등 지역의 관련 사업들과 연계를 통해 점차 더 다양한 참여자들과 폭넓은 사업들을 전개해 나가야 할 것이다.

제3절 연구의 한계

이 책은 우리나라 대부분의 지방정부에서 민-관 파트너십을 형성하여 추진하고 있는 지방의제 21 추진 과정들을 사례로 민-관 파트너십의 체계와 구성, 참여와 상호작용, 제약과 활성화 요인 등을 분석하고자 했다. 추진 여부, 조례 제정 여부 등 현황 파악이나 담당자들을 대상으로 한 설문 조사 등 그 간의 한계를 사례 분석과 면접을 통해 극복하고자 했다는 의의에도 불구하고, 몇 가지 한계를 안고 있다.

첫째, 이론적으로 보면, '협력', 특히 공공부문과 민간부문의 부문 경계를 넘어서는 협력의 성과와 한계를 더욱 체계적으로 정리할 필요가 있다. 이 책에서는 협력에 관한 일반론은 물론, 민-관 파트너십을 거버넌스, 네트워크, 제도로서의 파트너십으로 설명하고 있긴 하지만, 국내외의 다양한 사례들 속에서 드러난 협력 일반의 성과와 한계를 파악할 수 있다면, 논의가 더욱 풍부해질 수 있을 것이다. 또한 구체적인 협력 방도와 기법을 도출해야 할 과제도 남기고 있다.

둘째, 사례 연구의 대상인 지방의제 21을 추진해온 민-관 파트너십의 성과를 구체적으로 밝히지 못했다는 것이다. 인천의제 21 실천협의회의 경우 2개년의 사업 후 평가회를 통해 구체적인 지표를 사용하여 행정, 기업, 시민 각 부문의 목표 달성 여부를 확인하기도 했지만, 주관적인 평가 항목이 많아 일반화하기에는 어려움이 존재했다. 또한 전라북도처럼 2002년에 들어서야 실천 사업 단계에 접어든 경우도 많아 민-관 파트너십의 성과를 구체적으로 측정하는 데는 한계가 있었다. 더욱이 환경문제의 경우 단기간 내에 그 성과가 나타나기를 기대하기란 힘든 것이다.

셋째, 이 책은 환경부의 평가 기준을 응용하여 기초 자치단체 한 곳과 광역자치단체 두 곳을 사례 지역으로 선정하였는데, 지방자치단체의 단위가 달라 보다 풍부한 함의들을 밝혀내기에는 한계가 있었다. 그럼에도 불구하고 앞서 지적한 바와 같이 이 책의 의의는 각 사례 지역의 직접적인 비교·평가에 있는 것이 아니라 민-관 파트너십의 다양한 유형들을 분석하여 민-관 파트너십의 특징을 밝히고, 민-관 파트너십의 가능성과 한계, 그리고 지방의제 21의 발전 방향을 논의하는 데 기여한다는 데 있다. 그러므로 지방의제 21은 각 지역 실정에 맞는 고유한 과정들을 밟고 있다는 점에 주목해 보면, 더욱 다양한 사례들을 모을 필요가 있었다고 본다.

이러한 한계들이 후속 연구 과제이다. 각 지방의제 21 추진 과정이 어느 정도 정착되고 더 많은 사례가 연구된다면, 공통적인 비교와 평가 항목을 도출해 민-관 파트너십의 활성화에 크게 기여할 수 있을 것으로 기대해 본다.

제4절 '지방'과 지방의제 21의 제도화 노력

2002년 8월 24일부터 9월 4일까지 남아프리카 공화국 요하네스버그에서는 '지속가능한 발전에 관한 세계정상회의'(WSSD: World Summit for Sustainable Development)가 열렸다. 1992년 리우 회의 이후 10년 동안 국제사회가 추진해왔던 지속가능한 발전 추진 성과를 평가하고 향후 구체적인 추진 계획을 마련하기 위한 자리였다.

이때 WSSD의 구체적인 목적은 지속가능한 발전을 위한 각국의 정치적 선언, 실행계획에 대한 정치적 약속, '유형 2 파트너십(Type Ⅱ Partnerships)'[1]의 추진 등이었다(김귀곤, 2002: 4-5). 리우 회의에서 채택하여 이후 10년간 추진해온 의제 21을 각국이 더욱 실천적으로 나설 것을 강조한 것이라 할 수 있다.

지방의제 21과 관련해서는 별도의 지방정부회의를 통해 성과 및 향후 방향성이 논의되었다. 이 회의는 8월 27일부터 30일까지 요하네스버그 샌톤지역 내 크라운 플라자 호텔에서 열렸는데, '요하네스버그 요청'(The Johannesburg Call) 성명서, '지방정부 선언문', '지방정부 결의문' 등이 채택되었다.

---

1) 여기에서의 파트너십 사업은 각국 정부, 국제기구, 이해 당사자, NGO 등이 파트너십의 형성을 통해 추진하는 실천 사업들을 말한다. 정부 간 협상 대상이 되는 것은 아니지만, 관련자들이 자발적인 이니셔티브로 추진하는 것이다. WSSD를 위한 제3차 준비위원회에서 파트너십 사업의 내용·형태·조건 등에 대한 세부적인 논의가 있었는데, 정부 간 협상을 통해 공식적으로 채택된 원칙이나 선언을 근거로 추진되는 협력 사업을 '유형 1 파트너십(Type Ⅰ Partnerships)'라고 불렀고, 관련 이해당사자들이 구체적인 계획을 세워 실행하는 협력 사업을 '유형 2 파트너십'이라고 했다. 이런 점에서 유형 1 파트너십을 정부 간 협력이라고 한다면, 유형 2 파트너십은 민간의 이니셔티브가 상대적으로 강조되는 민-관 파트너십이라 할 수 있다. 이런 조건에 따라 2002년 8월 16일까지 WSSD 사무국에 제출된 사업은 총 172개였다(조명래, 2002: 19-20).

이 가운데 요하네스버그 요청문은 중앙정부가 지방정부의 중요한 역할을 인정할 필요성, 새로운 미래를 건설하기 위한 새로운 형태의 지구적 연대 필요성, 세계화가 지방차원에 미치는 영향에 대한 우려, 국제 관계의 근본적인 재구조화 필요성 등을 호소하고 있다(이창우, 2002a: 29-30).

또한 이 후반부에 지방정부회의 참가자들은 지방의제 21을 행동 차원으로 끌어올리자는 의미로 '지방행동 21'(Local Action 21)을 주창하였다. 지방정부 선언문에서도 제6항에서 지방의제 21의 성공을 바탕으로 더욱 실천적인 이행을 촉진한다는 약속을 담고 있다. WSSD 지방정부회의 중 가장 큰 성과의 하나가 바로 지방행동 21 선언이라 할 수 있는데(이창우, 2002a: 30), 의제 21을 지방정부 단위에서 수립·실천하도록 한 것이 지방의제 21이었다면, 지방행동 21은 법·제도적인 한계를 극복해나가면서 향후 10년간 지방의제 21을 구체적인 행동으로 옮기기 위한 실천전략이라는 것이다.

요하네스버그 요청문에 따르면, 지방행동 21은 '3M'으로 요약된다(이창우, 2002b: 40-41). 첫째, 지방행동 21은 WSSD 이후 10년간 지속가능한 발전의 이행을 촉진하는 모토(Motto)이다. 지방의제를 이행하기 위한 행동을 취해야 한다는 의미의 구호 내지 표어이다. 둘째, 지방행동 21은 지방의제 21과 행동 계획을 이행하라고 WSSD가 각국 지방정부에게 준 과업(Mandate)이다. 지방의제 21을 본격적으로 이행하자고 각국 지방정부가 서로 다짐하는 것이다. 셋째, 지방행동 21은 각 지방정부가 펼치는 지속가능한 발전을 위한 운동(Movement)이다. 지방의제 21 추진 과정에 적극적이었던 NGO 등 시민사회 부문에 비해 소극적이었던 각 지방정부가 지방의제 21의 추진에 적극적으로 나서야 된다는 것이다.

리우 회의 이후 각국 지방정부는 다양한 형태와 방식으로 지방의제 21을 추진해왔다. ICLEI(2002)의 서베이에 따르면, 전 세계 113개국 6,400개 이상의 지방정부가 지방의제 21을 수립했거나 수립 중에 있다고 한다. 하지만 지방의제 21의 구체적인 내용이 일괄적으로 제시되고 있는 것은 아니다. 지방의제 21의 구체적인 이행 메커니즘을 발전시키는 것은 각 지역 사회의 다양한 실천 주체들의 몫이다.

우리나라의 경우 WSSD에서 '지방의제 21 전국 네트워크 구성과 다양한 실천 사업'이 대표적인 우수사례로 선정되어 보고 되기도 했다. 이때 유엔이 선정 기준으로 삼았던 주제의 독창성, 목적과 목표의 부합성, 다양한 이해당사자들의 참여와 협력, 구체적이고 가시적인 이행 성과, 광범위한 파급 효과 등은 지방의제 21 추진을 위한 민-관 파트너십의 전망과 관련하여 주요하게 참고할 일이다.

그럼에도 불구하고, 지난 2005년 7월에 열린 '지방자치 10년 그리고 지방의제 21 10년'이라는 주제의 '제10회 지방의제 21 정책포럼'에서는 예산·조직·인력의 제도적 기반 불안정, 지속가능한 발전 목표에 대한 합의협성 부족 등이 향후 해결해야 할 과제들로 제기되었다(정규호, 2005). 또한 각 지방의제 21 추진 기구들이 '협치 기구'라는 의의에 걸맞지 않게 참여의 질, 참여 비용, 대표성, 행정 절차의 한계 등 일반적인 주민 참여의 한계도 보이고 있는 것으로 지적되고 있다(환경부, 2005: 39-40). 이에 따라 여론조사, 공론조사, 자문위원회 등의 의견청취 강화, 규제협상, 라운드테이블, 시나리오 워크샵, 조정 등 협상의 성격 강화, 합의회의, 시민배심원, 주민발의, 포커스그룹 등 참여적 정책결정 강화 등의 대안도 제시되고 있다(환경부, 2005: 42-45).

하지만 무엇보다도 LCSD의 전망과 더불어 지방의제 21의 위상과 역할을 재정립하는 것이 중요하다 할 것이다. 지속가능발전의 법제화, 지방의제 21의 제도화, 지방의제 21의 실천적 재작성, 지속가능성의 평가 지표 개발 등이 제기되는 것도 같은 맥락이라 할 수 있다. 현재 진행되고 있는 녹색구매의제, 마을의제, 지속가능하고 성평등한 지방의제, 유역의제 등을 더욱 발전시키는 것은 물론 '정보화마을', '지역혁신' 등 각기 다른 통로로 수행되고 있는 정부의 지역 사업들과 유기적인 연계를 추진해야 할 것이다. 나아가 민관

협력의 거버넌스를 이끌고 추진해온 정부와 시민사회 양측의 민관 협력 경험을 지속적으로 이어나갈 수 있는 민관 협력의 리더십 확립과 승계도 놓쳐서는 안 될 내용이라 할 것이다.

참고문헌

1. 국내문헌

1) 논문 및 단행본

강명구. (1997). 지방자치와 도시정치: 행위자 중심적 해석을 위한 시론적 연구. 「한국정치학회보」, 31(3): 109-128.

곽동희. (2002). 전북의제 21과 시·군 의제 21과의 연계 필요성 및 협력체계 구축방안. 푸른약속 전북 21 추진협의회, 「푸른약속」, 4: 10-11.

권영모. (1996). 지방자치단체의 민관협력에 관한 연구. 「지방자치연구」, 8(1): 53-74.

권오상·이정훈·노인만. (2004). 대체에너지 정책에서 지방정부와 NGO의 파트너십에 관한 연구: 솔라시티 사업을 중심으로. 「한국지방자치학회보」, 16(1): 229-248.

권해수·이민창. (2001). 정부와 환경단체 간의 협력방안 연구. 한국행정학회 창립 45주년 기념 국제학술대회 발표논문집(Ⅰ): 247-265.

김광웅. (2000). 협력체제(Partnership)와 효과적인 국정운영. 「정부와 NGO」, 한국행정학회 기획세미나 자료집: 11-27.

김귀곤. (2000). 지방의제 21 현황과 한국의 발전방향: 지방의제 21의 실천 시범사업을 중심으로. UNEP 한국위원회 세미나 '지방의제 21 현황과 한국적 발전 방향 모색' 발표논문. 2000. 2. 21.

김귀곤. (2002). WSSD와 우리의 대응방안. 제4회 지방의제 21 전국대회 자료집, 「지역의 실천이 지구를 구한다」: 3-13.

김 렬. (1997). 한국 지방정부 민관협력의 실태 및 개선과제. 「지방행정연구」, 11(4): 145-161.

김병완. (1997). 국내 지방자치단체의 '지방의제 21' 추진과정상의 문제점과 개선과제. 한국정책학회 동계학술대회 발표논문집: 339-354.

김병완. (2001a). 지방자치단체 간 환경협력: 지방의제 21 사례를 중심으로. 한국 행정학회 창립 45주년 기념 국제학술대회 발표논문집 (Ⅱ): 633-652.

김병완. (2001b). 국내 지방의제 21의 추진현황과 발전방안. 제3회 지방의제 21 전국대회 자료집. 지방의제 21전국협의회: 11-54.

김병완. (2001c). 「환경정책의 논리와 실제」. 서울: 나남출판.

김상종. (2000). 환경정책의 새로운 모델. 김상종·임강원 외. 「새천년의 환경과 국토: 공생과 균형의 패러다임」, 23-42. 서울: 나남출판.

김석준. (2000). 뉴 거버넌스의 이론과 사이버 거버넌스. 「New Governance and Cyber Governance」. 이화여자대학교 뉴 거버넌스 교육연구단 콜로키움 자료집: 3-21.

김성준. (1994). 「지역개발행정의 민·관협력체제에 관한 연구: 제주지역 사례를 통한 행정관리전략」. 박사학위논문. 동국대학교 대학원.

김수현·박은철. (2000a). 서울시-NGO 간 파트너십의 현황과 과제. 「서울도시연구」, 1(2): 95-101.

김수현·박은철. (2000b). 「서울시와 NGO의 파트너십 구축을 위한 사례연구」. 서울: 서울시정개발연구원.

김순은. (1998). 부산광역시의 정치권력 구조: 1995년 선출직 단체장 이후를 중심으로. 「정치비평」, 봄/여름, 4: 59-70.

김영종·김상묵. (1997). 중소도시 지역경제발전을 위한 민·관 협력체제 구축방안. 「한국행정논집」, 9(3): 517-535.

김영평. (1995). 지속가능발전을 위한 정부의 역할. 이정전(편), 「지속가능한 사회와 환경」, 139-168. 서울: 박영사.

김재식. (2000). 「'지방의제 21'의 정책의제형성과정과 정책결정요인 도출에 관한 연구: 안산시와 과천시를 사례로」. 석사학위논문, 서울대학교 환경대학원.

김정렬. (2000). 정부의 미래와 거버넌스: 신공공관리와 정책네트워크. 「한국행정학보」, 34(1): 21-40.

김정렬. (2001). 영국 블레어 정부의 거버넌스. 「한국행정학보」, 35(3): 85-102.

김정훈. (1993). 공공서비스 협동생산에 있어서의 주민참여: 쓰레기 재활용 운동의 정책적 의미를 중심으로. 「지방자치연구」, 5(1): 127-144.

김준기. (1999). 한국 비영리단체(NGOs)의 사회·경제적 역할에 대한 연구. 「행정논총」, 37(1): 111-135.

김준기. (2000). 정부-NGO관계의 이론적 고찰: 자원의존모형의 관점에서. 「한국정책학회보」, 9(2): 5-28.

김태영. (2002). 정부-NGO 간 파트너십의 정치경제학. 「정부학연구」, 8(1): 130-158.

남원석. (2001). 「지방정부와의 협력을 통한 주민운동조직의 권능강화에 관한 연구: 서울지역 주민운동조직을 사례로」. 석사학위논문, 서울대학교 환경대학원.

문병기. (2000). 거버넌스의 접근방법과 유형. 「New Governance and Cyber Governance」. 이화여자대학교 뉴 거버넌스 교육연구단 콜로키움 자료집: 22-43.

문순홍. (1992). 「생태위기와 녹색의 대안」. 서울: 나라사랑.

문순홍. (2000). 민주주의와 환경 결합 논의들의 재구성: 생태민주화의 설계도 그리기. 「한국정치학회보」, 34(2): 29-49.

문순홍. (2006). 「생태학의 담론」. 서울: 아르케.

문태훈. (1996). '지방의제 21'의 의의와 현황 및 과제. 「환경과 생명」, 9: 44-56.

박상필. (2001). 「NGO와 현대사회」. 서울: 아르케.

박영복. (1999). 인천의제 21 실천계획의 문제점과 대책. 한국환경사회정책연구소 세미나 발표논문, 1999. 12.

박영복. (2000). 지방의제 21의 추진실태와 평가. 「전북환경 21 추진방향과 전략」, 전북환경 21추진협의회 워크샵 자료집, 전주유스호스텔 2000. 11. 9.

박영숙. (1999). 지방의제 21의 문제점과 실천전략. 「21' 환경정책연구」, 창간준비호: 2-13. 한국환경·사회정책연구소.

박종민 편. (2000). 「한국의 지방정치와 도시권력구조」. 서울: 나남출판.

박종민·배병룡·유재원·최승범·최흥석. (1999). 한국 지방정치의 특징. 「한국행정학보」, 33(2): 123-139.

박준식. (1997). 지역연구의 역사와 흐름. 성경륭 외, 「지방자치와 지역발전」, 69-93. 서울: 민음사.

박 진. (1997). 「지역환경관리를 위한 지방의제 21에 관한 연구: 광주광역시의 기본계획을 중심으로」. 석사학위논문, 이화여자대학교 대학원.

배응환. (2001). 정책네트워크모형의 행정학연구에 적용탐색. 「한국행정연구」, 10(3): 258-298.

배태영·이재호. (2001). 환경거버넌스의 범주와 주체 간 관계에 관한 연구. 「한국정책과학학회보」, 5(2): 251-268.

변동건. (1994). 환경사상과 환경정치 그리고 환경정책. 「환경행정학보」, 28(3): 1107-1126.

사득환. (1997). 「한국 환경정책의 이해: 환경정치, 환경행정, 중간집단」. 서울: 비봉출판사.

서울시정개발연구원. (2001). 「서울시정의 로컬거버넌스 도입전략」. 정책토론회 자료집.

서주원. (2000). 인천의 환경문제와 대책. 인천시민대토론회 준비위원회 편. 「왜 다시 인천인가: 인천·삶 그리고 대안」. 인천: 도서출판 다인아트: 51-68.

신경훈·문경원. (1994). 도시개발에 있어서 관민파트너쉽의 이론적 연구. 「전북행정학보」, 8: 85-109.

신희권. (1998). 대구·경북지역 주민의 지방자치 효능감에 대한 분석. 「한국행정학보」, 32(4): 205-221.

안태환. (1993). 도시개발에 있어 관－민파트너쉽에 관한 연구. 「한국지역개발학회지」, 5(2): 1-19.

염태영. (2000). 밖에서 본 인천의제 21. 「월간 굿모닝 인천」, 4월호.

오수길. (2001). 지방정부 민관파트너십의 유형: '지방의제 21' 작성과정을 중심으로. 한국정책학회 하계학술대회 발표논문.

오수길. (2005). 지방정부 환경 거버넌스의 진단: 경기도내 지방의제 추진 기구들을 중심으로. 「지방정부연구」, 9(4): 151-170.

오영석. (1998). 지구환경정책의 지역정책화과정에 관한 연구: '지방의제 21'의 정책화과정을 중심으로. 「한국행정학보」, 32(1): 231-245.

유재원. (2000). 지방자치와 권력구조. 박종민 편. 「한국의 지방정치와 도시 권력구조」, 15-38. 서울: 나남출판.

윤경준. (2003). 지방의제 21에 있어 주요 집단의 참여유형에 관한 비교 연구. 「한국행정학보」, 37(2): 169-188.

윤경준·안형기. (2004). 심의민주주의적 의사결정의 효과성: 지방의제 21 작성을 중심으로. 「한국행정학보」, 38(2): 149-165.

이근주. (1999). 「정부와 NGO 간의 파트너십에 관한 연구」. 한국행정연구원.

이근주. (2000). NGO 실패와 정부의 지원에 관한 연구: 환경NGO를 중심으로. 「한국행정학보」, 34(1): 291-307.

이달곤·강은숙. (2001). 한국 지방정치의 실증연구에 관한 비판적 고찰. 「행정논총」, 39(2): 175-202.

이동근 외. (1999). 지방의제 21의 작성현황분석 및 평가에 관한 연구. 「국토계획」, 34(2): 167-177.

이동근·윤소원. (1999). 지방의제 21의 평가체계설정 및 그 평가에 관한 기초연구. 「산업과학연구」, 8: 1-12. 상명대학교 산업과학연구소.

이명석. (2001). 신공공관리론, 신거버넌스론, 그리고 김대중 정부의 행정개혁. 「정부개혁과 행정학 연구」, 한국행정학회 춘계학술대회 발표논문집: 305-321.

이명석. (2002). 거버넌스의 개념화: '사회적 조정'으로서의 거버넌스. 「한국행정학보』, 36(4): 321-338.

이명운. (2000). 인천경제의 현실과 대안. 인천시민대토론회 준비위원회 편. 「왜 다시 인천인가: 인천·삶 그리고 대안」. 인천: 도서출판 다인아트: 27-49.

이승종·김흥식. (1998). 지방자치행정 혁신에 관한 국제비교연구: 단체장의 정책행태상의 특성을 중심으로. 「한국지방자치학회보」, 10(1): 45-66.

이시경. (2000). 「도시환경론」. 서울: 대영문화사.

이창우. (2001). 지방자치단체의 CSD 구성방안. 「PCSD 추진현황과 지방자치단체의 CSD 구성방안」. 지방의제 21전국협의회·늘 푸른제주21추진협의회 주최 제4회 지방의제 21 정책포럼 발표논문.

이창우. (2002a). WSSD 이후 한국 지방의제 21의 향후 방향: WSSD 회의 결과를 중심으로. 「글로벌 거버넌스와 지방행동 21」: 29-32.

이창우. (2002b). WSSD 이후 지방정부의 향후 전략과 과제. 제4회 지방의제 21 전국대회 자료집, 「지역의 실천이 지구를 구한다」: 35-51.

이화여자대학교 뉴 거버넌스 교육연구단. (2000). 「New Governance and Cyber Governance」. 콜로키움 자료집.

장인봉·고종욱. (2004). 지역NGO와 지방정부의 파트너십 형성요인에 관한 지방공무원의 인식분석. 「한국지방자치학회보, 16(3): 87-110.

전상인. (1997). 지방자치와 민주주의의 이론과 역사. 성경륭 외, 「지방자치와 지역발전」. 서울: 민음사: 95-130.

정규호. (2002). 「지속가능성을 위한 도시 거버넌스 체제에서 합의형성에 관한 연구: 녹색서울시민위원회를 사례로」. 박사학위논문, 서울대학교 대학원.

정규호. (2005). 지방의제 21 10년과 지역사회의 지속가능성 진단. 「지방자치 10년 그리고 지방의제 21 10년」, 제10회 지방의제 21 정책포럼 자료집.

정병순. (1996). 통치체제와 참여적 계획에서 협력. 「도시연구」, 2: 147-177.

정일섭. (2000). 지방자치와 관련된 용어에 관한 연구. 「한국정책과학학회보」, 4(2): 141-156.

정준금·신연재·최병철·한상진. (1999). 「환경과 사회」. 서울: 대영문화사.

조명래. (2002). 지구환경정치의 지형과 한국사회의 향로. 지방의제 21전국 협의회, 「글로벌 거버넌스와 지방행동 21」: 10-24.

조명래. (2003). 한국 개발주의의 역사와 현주소. 「환경과 생명」, 37(가을): 31-53.

조석주·김필두. (2000). 「지역 NGO의 지방자치단체 정책참여방안」. 한국 지방행정연구원.

조희연. (2000). 한국 시민·사회운동의 현황과 발전과제.(http://www.demos.or.kr)

주성수. (2001). 「시민사회와 NGO논쟁」. 서울: 한양대학교출판부.

주재현. (2000). 「정부-기업 간 파트너십: 환경규제 정책사례」. 서울: 한국 행정연구원.

진상현. (2000). 「환경재에 대한 가치유형 분석: 영월 다목적댐 건설사업을 중심으로」. 석사학위논문, 서울대학교 환경대학원.

차명제. (2001). 지방의제 21 평가지표(안). 제3회 지방의제 21 전국대회 자 료집. 수원: 지방의제 21전국협의회.

한국공간환경학회. (2000). 「전환기 지역경제의 도전: 네트웍과 거버넌스」.

추계학술대회 자료집.

한국정치학회. (2000). 「Post-IMF Governance」. 하계학술회의 자료집.

한국행정학회. (2000). 「국정관리의 새로운 방향과 과제」. 하계학술대회 자료집.

한국행정학회. (2001). 「지방자치, 지방거버넌스, 지역발전」. 하계학술대회 자료집.

한양대학교 행정문제연구소. (1999). 「21세기 국정관리와 지방자치의 방향」. 추계학술대회 자료집.

홍준형. (1996). 환경기본 조례 제정의 의의와 기본 방향. 서울특별시 환경기본 조례에 관한 공청회 발표 논문: 정준금 외(1999)에서 재인용.

2) 기타 자료

녹색연합. (1998). 「6월 지방자치선거에 즈음한 제1기 지방자치단체 환경평가조사 결과 보고서」.

녹색연합. (1999). 「우리나라 지방자치단체의 환경친화도를 평가한다: '99전국광역자치단체 환경친화도 조사' 결과」.

동양일보. (2000. 3. 2).

문화일보. (2001. 5. 31).

시민의 신문. (2001). 「2000 한국 민간단체 총람」.

인천광역시. (2001a). 「인천통계연보 2001」.

인천광역시. (2001b). 「행정자치위원회 국정감사요구자료」, 2권.

인천의제 21 실천협의회. (1999). 「살기 좋고 활기찬 인천만들기」.

인천의제 21 실천협의회. (2000). 「인천의제 21 실천협의회 2001년도 사업
    계획 및 예산안」.

인천의제 21 실천협의회. (2001a). 「2000년 사업결과 보고서: 인천의제 21
    파트너십 강화 체제 구축의 해」.

인천의제 21 실천협의회. (2001b). 「실천 상황 평가 종합 보고서: 1999.
    6-2001. 6」.

인천의제 21 실천협의회. (2001c). 「2001년도 제3차 운영위원회 자료집」.

인천의제 21 실천협의회. (2002a). 「제4회 전체워크샵 자료집」.

인천의제 21 실천협의회. (2002b). 「인천의제 21 2002년도 사업계획」.

전라북도. (1999). 「1999년도 행정자치위원회 국정감사요구자료」.

전라북도. (2000). 「환경백서」.

전라북도. (2001). 「전북통계연보」.

전라북도 공보관실. (2001. 8. 7).

제천시. (1999). 「청풍명월의 본향: 청정제천 21」.

제천시. (2000) 「'지방의제 21' 수립 추진사례」.

제천시. (2001). 「2001년도 환경백서」.

중앙일보. (2001. 9. 26).

지방의제 21 전북지역협의회. (2002). 「전북의제 21」. 1.

천주교 인천교구 가톨릭환경연대. (2001). 「인천소래해양생태공원 2001 활동
    보고서: 소래해양생태공원 조사 및 탐방 프로그램 개발」.

청정제천 21 준비위원회. (2000). 「'청정제천 21' 협의회 재구성(안)」.

청정제천 21 추진협의회. 「'청정제천 21 추진협의회' 회의록」.

푸른약속 전북 21 추진협의회. (2001a). 「푸른약속」, 3.

푸른약속 전북 21 추진협의회. (2001b). 「푸른약속」, 2.

푸른약속 전북 21 추진협의회. (2002a). 「푸른약속」, 4.

푸른약속 전북 21 추진협의회. (2002b). 「푸른약속 전북 21 총괄보고서: 전
　　　북도민이 함께 만들고 지켜나갈 푸른약속 전북 21」.

푸른약속 전북 21 추진협의회. (2002c). 「'푸른약속 전북 21' 추진협의회 제3
　　　차 정기총회 자료집」.

한겨레. (2000. 9. 10).

한국환경기술개발원. (1997). 「'지방의제 21' 작성요강」.

행정자치부. (2000. 3. 10). 「2000년도 지방자치단체별 예산규모」.

행정자치부. (2000. 3. 22). 「1999년도 지방자치단체 재정자립도」.

행정자치부. (2000. 3. 22). 「1999년도 지방자치단체별 예산규모」.

행정자치부. (2001. 3. 10). 「2000년도 지방자치단체 재정자립도」.

행정자치부. (2001. 8. 8). 「2001년도 지방자치단체 재정자립도」.

행정자치부. (2001. 9. 12). 「2001년도 지방자치단체별 예산규모」.

환경부. (1997). 「'지방의제 21' 모델 개발연구」.

환경부. (1999). 「'의제 21 국가실천계획' 추진실적 평가 보고서」.

환경부. (2001a). 「2001 지방의제 21 전국편람」.

환경부. (2001b). 「지방의제 21 추진현황 분석 및 평가지표 개발에 관한 연구」.

환경부. (2002). 「월드컵 개최 도시 환경성 평가 결과」.

환경부. (2005). 「지역환경계획 수립 및 집행과정에서의 시민참여 활성화 방안」.

환경운동연합. (1997). 「환경사전」. 서울: 환경운동연합.

2. 국외문헌

Ackoff, R. (1975). *Redesigning the Future*. New York: Wiley.

Aldrich, H. (1977). Visionaires and Villans: The Politics of Designing Interorganizational Relations. *Organization and Administration Sciences*, 8: 23-40.

Aldrich, H. E. and J. Pfeffer. (1976). Environments and Organization. In A. Inkeles(ed.), *Annual Review of Sociology*, 2, 79-105. Palo Alto, CA: Annual Review Inc.

Allison, Graham and Philip Zelikow. (1999). *Essence of Decision: Explaining the Cuban Missile Crisis*(2nd ed.). New York: Longman.

Alter, Catherine and Jerald Hage. (1993). *Organizations Working Together*. Newbury Park, CA: Sage Publications.

Arnstein, Sherry R. (1969). A Ladder of Citizen Participation. *Journal of the American Institute of Planners*, 35(3): 216-224.

Astley, W. Graham and Charles J. Fombrun. (1983). Collective Strategy: Social Ecology of Organizational Environments. *Academy of Management Review*, 8(4): 576-587.

Atkinson, Giles. (2000). Sustainable Development and Policy. In Helm(ed.), *Environmental Policy: Objectives, Instruments, and Implementation*, 29-47. Oxford: Oxford University Press.

Atkinson, M. C. and W. D. Coleman. (1989). Strong States and Weak

States. *British Journal of Political Science*, 19(1): 46-67.

Axelrod, Robert. (1984). *The Evolution of Cooperation*. New York: Basic Books.

Baker, Susan, Maria Kousis, Dick Richardson, and Stephen Young. (1997). Introduction: the Theory and Practice of Sustainable Development in EU Perspective. In Susan Baker, Maria Kousis, Dick Richardson, and Stephen Young(eds.), *The Politics of Sustainable Development: Theory, Policy and Practice within the European Union*, 1-40. London: Routledge.

Barry, B. (1999). *Sustainability and Intergenerational Justice. In A. Dobson(ed.), Fairness and Futurity*. Oxford: Oxford University Press.

Beauregard, Robert A. (1998). Public-Private Partnerships as Historical Cameleons: the Case of the United States. In Jon Pierre(ed.), *Partnerships in Urban Governance: European and American Experience*, 52-70. London: Macmillan Press Ltd.

Beckerman, W. (1994). Sustainable Development: Is it a Useful Concept? *Environmental Values*, 3: 191-209.

Beierle, Thomas C. (1999). *Framework for Evaluating Public Participation Programs*. Discussion Paper 99-06. Washington, DC: Resources for the Future.

Beierle, Thomas C. and David M. Konisky. (1999). *Public Participation in Environmental Planning in the Great Lakes Region*. Discussion Paper 99-50. Washington, DC: Resources for the Future.

306

Beierle, Thomas C. and David M. Konisky. (2001). What are We Gaining from Stakeholder Involvement?: Observations from Environmental Planning in the Great Lakes. *Environment and Planning C: Government and Policy*, 19: 515-527.

Blom-Hansen, Jens. (1997). A 'New Institutional' Perspective on Policy Networks. *Public Administration*, 75(Winter): 669-693.

Bressers, Hans Th. A., Stefan M. M. Kuks, and Josee J. Ligteringen. (1998). Participation at the Local Level in the Context of Environmental Governance. In Frans H. J. M. Coenen, Dave Huitema, and Laurence J. O'Toole, Jr.(eds.), *Participation and the Quality of Environmental Decision Making*, 47-70. London: Kluwer Academic Publishers.

Breul, Birgit(ed.). (1999). *Agenda 21*. Frankfurt: Suhrkamp Verlag; 윤선구 역. (2000). 「아젠다 21」. 서울: 생각의 나무.

Campbell, J. C., M. A. Baskin, F. R. Baumgartner, and N. P. Halpern. (1989). Afterword on Policy Communities: A Framework for Comparative Research. *Governance*, 2: 86-94.

Child, John. (1972). Organizational Structure, Environment and Performance: the Role of Strategic Choice. *Sociology*, 6(1): 1-22.

Coenen, Frans H. J. M. (1998). Participation in Strategic Green Planning in the Netherlands. In Frans H. J. M. Coenen, Dave Huitema, and Laurence J. O'Toole, Jr.(eds.), *Participation and the Quality of Environmental Decision Making*, 129-148. London: Kluwer Academic Publishers.

Coenen, Frans H. J. M., Dave Huitema, and Laurence J. O'Toole, Jr. (1998). Participation and Environment. In Frans H. J. M. Coenen, Dave Huitema, and Laurence J. O'Toole, Jr.(eds.), *Participation and the Quality of Environmental Decision Making*, 1-20. London: Kluwer Academic Publishers.

Coleman, W. D. and G. Skogstad. (1990). Policy Communities and Policy Networks: A Structural Approach. In W. D. Coleman and G. Skogstad(eds.), *Policy Communities and Public Policy in Canada*. Toronto: Copp Clark Pitman.

Cummings, T. (1984). Transorganizational Development. In B. Staw and L. Cummings, (eds.), *Research in Organizational Behavior*, Vol 6, 367-422. Greenwich, CT: JAI.

DETR(Department of the Environment, Transport and the Regions). (2000). *Mapping Partnerships in Eleven Local Authorities*. London: DETR.

DiMaggio, P. J. and W. W. Powell. (1983). The Iron Cage Revisited: Institutional Isomorphism and Collective Rationality in Organizational Fields. *American Sociology Review*, 48: 147-160.

Doak, Joe. (1998). Changing the World through Participative Action: the Dynamics and Potential of Local Agenda 21. In Frans H. J. M. Coenen, Dave Huitema, and Laurence J. O'Toole, Jr.(eds.), *Participation and the Quality of Environmental Decision Making*, 77-91. London: Kluwer Academic Publishers.

Dobson, Andrew. (1990). *Green Political Thought*. London: Academy

308

Division of Unwin Hyman Ltd; 정용화 역. (1993). 「녹색정치사상」. 서울: 민음사.

Douglas, Mary and Aaron Wildavsky. (1982). *Risk and Culture: An Essay on the Selection of Technical and Environmental Dangers.* Berkeley: University of California Press.

Dowding, K. (1995). Model or Metaphor? Critical Review of the Policy Networks Approach. *Political Studies,* 43: 136-158.

Dryzek, John S. (1987). *Rational Ecology: Environment and Political Economy.* NY: Basil Blackwell Inc., Publishers; 최승·김태경·김인호·이재영 역. (1995). 「환경문제와 사회적 선택: 정치·경제 생태론」. 서울: 신구문화사.

Elkin, S. (1987). *City and Regime in the American Republic.* Chicago: University of Chicago Press.

Foster-Fishman, Pennie G., Shelby L. Berkowitz, David W. Lounsbury, Stephanie Jacobson, and Nicole A. Allen. (2001). Building Collaborative Capacity in Community Coalitions: A Review and Integrative Framework. *American Journal of Community Psychology,* 29(2): 241-261.

Frances Jennifer, Rosalind Levačić, Jeremy Mitchell, and Grahame Thompson. (1991). Introduction. In Grahame Thompson, Jennifer Frances, Rosalind Levačić, and Jeremy Mitchell(eds.), *Markets, Hierarchies and Networks: The Coordination of Social Life,* 1-19. London: Sage Publications.

Ghere, Richard K. (2001). Probing the Strategic Intricacies of

Public-Private Partnership: The Patent as a Comparative Reference. *Public Administration Review*, 61(4): 441-451.

Ghere, Richard. K. (1996). Aligning the Ethics of Public/Private Partnership: The Issue of Local Economic Development. *Journal of Public Administration Research and Theory*, 6: 599-621.

Granovetter, M. (1985). Economic Action and Social Structure: The Problem of Embeddedness. *American Journal of Sociology*, 91: 481-510.

Gray, Barbara. (1985). Conditions Facilitating Interorganizational Collaboration. *Human Relations*, 38(10): 911-936.

Gray, Barbara. (1989). *Collaborating: Finding Common Ground for Multiparty Problems*. San Francisco: Jossey-Bass Publishers.

Gray, Joseph E. and Linda W. Chapin. (1998). In Cheryl Simrell King, and Camilla Stivers(eds.), *Government is Us: Public Administration in an Anti-Government Era*, 175-194. Thousand Oaks: Sage Publications; 오수길·고성철·김태훈 역. (2001). 「반정부 시대의 행정」, 218-239. 서울: 대영문화사. 175-194.

Gricar, B. (1981). Fostering Collaboration among Organizations. In H. Metzner and W. Nord, (eds.), *Making Organizations Humane and Productive*, 403-420. New York: Wiley.

Gurr, T. and D. King. (1987). *The State and the City*. Chicago: Chicago University Press.

Hall, P. A. and R. C. R. Taylor. (1996). Political Science and the Three New Institionalism. *Political Studies*, 44: 936-957.

Hanf, K. (1978). Introduction. In K. Hanf and F. W. Scharpf(eds.) *Interorganizational Policy: Making Limits to Coordination and Central Control*, 1-15. London: Sage.

Hardin, Garrett. (1968). The Tragedy of the Commons. *Science*, 162: 1243-1248.

Harding, Alan. (1994). Urban Regimes and Growth Machines: Toward a Cross-National Research Agenda. *Urban Affairs Quarterly*, 29(3): 356-382.

Heclo, H. (1978). Issue Networks and the Executive Establishment. In Anthony King, (ed.). *The New American Political System*, 87-124. Washington: AEI.

Hirshman, A. (1977). *The Passions and the Interest: Political Arguments for Capitalism before Its Triumph*. Princeton: Princeton University Press; 김승현 역. (1994). 「열정과 이해관계: 고전적 자본주의 옹호론」. 서울: 나남출판.

Hirst, Paul. (2000). Democracy and Governance. In Jon Pierre(ed.), *Debating Governance*, 13-35. Oxford: Oxford University Press.

Howarth, R. B. (1997). Defining Sustainability: An Overview. *Land Economics*, 73(4): 445-447.

Hummel, Ralph P. and Camilla Stivers. (1998). Government isn't us: the Possibility of Democratic Knowledge in Representative Government. In Cheryl Simrell King, and Camilla Stivers(eds.), *Government is Us: Public Administration in an Anti-Government Era*, 28-48. Thousand Oaks: Sage Publications.

Huxham, Chris and Siv Vangen. (1996). Working Together: Key Themes in the Management of Relationships between Public and Non-Profit Organizations. *International Journal of Public Sector Management*, 9(7): 5-17.

Huxham, Chris(ed.). (1996). *Creating Collaborative Advantage*. London: Sage.

ICLEI(International Council for Local Environmental Initiatives). (1995). *The Local Agenda 21 Planning Guide: An Introduction to Sustainable Development Planning*. Toronto: ICLEI.

ICLEI(International Council for Local Environmental Initiatives). (1996). *Local Agenda 21 Survey: A Study of Responses by Local Authorities and Their National and International Associations to Agenda 21*. Toronto: ICLEI. Web Site (http://www.iclei.org).

ICLEI(International Council for Local Environmental Initiatives). (2002a). *Second Local Agenda 21 Survey*. Department of Economic and Social Affairs Background Paper No. 15.

ICLEI(International Council for Local Environmental Initiatives). (2002b). *Local Governments' Response to Agenda 21: Summary Report of Local Agenda 21 Survey with Regional Focus*. Toronto: ICLEI.

IUCN. (1980). *World Conservation Strategy: Living Resource Conservation for Sustainable* Development. Gland, Switzerland: International Union for Conservation of Nature and Natureal Resources, UNEP, WWF.

Jacobs, M. (1991). *The Green Economy: Environment, Sustainable*

Development and the Politics of the Future. London: Pluto Press.

Jessop, Bob. (1998). The Rise of Governance and the Risks of Failure: the Case of Economic Development. *International Social Science Journal,* 155: 29-46.

Jessop, Bob. (2000). Governance Failure. In Gerry Stoker(ed.). *The New Politics of British Local Governance*: 11-32. London: Macmillan Press Ltd.

Jonathan, Greer. (2001). Whither Partnership Governance in Northern Ireland? *Environment and Planning C: Government and Policy,* 19: 751-770.

Jordan, G. (1990). Sub-Governments, Policy Communities and Networks: Refilling the Old Bottles? *Journal of Theoretical Politics,* 2: 319-338.

Kenis, P. and V. Schneider. (1991). Policy Networks and Policy Analysis: Scrutinizing a New Analytical Toolbox. In B. Marin and R. Mayntz, (eds.). *Policy Networks: Empirical Evidence and Theoretical Considerations.* Boulder, CO: Westview Press: Blom-Hansen(1997)에서 재인용.

Kernaghan, Kenneth. (1993). Partnership and Public Administration: Conceptual and Practical Consideration. *Canadian Public Administration,* 36(1): 57-76.

King, Cheryl Simrell and Camilla Stivers(eds.). (1998). *Government is Us: Public Administration in an Anti-Government Era.*

Thousand Oaks: Sage Publications; 오수길·고성철·김태훈 역. (2001). 「반정부 시대의 행정」. 서울: 대영문화사.

Klijn, Erik-Hans, Joop F. M. Koppenjan, and K. Termeer. (1995). Managing Networks in the Public Sector: A Theoretical Study of Management Strategies in Policy Networks. *Public Administration*, 73: 437-454.

Knack, S. and P. Keefer. (1997). Does Social Capital Have an Economic Payoff?: A Cross Country Investigation. *Quarterly Journal of Economics*, November: 1251-1288.

Knight, J. (1992). *Institutions and Social Conflict*. Cambridge: Cambridge University Press.

Knoke, D. (1990). *Political Networks: The Structural Perspective*. Cambridge: Cambridge University Press.

Knoke, D. (1994). Networks of Elite Structure and Decision Making. In Stanley Wasserman and Joseph Galaskiewicz(eds.), *Advances in Social Network Analysis: Research in the Social and Behavioral Sciences*, 274-291. London: Sage.

Knoke, D., F. U. Pappi, J. Broadbent, and Y. Tsujinaka. (1996). *Comparing Policy Networks: Labour Politics in the U.S., Germany, and Japan*. Cambridge: Cambridge University Press.

Kooiman, Jan. (1993a). Social-Political Governance: Introduction. In Jan Kooiman(ed.), *Modern Governance: New Government-Society Interactions*, 1-6. London: Sage Publications.

Kooiman, Jan. (1993b). Governance and Governability: Using Com-

314

plexity, Dynamics and Diversity. In Jan Kooiman(ed.), *Modern Governance: New Government-Society Interactions*, 35-48. London: Sage Publications.

Lafferty, William M. and Katarina Eckerberg(eds.). (1998b). *From the Earth Summit to Local Agenda 21: Working towards Sustainable Development*. London: Earthscan Publications Ltd.

Lafferty, William M. and Katarina Eckerberg. (1998a). Introduction: The Nature and Purpose of 'Local Agenda 21'. In William M. Lafferty and Katarina Eckerberg(eds.). *From the Earth Summit to Local Agenda 21*, 1-16. London: Earthscan Publications.

Langton, Stuart. (1983). Public-Private Partnership: Hope or Hoax? *National Civic Review*, 73(5): 256-262.

Lélé, S. (1991). Sustainable Development: A Critical Review. *World Development*, 19(6): 607-621.

Linder, Stephen H. (2000). Coming to Terms with the Public-Private Partnership: A Grammar of Multiple Meanings. In Pauline Vaillancourt Rosenau(ed.), *Public-Private Policy Partnerships*, 19-35. Cambridge, MA: The MIT Press.

Linder, Stephen H. and Pauline Vaillancourt Rosenau. (2000). Mapping the Terrain of the Public-Private Policy Partnership. In Pauline Vaillancourt Rosenau(ed.), *Public-Private Policy Partnerships*, 1-18. Cambridge, MA: The MIT Press.

Logan, J. and H. Molotch. (1987). *Urban Fortunes*. Berkeley: University of California Press.

Logsdon, Jeanne M. (1991). Interests and Interdependence in the Formation of Social Problem-Solving Collaborations. *Journal of Applied Behavioral Science*, 27(1): 23-37.

Lowndes, Vivien and Chris Skelcher. (1998). The Dynamics of Multi-Organizational Partnerships: an Analysis of Changing Modes of Governance. *Public Administration*, 76: 313-333.

Lynd, Robert S. and Helen M. Lynd. (1929). *Middletown: A Study in Modern American Culture*. New York: Harcourt, Brace; 박준식(1997)에서 재인용.

Lynd, Robert S. and Helen M. Lynd. (1937). *Middletown in Transition: A Study in Cultural Conflicts*. New York: Harcourt, Brace; 박준식(1997)에서 재인용.

Lynn, Laurence E., Jr, Carolyn J. Heinrich, and Carolyn J. Hill. (2000). Studying Governance and Public Management: Why? How?. In Carolyn J. Heinrich and Laurence E. Lynn, Jr.(eds.). *Governance and Performance: New Perspectives*, 1-33. Washington, D.C.: Georgetown University Press.

Manring, Nancy J. (1994). ADR and Administrative Responsiveness: Challenges for Public Administrators. *Public Administration Review*, 54(2): 197-203.

March, James G. and Johan P. Olsen. (1984). The New Institutionalism: Organizational Factors in Political Life. *American Political Science Review*, 78: 734-749.

March, James G. and Johan P. Olsen. (1989). *Rediscovering*

Institutions: The Organizational Basis of Politics. NY: The Free Press.

Marsh, D. and R. A. W. Rhodes(eds.). (1992). *Policy Networks in British Government.* Oxford: Clarendon Press.

Marshall, Tim. (1997). Dimensions of Sustainable Development and Scales of Policy-Making. In Susan Baker, Maria Kousis, Dick Richardson, and Stephen Young(eds.), *The Politics of Sustainable Development: Theory, Policy and Practice within the European Union,* 175-216. London: Routledge.

McCarney, P.(ed.). (1996). *Cities and Governance.* Toronto: University of Toronto Press.

Meadows, D. H., J. Randers, and W. W. Behrens. (1972). *The Limits to Growth.* London: Earth Island.

Mintzberg, Henry, Deborah Dougherty, Jan Jorgensen, and Frances Westley. (1996). Some Surprising Things About Collaboration: Knowing How People Connect Makes It Work Better. *Organizational Dynamics,* spring: 60-71.

Moe, T. M. (1990a). Political Institutions: The Neglected Side of the Story. *Journal of Law, Economics, and Organizations,* 6: 213-254.

Moe, T. M. (1990b). The Politics of Structural Choice: Toward a Theory of Public Bureaucracy. In Oliver E. Williamson(ed.). *Organization Theory: From Chester Barnard to the Present and Beyond,* 116-151. New York: Oxford University Press.

Moon, Jeremy. (1999). The Australian Public Sector and New Governance. *Australian Journal of Public Administration*, 58(2): 112-120.

Murphy, Raymond. (1994). *Rationality and Nature: A Sociological Inquiry into a Changing Relationship*. NY: Westview Press, Inc; 오수길·정용일·진상현·김도윤 역. (2000). 「합리성과 자연: 변화하는 관계에 대한 사회학적 탐색」. 한울.

Naess, Arne. (1973). The Shallow and Deep, Long-Range Ecology Movement: A Summary. *Inquiry*, 16: 95-100.

North, D. N. (1990). *Institutions, Institutional Change and Economic Performance*. Cambridge: Cambridge University Press; 이병기 역. (1996). 「제도·제도변화·경제적 성과」. 자유기업센터.

O'Riordan, Timothy. (1981). *Environmentalism*(2nd ed.). London: Pion Press.

O'Riordan, Timothy. (1991). The New Environmentalism and Sustainable Development. *The Science of the Total Environment*, 108: 5-15.

O'Riordan, Timothy. (1995). The Radical Agenda of Localism and Democracy. *Town and Country Planning*, July: 162-163.

OECD. (1990). *Partnerships in Rural Development*. Paris: OECD.

Oliver, C. (1990). Determinants of Interorganizational Relationships: Integration and Future Directions. *Academy of Management Review*, 15: 241-265.

Oosterveld, Hink-Jan W. and Henk Pullen. (1998). Interactive Policy-Making in the Netherlands. In Frans H. J. M. Coenen,

Dave Huitema, and Laurence J. O'Toole, Jr.(eds.), *Participation and the Quality of Environmental Decision Making*, 149-162. London: Kluwer Academic Publishers.

Osborne, David and Ted Gaebler. (1992). *Reinventing Government: How the Entrepreneurial Spirit is Transforming the Public Sector*. Reading, Mass.: Addison-Wesley Publishing Company, Inc.

Osborne, Stephen P.(ed.). (2000). *Public-Private Partnerships: Theory and Practice in International Perspective*. London: Routledge.

Ostrom, E. (1986). An Agenda for the Study of Institutions. *Public Choice*, 48: 3-25.

Ostrom, E. (1990). *Governing the Commons: the Evolution of Institutions for Collective Action*. Cambridge.

Ostrom, E. (1991). Rational Choice Theory and Institutional Analysis: Toward Complementarity. *American Political Science Review*, 85: 237-244.

Ostrom, E. (1995). New Horizons in Institutional Analysis. *American Political Science Review*, 89: 174-179.

Pearce, D. W., A. Markandya, and E. B. Barber. (1989). *Blueprint for a Green Economy: A Report for the UK Department for the Environment*. London: Earthscan.

Peters, B. Guy. (1996). *The Future of Governing: Four Emerging Models. Lawrence: University of Kansas Press*; 정용덕 외 공역. (1998). 「미래의 국정관리」. 서울: 법문사.

Peters, B. Guy. (1998). 'With a Little Help from Our Friends':

Public-Private Partnerships as Institutions and Instruments. In Jon Pierre(ed.). *Partnerships in Urban Governance: European and American Experience*. 11-33. London: Macmillan Press Ltd.

Peterson, P. (1981). *City Limits*. Chicago: Chicago University Press.

Pezzey, J. (1989). *Definitions of Sustainability*. UK Center for Economic and Environmental Development, Working Parper, 9.

Pfeffer, J. and G. R. Salancik. (1978). *The External Control of Organizations: A Resource Dependence Perspective*. NY: Harper & Row.

Pierre, Jon and B. Guy Peters. (2000). *Governance, Politics and the State*. London: Macmillan Press Ltd.

Press, D. (1994). *Democratic Dilemmas in the Age of Ecology*: Trees and Toxics in the American West. Durham.

Provan, Keith G. and H. Brinton Milward. (2001). Do Networks Really Work? A Framework for Evaluating Public-Sector Organizational Networks. *Public Administration Review*, 61(4): 414-423.

Putnam, R. D. (1993). *Making Democracy Work: Civic Traditions in Modern Italy*. Princeton, NJ: Princeton University Press.

Rhodes, R. A. W. (1997). *Understanding Governance: Policy Networks, Governance, Reflexivity and Accountability*. Buckingham: Open University Press.

Rhodes, R. A. W. and D. Marsh. (1992). Policy Networks in British Politics: A Critique of Existing Approaches. In D. Marsh and R. A. W. Rhodes(eds.), *Policy Networks in British Government*.

320

Oxford: Clarendon Press.

Ross, Bernard H. and Murray S. Stedman. (1985). *Urban Politics.* F. E. Peacock Publishers, Inc; 정덕주 역. (1995). 「도시와 지방정치」. 서울: 나남출판.

Rydin, Yvonne. (1997). Policy Networks, Local Discourses and the Implementation of Sustainable Development. In Susan Baker, Maria Kousis, Dick Richardson, and Stephen Young(eds.), *The Politics of Sustainable Development: Theory, Policy and Practice within the European Union,* 152-174. London: Routledge.

Salamon, L. M. (1994). The Rise of the Non-Profit Sector. *Foreign Affairs,* 73(4): p109(14)(Gale Group).

Salamon, L. M. (1995). Partners in the Public Service. Baltimore: Johns Hopkins University Press; 이근주(1999)에서 재인용.

Savas, Emanuel S. (1987). *Privatization: The Key to Better Government.* Chatham, NJ: Chatham House.

Savas, Emanuel S. (2000). *Privatization and Public-Private Partnerships.* NY: Chatham House Publishers.

Scharpf, F. W. (1978). Interorganizational Policy Studies: Issues, Concepts, and Perspectives. In K. Hanf and F. W. Scharpf (eds.), *Interorganizational Policy Making: Limits to Coordination and Central Control,* 345-370. London: Sage.

Schneider, V. (1992). The Structure of Policy Networks: A Comparison of the 'Chemicals Control' and 'Telecommunications' Policy Domains in Germany. *European Journal of Political*

Research, 21: 109-129.

Scott, R. W. (1995). *Institutions and Organizations*. Thousand Oaks: Sage.

Shepsle, K. A. (1989). Studying Institutions: Some Lessons from the Rational Choice Approach. *Journal of Theoretical Politics*, 1: 131-147.

Skinner, S. (1997). *Building Community Strengths*. London: Community Development Foundation.

Spash, Clive L. (2001). Editorial: Broadening Democracy in Environmental Policy Processes. *Environment and Planning C: Government and Policy*, 19: 475-481.

Stewart, J. (1996). *Local Government Today*. London: Local Government Management Board.

Stoker, G. (1998). Governance as Theory Five Propositions. *International Social Science Journal*, 155: 17-28.

Stone, Clarence N. (1989). *Regime Politics: Governing Atlanta, 1946-1988*. Lawrence: University Press of Kansas.

Sullivan, Helen and Chris Skelcher. (2002). *Working Across Boundaries: Collaboration in Public Services*. NY: Palsgrave Macmillan.

Taylor, Bob Pepperman. (1996). Democracy and Environmental Ethics. In William M. Lafferty and James Meadowcroft(eds.), *Democracy and the Environment: Problems and Prospects*, 86-107. Chelternham, UK: Edward Elgar.

Taylor, M. (1995). *Unleashing the Potential: Bringing Residents to the Centre of Regeneration.* York: Rowntree Foundation.

Teisman, Geert R. and Erik-Hans Klijn. (2002). Partnership Arrangements: Governmental Rhetoric or Governance Scheme? *Public Administration Review,* 62(2): 197-205.

Thatcher, Mark. (1998). The Development of Policy Network Analyses: From Modest Origins to Overarching Frameworks. *Journal of Theoretical Politics,* 10(4): 389-416.

Thelen, K. and S. Steinmo. (1992). Historic Institutionalism in Comparative Politics. In S. Steinmo, K. Thelen, and F. Longstreth, (eds.). *Structuring Politics: Historical Institutionalism in Comparative Analysis:* 1-32. Cambridge: Cambridge University Press.

Toman, M. A. (1998). *Sustainable Decision-Making: The State of the Art from an Economics Perspective.* RFF Discussion Paper 98-39. Washington, DC: Resources for the Future.

Trist, E. L. (1983). Referent Organizations and the Development of Interorganizational Domains. *Human Relations,* 36(3): 247-268.

Trist, E. L. (1985). Intervention Strategies in Interorganizational Domains. In R. Tannenbaum, R. Margulies, and F. Massarik, (eds.), *Human Systems Development:* 167-197. Greenwich, CT: JAI.

Trist, Eric. (1989). Forward. In Barbara Gray. *Collaborating: Finding Common Ground for Multiparty Problems,* xiii-xvi. San

Francisco: Jossey-Bass Publishers.

Turner, R. K. (1988). *Sustainable Environmental Management: Principles and Practice*. London: Belhaven.

UNDP. (1997). *Developing Capacity for Effective Governance*. A Workshop for UNDP Offices.

Vogel, D. (1986). *National Styles of Regulation: Environmental Policy in Great Britain and the United States*. Ithaca.

Waddock, Sandra A. (1989). Understanding Social Partnerships: An Evolutionary Model of Partnership Organizations. *Administration & Society*, 21(1): 78-100.

Waddock, Sandra A. (1991). A Typology of Social Partnership Organizations. *Administration & Society*, 22(4): 480-515.

WCED(World Commission on Environment and Development). (1987). *Our Common Future*. The Report of the World Commission on Environment and Development. Oxford: Oxford University Press.

Weintraub, Jeff and Krishan Kumar(eds.). (1997). *Public and Private in Thought and Practice: Perspectives on a Grand Dichotomy*. Chicago: The University of Chicago Press.

Williamson, Oliver E. (1996). *The mechanisms of governance*. New York: Oxford University Press.

Wolf, Charles Jr. (1988). *Markets or Governments: Choosing between Imperfect Alternatives*. Cambridge, MA.: MIT Press; 전상경 역. (1991). 「시장과 정부: 불완전한 선택대안」. 서울: 교문사.

324

Woolman, Horold and Larry Ledebur. (1980). Concept of Public-Private Cooperation. In Cheryl A. Farr(ed.), *Shaping Local Economy*. Washington DC: The International City Management Association.

World Bank. (1994). *Governance: the World Bank's Experience*. Washington, D. C.

Yin, Robert K. (1991). *Case Study Research: Design and Methods*(2nd ed.). Thousand Oaks: Sage Publications.

Young, Stephen C. (1996). *Promoting Participation and Community-Based Partnerships in the Context of Local Agenda 21: A Report for Practitioners*. Manchester: EPRU Paper, Government Department, Manchester University.

Young, Stephen C. (1997a). The United Kingdon: A Mirage beyond the Participation Hurdle? In William M. Lafferty and K. Eckerberg(eds.), *From Earth Summit to Local Forum*, 201-228. Oslo: ProSus.

Young, Stephen C. (2000). Participation Strategies and Local Environmental Politics: Local Agenda 21. In Gerry Stoker(ed.), *The New Politics of British Local Governance*, 181-197. London: Macmillan Press Ltd.

Young, Stephen. (1997b). Community-based Partnerships and Sustainable Development: A Third Force in the Social Economy. In Susan Baker, Maria Kousis, Dick Richardson, and Stephen Young(eds.), *The Politics of Sustainable Development: Theory, Policy and*

Practice within the European Union, 217-236. London： Routledge.

Worldwatch Institute. (2001-2005). *State of the World 2001-2005*. NY： W.W. Norton & Co. Inc.； 오수길·진상현·남원석 역, (2001-2005). 「지구환경보고서 2001-2005」. 서울: 도요새.

3. Web Site

http://inchon.kfem.or.kr(인천환경운동연합)

http://ja21.org(푸른약속 전북 21 추진협의회)

http://la.miryang.ac.kr/student/magazine/1998m12/지역개발.htm(김동필, 지역개발과 환경에 관한 소론. 밀양대학교 조경학과)

http://sos.kfem.or.kr(희망의 갯벌, 새만금)

http://www.cen.or.kr/home/main.htm(가톨릭환경연대)

http://www.demos.or.kr(Cyber NGO 자료관)

http://www.greeninchon.or.kr/front.html(인천녹색연합)

http://www.iclei.org(ICLEI： The International Council for Local Environmental Initiatives)(국제환경자치체협의회)

http://www.inchon-agenda21.or.kr(인천의제 21 실천협의회)

http://www.la21.or.kr(지방의제 21 전국협의회)

http://www.me.go.kr(환경부)

http://www.okjc.net/excp-environment/index.htm(‘청정제천 21’ 소개)

http://www.unesco.or.kr/cc/what.html(유네스코 한국위원회)

<부록> 의제 21 제28장

의제 21을 지도하기 위한 지방정부의 역할
(Agenda 21, Chapter 28)

계획 분야

<정책방향>

28. 1. 지방정부는 참여와 협조가 의제 21 목적달성의 결정적 요인임. 지방 정부는 경제, 사회, 환경 조직을 구성, 운영, 유지하고 지역환경정책과 규제방안의 수립과 국가적 광역환경정책 수행을 지원함. 지방정부는 지속가능한 발전을 촉진하기 위해 국민을 교육, 동원하고, 책임을 부 여하는 데 실제적 역할을 수행함.

<목　표>

28. 2. 다음 목표는 계획 분야를 위해 제시된 것임.
 (a) 1996년까지 지방정부는 주민 협의를 거쳐 '지방의제 21' 합의도출
 (b) 1993년까지 국제기구는 지방정부 사이의 협력증진을 위한 협의과정 주도
 (c) 1994년까지 시연합체 및 지방정부협의회 대표는 지방정부 사이의 경 험과 정보교환 확대를 위한 협력과 조정 강화
 (d) 지방정부는 의사결정, 계획, 집행과정에 여성과 청소년이 참여하도록 계획 분야의 수행과 조정 실시

<정책수단>

28. 3. 각 지방정부는 주민, 단체, 민간기업과 대화를 통해 지방의제 21을 채택해야 함. 협의와 공감대 형성과정을 통해 지방정부는 최적의 전략을 얻을 수 있을 것임. 협의과정은 지속가능한 개발문제에 관한 생활지혜를 증진시킬 것임. 의제 21의 목적을 위한 지방정부의 계획, 시책, 규제 등은 채택된 지역계획에 의거 평가, 수정되고 그 전략은 지방, 국가, 국제적 기금확보에 도움이 될 것임.

28. 4. 국제 관련 기관, 조직 간 즉 UNDP, UN인간정주위원회(Habitat), UNEP, 세계은행, 지방정부국제연합, 세계주요대도시연합회, 세계대도시정상회의 등 간의 협력관계가 신장되어야 함. 중요목표는 지방정부 역량강화와 지방환경관리 분야의 기존 기구들을 지원, 확충, 발전시키는 것임. 이 목적을 위해:

(a) Habitat와 기타 UN 관련 기구, 조직은 지방정부 전략에 대한 정보, 특히 국제적 지원이 필요한 정보, 수집, 기능을 강화할 것이 요청됨;

(b) 국제기관과 개도국을 포함한 정기적 협의를 통해 전략을 검토하고 효과적인 국제 지원방안을 고려하여야 함. 이러한 분야별 협의는 현행 국가중심의 협의방식을 보완할 것임.

28. 5. 지방정부연합체 대표는 지방정부 간 정보, 경험의 교환, 상호 기술지원을 증진시키는 체계를 확립하여야 함.

<실행방법>

a) <u>재원 및 비용평가</u>

28. 6. 모든 기관, 단체에 이 분야에 대한 자금 수요를 재평가할 것이 요청됨. UNCED 사무국은 이 장의 활동을 실행하기 위한 국제사무국의

봉사활동 강화비용(1993-2000)을 연평균 백만 불로 추산하고 있음.
이는 단지 규모평가의 표시로서 정부 간에 검토되지는 아니 하였음.

b) <u>인적자원의 개발과 능력 보강</u>

28. 7. 이 계획은 의제 21의 다른 장(장)에 포함된 능력제고와 훈련활동을
촉진하여야 함.

• 저자 •

오수길   • 약 력 •

(吳洙吉)

2002. 8 성균관대학교 대학원 행정학과 박사과정 졸업(행정이론)
    (학위논문: 지방정부의 민 – 관 파트너십 사례 연구
       – '지방의제 21' 추진 과정을 중심으로)
1994. 2 성균관대학교 대학원 행정학과 석사과정 졸업
    (학위논문: 정국변화에 따른 입법과정 분석
       – 제13대 국회의 노동관계법안을 중심으로)

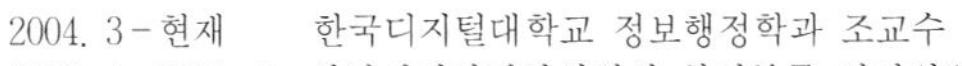

2004. 3 – 현재   한국디지털대학교 정보행정학과 조교수
2003. 4 – 2004. 2   성남시시사편찬위원회 환경부문 집필위원
2002. 8 – 2004. 1   한국행정연구원 초청연구원
2000.12 – 2001. 1   부천시의회 21세기특별위원회 환경부문 자문위원
2000. 9 – 2003.12   가톨릭대, 덕성여대, 상명대, 서울여대, 성균관대, 세명대, 한국외대 강사
2000. 1 – 2000. 2   국무총리실 수질개선기획단 영월댐 공동조사단
1999.12 – 2002. 8   성균관대학교 행정학과 BK21 사업팀 연구조교
1994.10 – 1998. 1   공군 중위전역

• 주요논저 •

1. 역저

2001 – 2006. 「지구환경보고서」, 2001 – 2006. 서울: 도요새.
2005.   「정치생태학」, 서울: 도서출판 당대.
2001.   「반정부 시대의 행정」, 서울: 대영문화사.
2000.   「합리성과 자연: 변화하는 관계에 대한 사회학적 탐색」, 서울: 한울.

2. Book Chapter

2002. 월드워치 연구소와 그 활동. 정운영 외. 「세계 지식인 지도: 21세기 지식인은 어디에 서 있는가」, 247-249. 서울: 산처럼.

3. 논 문

2005. 지방정부 환경 거버넌스의 진단: 경기도내 지방의제 추진기구들을 중심으로. 「지방정부연구」, 9(4): 151-170.
2004. 새로운 문화거버넌스의 가능성과 한계: 문화축제에 대한 Q 방법론의 적용을 중심으로. 「문화 정책 논총」, 16: 33-45.
2004. 사회자본-정부-거버넌스의 연계에 관한 시론적 모색: 재가노인복지서비스 전달체계의 역사적 분석을 사례로. 「한국행정학보」, 38(6): 225-245.
2004. 시·군통합정책의 성과평가를 위한 지표개발 및 적용모형에 관한 연구. 「한국지방자치연구」, 6(1): 45-68.
2003. 한국 중앙행정기구의 문화유형 비교분석: grid-group 문화이론의 적용. 「한국사회와 행정연구」, 14(3): 45-68.
2003. Esping-Andersen 복지국가유형론에 대한 비판론의 재검토: 비교방법의 시각에서. 「역사와 사회」, 3권 30집: 141-169.
2003. 파트너십 거버넌스의 가능성과 한계: '지방의제 21' 추진 과정의 경험. 「한국행정논집」, 15(2): 283-313.
2003. '지방행동 21'을 위한 민-관 파트너십의 토대: 사례 연구. 「지방행정연구」, 17(1): 215-240.
1998. 한국 중앙행정기구 변화의 정치경제. 「한국행정학보」, 32(3): 73-92.

민관 협력의 거버넌스

'지방의제 21' 추진 과정의 경험

• 초판 인쇄	2006년 6월 30일
• 초판 발행	2006년 6월 30일
• 지 은 이	오수길
• 펴 낸 이	채종준
• 펴 낸 곳	한국학술정보㈜
	경기도 파주시 교하읍 문발리 526-2
	파주출판문화정보산업단지
	전화　031) 908-3181(대표) · 팩스　031) 908-3189
	홈페이지　http://www.kstudy.com
	e-mail(e-Book사업부)　ebook@kstudy.com
• 등 　 록	제일산-115호(2000. 6. 19)
• 가 　 격	32,000원

ISBN　89-534-5216-3 93350 (Paper Book)
　　　　89-534-5217-1 98350 (e-Book)